Christian von Sarauw

Der Krieg des Jahres 1870

Vom militärischen Standpunkt dargestellt

Christian von Sarauw

Der Krieg des Jahres 1870
Vom militärischen Standpunkt dargestellt

ISBN/EAN: 9783744634748

Hergestellt in Europa, USA, Kanada, Australien, Japan

Cover: Foto ©ninafisch / pixelio.de

Weitere Bücher finden Sie auf **www.hansebooks.com**

Der Krieg

des Jahres 1870.

~~~~~~~~

Vom militairischen Standpunkt dargestellt.

Von * * *

(Verfasser der „Heeresmacht Rußlands".)

Erste Hälfte.

(Bis zur Kapitulation von Sedan.)

Berlin.

Carl Duncker's Verlag.

C. Heymons.

1871.

Eine Darstellung des denkwürdigsten aller Kriege, geschrieben während noch der frische Eindruck der wunderbaren Begebenheiten die Seele füllt, müßte, so schien es uns, als treues Spiegelbild des Geschehenen, auch für die Zukunft von bleibendem Werth sein.

Wir schrieben daher dieses Werkchen mitten im Laufe der großartigen Ereignisse nieder.

Wenn Einzelheiten dabei nicht ganz genau und nicht im rechten Zusammenhang geschildert sein können, so liegt dies an den ungenügenden Aufschlüssen, die uns bis dahin zugegangen waren, in der Hauptsache glauben wir die Wahrheit gesagt zu haben.

Wenig Lobsprüche sind den Heldenthaten der deutschen Heere ertheilt, nicht oft ist einzelner Männer Erwähnung geschehen. Die deutschen Krieger haben Alle ihre Schuldigkeit gethan. Wo sollte das Lob anfangen, wo es enden? Wir haben die Thatsachen für sich reden lassen.

Wir haben dem Büchlein keine Karten beigefügt, um es nicht zu vertheuern. Der Fachmann wird die nöthigen Spezialkarten besitzen und der Laie kann mit Hülfe einer guten Uebersichtskarte leicht zum völligen Verständniß des Geschilderten gelangen.

Der Verfasser.

Als Louis Napoleon nach dem Kriege von 1866 sich in seinen Erwartungen getäuscht fand, mit leichter Mühe und ohne einen Tropfen Blut zu vergießen seinen Lieblingstraum und des gesammten französischen Volkes heißesten Wunsch in Erfüllung gehen zu sehen, nämlich in den Besitz der deutschen Lande des linken Rheinufers zu gelangen, da war bei ihm der Krieg mit Preußen eine beschlossene Sache. Es handelte sich bei ihm nur um den Zeitpunkt. Er verglich sein Heer mit dem preußischen, das im Laufe einiger Tage ein ungleich furchtbareres österreichisches Heer niedergeworfen, als dasjenige war, zu dessen theilweiser Besiegung er selbst mehrerer Monate bedurft hatte und er mußte sich gestehen, daß seine Armee nicht den Vergleich mit der preußischen aushalten konnte. Namentlich war die Bewaffnung seiner Truppen offenbar eine weit schlechtere, als die der preußischen, und eben durch die vorzüglichere Bewaffnung schienen diese vorzugsweise den Sieg über die Oesterreicher errungen zu haben. Dann aber hatten die Preußen auch in dem Feldzuge mit Oesterreich und dessen Verbündeten eine Truppenmacht auf die Beine gebracht, welche Frankreich trotz der größten Anstrengungen nicht aufzustellen im Stande war.

Ehe daher an den Krieg gedacht werden konnte, mußten bessere Waffen angeschafft, mußte die Heerkraft selbst vergrößert werden. Schon im August 1866 ward Chassepot's Gewehrsystem, das mit dem preußischen Gewehr die größte Aehnlichkeit hat, so daß es als eine Copie desselben betrachtet werden kann, zur Einführung bei der französischen Infanterie bestimmt und es wurden

1

gewaltige Anstrengungen gemacht, um in möglichst kurzer Frist eine genügende Anzahl dieser Gewehre herzustellen. Es wirft kein günstiges Licht auf die Mittel, welche der französischen Industrie zu Gebote stehn, daß trotz der Zuhülfenahme ausländischer Fabriken bis zum Ausbruch des gegenwärtigen Krieges nicht die zur Armirung des französischen Heeres erforderliche Menge von Chassepots beschafft werden konnte. Auch waren die zuerst in Frankreich nach diesem Modell konstruirten Gewehre so mangelhaft, daß sie bei den Truppentheilen nicht gebraucht werden konnten.

Noch schwieriger war die Vergrößerung der Heeresmacht. Gar zu gern hätte Louis Napoleon die preußische Heerverfassung adoptirt, allein die Einführung der allgemeinen Wehrpflicht in Frankreich war geradezu eine Unmöglichkeit. Es giebt fast keine Nation in Europa, welche im Großen und Ganzen eine so ausgesprochene Abneigung gegen den Militairdienst hat, wie die französische. Der kriegerische Zug, der, wie man so oft faseln hört, durch das französische Volk gehen soll, ist wie so manche andere Tugend, mit welcher die sogenannte große Nation sich schmückt, ein reines Phantasiegebilde. Ohne die allgemeine Wehrpflicht aber ist es Nichts mit der Militairmacht. Das hat sich schon jetzt wieder glänzend bewährt. Man mußte also eine Form finden, welche jenes Institut der Sache nach umfaßte, ohne daß man ihr den Namen gab. Es mußte eine Schöpfung sein, welche dem Geschmack der Franzosen zusagte, also möglichst wenig Aufopferung Seitens der Bevölkerung erheischte, dennoch aber im Fall der Noth wirklich brauchbar war, so daß dadurch die Kriegsmacht wirklich erhöht wurde.

Der Marschall Niel hatte als französischer Kriegsminister das Verdienst, ein Institut zu schaffen, welches jene Voraussetzungen zu vereinigen schien. Es war die **mobile Nationalgarde.** Auf dem Papier nahm sie sich hübsch genug aus: 550,000 Mann in so und so vielen Bataillonen und Batterien, das war eine Truppenmacht, stark genug allen Bedürfnissen im Innern des Landes abzuhelfen und die Feldarmee ganz frei zu den eigentlichen kriegerischen Operationen zu haben. Freilich erregte die Art und Weise, wie das französische Gouvernement sich die Einübung der Mobilgarde dachte, das gerechte Bedenken deutscher Sachverständigen von vorn herein. In Frankreich aber dachte man sich die Sache jetzt vollkommen gut geordnet und man schritt alsbald zur Ausführung des Gesetzes vom 1. Februar 1868, das die Errichtung der Mobilgarde bestimmte. Gleich zu Anfang stieß man auf ungeahnte Schwierigkeiten: die Bevölkerung zeigte die größte Abneigung gegen das neue Institut. Selbst die wahrhaft geringfügigen Opfer — Uebungen an 15 Tagen im Jahr — wollte man nicht bringen. Der Verfasser fand auf einer Reise in Frankreich im Jahre 1868 die Stimmung der Einwohner, namentlich in den östlichen Provinzen, von deren Begeisterung für die Mobilgarde die officiöse Presse Erstaunliches berichtet hatte, ferner auch in Paris selbst, so entschieden gegen die Niel'sche Schöpfung, daß er sich seitdem nicht viel Großes davon versprochen hat. Dazu kam noch eine andere Schwierigkeit für die Regierung, die Ernennung tauglicher Befehlshaber für eine so kolossale Truppenmacht. Wohl hatte man eine Menge verabschiedeter Offiziere, allein diese reichten bei Weitem nicht aus und man half sich nun mit der Creirung einer Anzahl in sozialer Beziehung hochgestellter Persönlichkeiten zu Offizieren. Man hoffte damit zugleich in politischer Beziehung Erwerbungen zu machen.

Bald zeigte es sich klar genug, daß die ganze Sache in eine bloße Spielerei ausartete und es war daher ein durchaus vernünftiger Schritt von Niel's vielverschrieenem Nachfolger Leboeuf, dem armen Sündenbock der Napoleonischen Militairwirthschaft, die Mobilgarde nach zweijähriger höchst kümmerlicher Existenz einfach ad acta zu legen.

Jetzt hat man in der Angst das abgeschaffte Institut wieder hervorgesucht und außer einigen Besatzungstruppen in den Festungen an der Ostgrenze auch die Bataillone einberufen, welche vor der Aufhebung der Mobilgarde schon formirt waren. Wie kläglich dieser Versuch, das Feldheer zu vermehren, abgelaufen ist, davon gibt der Umstand Zeugniß, daß man die nach Chalons gesendeten Bataillone der Mobilgarde wieder nach Paris zurück- holen mußte, da sie sich ganz indisciplinirt und für den Gebrauch im Felde untauglich bewiesen. Als nach einmonatlicher Krieg- führung die französische Feldarmee zum größten Theil entweder gefangen oder in Festungen eingeschlossen war, mußte man nun doch als letzte Aushülfe zur Aufstellung sowohl der Mobil- als auch der Nationalgarde greifen. Eine neue brauchbare Armee wurde auf diese Weise nicht zu Wege gebracht.

Konnte Louis Napoleon einigermaßen zufrieden sein mit der Neubewaffnung seines Heeres, so mußte ihn ein um so gerech- teres Bedenken wegen der Effektivstärke desselben in einem Feld- zuge gegen Preußen beschleichen. Man darf wohl annehmen, daß er eine genügende Kenntniß hatte von der Organisation des preußischen Heeres und daß dieselbe keine papierne sei, hatte doch der böhmische Krieg bewiesen. Wie konnte er denn hoffen, bei dem Scheitern der Mobilgarde ein den Preußen ebenbürtiges Heer auf die Beine zu bringen? Das militairische Kalkül konnte hier nicht ausreichen und es mußte das politische zu Hülfe genommen werden. Gott mag wissen, was für Berechnungen Louis Napo- leon hier angestellt hat. Sicher werden Dänemark, Oesterreich, die deutschen Südstaaten, Hannover, vielleicht sogar Rußland eine Rolle dabei gespielt haben. Wenn Preußen zur Beobachtung eines jeden dieser Staaten ein Heer zurücklassen mußte, dann war allerdings die französische Streitmacht der preußischen wenig- stens gleich, wenn nicht überlegen, und der französische Heerscher konnte dann im Lauf der Ereignisse sogar hoffen, sich Allianzen zu erwerben. Ueberdieß hatte er, wenn er auch dem preußischen Linienheer volle Gerechtigkeit widerfahren lassen mußte, wie alle Franzosen nur eine geringe Meinung von der Landwehr. Der alte General Changarnier hatte noch vor einigen Jahren in einer Brochure, die in Frankreich — freilich nicht in Deutschland! — großes Aufsehen machte, über diese den Stab gebrochen und man brachte sie bei Berechnung der preußischen Streitkräfte fast gar nicht mit in Anschlag. Bei einem Kriege mit Preußen würde man es also mit dem Linienheer allein zu thun haben — die Landwehr würde überdieß in den Festungen als Besaßung zurückbleiben müssen — von jenem Heer wären aber die zur Beobachtung der Nachbarn aufzustellenden Streitkräfte abzuziehen und es könnte den Preußen demnach kaum 200,000 Mann für den Feldkrieg bleiben. In der That rechneten vor einiger Zeit französische Zeitungen eine solche Stärke als das Maximum der disponiblen preußischen Macht heraus. Mit dieser hoffte man bald fertig zu werden, während die furchtbare französische Panzerflotte den deutschen Handel lähmte und dem Lande den Lebensnerv abschnitt. Lange konnten die Preußen den Krieg überhaupt gar nicht aushalten; vermöge ihrer Heerorganisation stellen sie sogleich alle ihre Kräfte auf und diese sind dann auch damit erschöpft. Dahingegen greift die französische Heerorganisation das Land gar nicht an, zumal da seine Hülfsquellen in jeder Beziehung unerschöpflich sind.

So dachte man in Frankreich, so wird auch Louis Napoleon troß seiner Schlauheit gerechnet haben, denn bei einer klaren Anschauung über den wirklichen Sachverhalt konnte ein so vorsichtiger Mann sich nicht so kopfüber in den Krieg stürzen.

War das Oberhaupt des französischen Staats herzlich schlecht unterrichtet über die kolossale Macht und Nachhaltigkeit, welche der preußischen Heerordnung innewohnt, so war es nicht minder über den Zustand seines eigenen Heeres. Die hohle Phrasenmacherei, welche er selbst in's System gebracht hat und welche das ganze französische Gemeinwesen durchdringt, bürgerte sich auch in den Bureaus des Kriegsministeriums ein. Hier, wo der nüchternste Verstand, die kälteste Berechnung am Plaß gewesen wäre, machte sich Eigendünkel, Uebertreibung und leeres Geschwäß über die Vortrefflichkeit der französischen Einrichtungen breit. „Die Franzosen kümmern sich nicht um die Justitutionen fremder Armeen," sagte dem Verfasser ein hochgestellter Beamter des Kriegsministeriums, „sie haben selbst in allen Richtungen das Beste und werden es sich stets zu verschaffen wissen." Die gesetzgebende Versammlung wurde von den verschiedenen französischen Kriegsministern, von Niel sowohl als auch von Leboeuf, rücksichtlich der Stärke der Heerkraft und der Anzahl brauchbarer Waffen auf das Unverschämteste belogen. Schon vor anderthalb Jahren behauptete Niel, die französische Armee sei mit Chassepotgewehren vollständig und zur Genüge versehen, der General Dejean gab als vikariirender Kriegsminister die Zahl der vorhandenen Hinterladungsgewehre sogar zu der bescheidenen Summe von 3 Millionen an und einige Tage später, als der Ernst der Lage klarer hervortrat, suchte Palikao den gesetzgebenden Körper mit der frohen Botschaft zu beruhigen, daß er 40,000 Gewehre in England angekauft habe. Wir müssen gestehen, daß wir nicht begreifen können, daß nicht allen jenen Herren sammt und sonders die Schaamröthe in's Gesicht stieg, dem Einen, daß er solche Faselei vorbringen konnte, den Anderen, daß sie sie anhören mußten. Vierzig Tausend Gewehre, in der That eine ansehnliche Inbuße, wenn es sich um die Bewaffnung von 500,000 Mann handelt, welche Frankreich in kurzer Frist in's Feld stellen sollte.

Louis Napoleon indessen glaubte unbedingt an die Vortrefflichkeit seiner Heermaschine und daß sie für den Gebrauch vollständig in Ordnung sei. Er hielt den Moment, wo sie nach sorgfältigster Vorbereitung gegen den verhaßten Feind in Anwendung gebracht werden könne, für gekommen. Die neue Feuertaktik war den Soldaten in Fleisch und Blut übergegangen, der Chassepot verrichtete die größten Wunder an den Scheibenständen und das Geheimniß der Mitrailleuse war bis jetzt noch glücklich gewahrt. Preußen dahingegen hatte seit 1866 gar keine Fortschritte gemacht, aus vornehmer Ueberhebung hatte man von der Kugelspritze Nichts wissen wollen, das Kaliber der Zündnadelgewehre war immer noch dasselbe; indessen ging man damit um, ein kleineres Kaliber einzuführen und so eine dem Chassepot ebenbürtige Waffe zu erreichen. Frankreich durfte nicht warten, bis dieser Beschluß zur That geworden war.

Dazu kamen noch politische Erwägungen verschiedener Art. In den annektirten Provinzen herrschte nach den Berichten der französischen Agenten die größte Unzufriedenheit gegen Preußen, in der Welfenlegion hatte man einen handgreiflichen Beweis dafür. Im Fall eines Krieges würde, wenn die preußische Besatzung aus den neuen Provinzen, namentlich Hannover erst entfernt wäre, sofort der Aufstand ausbrechen. In Süd-Deutschland aber trat die Mißstimmung gegen Preußen, besonders gegen dessen Heerverfassung, die den Südstaaten aufgedrungen war, immer stärker zu Tage und machte sich sogar in den Kammern Luft. Es war ganz offenbar, daß namentlich das bairische Volk, bei seinem Abscheu gegen das preußische, niemals mit diesem zusammen gegen einen gemeinschaftlichen Feind gehen würde; dann würden die Baiern noch eher die Waffen gegen ihre Unterdrücker wenden, die ihnen vor wenig Jahren noch so viel Uebles zugefügt hatten.

Dieß war die allgemeine Anschauung in Frankreich, und Louis Napoleon wird sich die Sachen auch so vorgestellt haben. Er glaubte bei einer in jeder Beziehung so günstigen Situation nicht länger warten zu dürfen und er sah sich nach dem ersten besten Grund um, die Feindseligkeiten beginnen zu können. Dieser war bald gefunden. Die harmlose spanische Thronkandidatur wurde zu einer Frage von der größten Bedeutung heraufgeschraubt und als preußische Einsicht und Mäßigung ihr die Spitze abgebrochen hatten und der Kriegsgrund dem Beherrscher der Franzosen aus den Händen zu schlüpfen schien, nahm man zu plumper Beleidigung seine Zuflucht und erreichte dadurch allerdings eine Abweisung preußischerseits, welche die große Nation nur mit Blut abwaschen zu können vermeinte.

Man hat behauptet, Louis Napoleon habe den Krieg eigentlich noch nicht gewollt, er habe aber die Bewegung, welche das französische Volk ergriffen, nicht mehr bemeistern können und sei gleichsam davon mit fortgerissen worden. Man beruft sich dabei auf das bekannte l'incident est clos von Ollivier und eine angebliche Belobung, welche diesem wegen der glücklich beendigten Affaire zu Theil geworden sein solle. Den eigentlichen Ausbruch des Krieges solle daher eine enragirte Minorität unter den Ministern, namentlich aber Leboeuf, veranlaßt haben. Es mag nun wohl sein, daß Louis Napoleon, dessen Charakterschwäche wir bei der Katastrophe von Sedan so recht zu Tage treten sahen, in dem entscheidenden Augenblick, wo er die Kriegserklärung aussprechen sollte, geschwankt hat, da er wußte, welch' furchtbarem Gegner er gegenüber treten würde und daß es im Fall einer Niederlage sich um seine Existenz handele, es mag wohl sein, daß in jenem Augenblick ihm eine warnende Stimme zugeflüstert hat: Laß ab von diesem Schritt, er führt zu Deinem Untergang; es mag seine Umgebung, seine Gemahlin ihn zur Entscheidung haben antreiben müssen, allein sicher ist es, daß jener Moment der Schwäche nur ein vorübergehender war und daß er fest entschlossen war den Krieg herbeizuführen, den er so leicht hätte vermeiden können.

So erfolgte denn die Kriegserklärung Frankreichs an Preußen und selbstverständlich damit an den ganzen norddeutschen Bund, am 15. Juli.

Ehe wir jetzt zur Schilderung der Begebenheiten, die sich daraus entwickelt haben, übergehen, wollen wir einen kurzen Blick auf die beiderseitigen Heere, denen nun die Entscheidung über die Stellung der beiden mächtigsten Staaten Europas übertragen war, werfen.

Nach dem Artikel 63 der Bundesverfassung bildet die gesammte Landmacht des norddeutschen Bundes ein einheitliches Heer, welches unter dem Befehl Sr. Majestät des Königs von Preußen als Bundesfeldherrn steht. Dieses Heer wird nicht, wie in den meisten anderen Staaten, durch Konskription oder gar wie in England durch Werbung aufgebracht, sondern es ist eines der wenigen Kriegsheere — wir reden hier nicht von dem schweizerischen — das sich durch die allgemeine **Wehrpflicht** ergänzt. Dadurch steht das gesammte Heer, indem die Summe der gebildeten Elemente die der ungebildeten bei Weitem überwiegt, indem sie die letzteren durchdringt und zu sich hinaufzieht, auf einer Stufe der Intelligenz, die keine andere Armee der Welt auch nur annähernd erreicht. Darin ist die norddeutsche Armee einzig — sie hat freilich jetzt auf zwanzig Schlachtfeldern bewiesen, daß sie es auch in manchen anderen Beziehungen ist.

Die Dienstpflicht des norddeutschen Soldaten dauert 12 Jahre, wovon er in der Regel 3 Jahre bei der Fahne, 4 Jahre in der Reserve und 5 Jahre in der Landwehr zubringt. In dem Reserveverhältniß soll der Soldat zwei Mal eine Uebung, deren Dauer nicht acht Wochen überschreiten darf, bei seinem Truppentheil, von dem er beurlaubt ist, durchmachen. Die Mannschaften der Landwehr können während ihrer Dienstzeit in der Landwehr in besonderen Kompagnien und Bataillonen oder im Anschluß an die betreffenden Truppentheile der Linie zwei Mal auf 8—14 Tage zu Uebungen einberufen werden.

Die dienstpflichtige Mannschaft eines jeden Jahrgangs macht gegen 250,000 M. aus; davon ist etwa die Hälfte diensttüchtig, allein das norddeutsche Heer bedarf eines so großen jährlichen Zuwachses im Frieden nicht, sondern nur einen solchen von ungefähr 90,000 M., während der Rest in die im Frieden nicht ausgebildete Ersatzreserve übertritt. In 12 Jahrgängen hat das norddeutsche Heer also, wenn man einen jährlichen Abgang von 15 Prozent in Anschlag bringt, eine Effektivstärke von ungefähr 935,000 M. völlig ausgebildeter und in steter Uebung gebliebener Truppen. Dazu kommen dann noch über 300,000 M. der ersten Ersatzreserve und wenn es Noth thut, eine wenigstens ebenso starke zweite Ersatzreserve. Zur Komplettirung des ganzen Heeres auf den Kriegsfuß aber hat man an den geübten Soldaten völlig genug.

Was den Ersatz an Offizieren betrifft, so ist es ein Grundsatz, an dem zum Heil der Armee unwandelbar festgehalten wird, daß Niemand Offizier werden kann, der nicht physisch, moralisch und intellektuel dazu geeignet ist. Der Strenge, womit dieser Grundsatz in Preußen durchgeführt ist, hat die Armee es zu danten, daß sie ein Offiziercorps besitzt, mit welchem kein anderes in der ganzen Welt nur entfernt verglichen werden kann, ohne daß wir damit der vorzüglichen Brauchbarkeit der Offiziere anderer Heere zu nahe treten wollen.

Werfen wir nun einen kurzen Blick auf die Truppentheile, aus welchen die norddeutsche Armee besteht.

I. Garde und Linie.

1. Infanterie. 114 Regimenter à 3 Bataillone, 4 Regimenter à 2 Bataillone und 18 Jägerbataillone, zusammen 368 Bataillone. Jedes Bataillon zählt 1024 Offiziere und Mannschaften, die ganze Infanterie also 376,832 M.

2. Kavallerie. 76 Regimenter à 4 Eskadronen, zusammen 304 Eskadronen. Jedes Kavallerieregiment zählt 625 Offiziere und Mannschaften, die ganze Kavallerie also 47,500 Mann.

3. Artillerie. 163 Fuß- und 39 reitende Batterien à 6 Geschütze, zusammen 1212 Geschütze und 30,300 M., dazu an Festungsartilleristen gegen 20,000 M., im Ganzen also 50,000 M.

4. Pioniere. 13½ Bataillone à 822 Off. und M. nebst Eisenbahn- und Feldtelegraphenabtheilung, zusammen 13,000 M.

5. Train. 13½ Bataillone mit einem Personal v. 34,000 M.

Diese Truppen bilden die eigentliche Feldarmee, welche mit den höheren Stäben und Noncombattanten gegen 552,000 M. zählt. Es giebt keine andere Armee der Welt, welche schon im Frieden eine so feste Gliederung hat, wie die preußische Feldarmee. Sämmtliche Brigaden, Divisionen und Armeecorps sind schon im Frieden formirt und es bedarf daher im Fall einer Mobilisirung nicht der zeitraubenden und in alle Kommandoverhältnisse störend eingreifenden Zusammensetzung einer Menge von Stäben, wie dieß in jeder andern Armee, namentlich auch der

französischen, geschehen muß. Dazu kommt noch ein zweiter
Vorzug, nämlich daß, mit Ausnahme der Garde und einiger anderen Truppentheile, die Truppen ihren Ersatz aus bestimmten
Bezirken erhalten und daß sie meistens auch im Frieden in der
Nähe dieser Bezirke garnisoniren. Die Reservisten werden also
in keine großen Entfernungen von den Garnisonorten beurlaubt
und sind im Fall einer Mobilmachung leicht einzuziehen, so daß
sich die Truppentheile in kürzester Frist auf die Kriegsstärke kom-
pletiren können. In Frankreich ist dies so wenig der Fall, daß
sich die Truppen — bei dem fortwährenden Garnisonwechsel, der
aus politischen Gründen nicht zu entbehren ist, und ohne bestimmt
fixirte Ersatzbezirke — sich aus den Kreisen, wo sie eben stehen,
ergänzen müssen. Daß ein solches System zu unendlich vielen
Weiterungen führen muß, liegt auf der Hand.

II. Die Ersatztruppen.

1. Infanterie.   122¼ Bataillone und 18 Jägerkompagnien,
zusammen 125,658 M.

2. Kavallerie.   76 Eskadronen, zusammen 15,657 M.

3. Artillerie.   39 Batterien mit 234 Geschützen und 7358 M.

4. Pioniere.   13 Kompagnien, zusammen 2769 M.

5. Train.   13¼ Abtheilungen, zusammen 6966 M.

Die Ersatztruppen machen mit den höheren Stäben, Beamten u. s. w. eine Stärke von 187,274 M. aus.

Ihre Bestimmung ist zunächst die, durch Nachsendung von
Mannschaften u. s. w., deren Ausbildung ihnen obliegt, die im
Felde stehenden Truppentheile komplet zu erhalten und sie werden daher bei einer Mobilmachung sofort und zwar zunächst durch
Einziehung der Ersatzreserve formirt. Indessen können sie auch
als selbständige Truppentheile im Felde verwandt werden und
werden ihnen deßhalb auch, um ihnen den nöthigen Halt zu geben, Reservisten und Landwehrleute aus den jüngeren Jahrgängen, soweit diese nicht Behufs der Formirung der Feldtruppen
auf den Kriegsfuß eingezogen sind, zugetheilt.

III. Landwehr= oder Besatzungstruppen.

1. Infanterie. 218 Bataillone, davon 12 Gardelandwehr=
bataillone zu 824 M. und 204 Provinzial=
landwehrbataillone zu 620 M.; ferner 18 Jäger=
kompagnien zu 254 M., zusammen 140,540 M.

2. Kavallerie. 16 Regimenter zu 625 M., zusammen 10,000 M.

3. Artillerie. 39 Batterien mit 234 Geschützen und 2755
M., sowie an Festungsartillerie 176 Kom=
pagnien à 208 M., im Ganzen 39,363 M.

4. Pioniere. 36 Kompagnien à 204 M., zusammen 7344 M.

Die gesammte Landwehr macht mit höheren Stäben, Non=
combattanten u. s. w. eine Truppenstärke von 205,054 M. aus.

Zunächst ist die Landwehr zur Besetzung der festen Plätze
bestimmt, sie kann aber auch, wie dies schon 1866 geschah, in
diesem Jahre aber im größten Umfang geschehen ist, im Felde
verwendet werden, und da sie aus vollständig ausgebildeten Trup=
pen zusammengesetzt ist, die im blühendsten Mannesalter stehen
und völlige Reife des Geistes erlangt haben, so stehen wir nicht
an, dieselbe, wenn sie einige Zeit im Felde gestanden und die
soldatische Gewohnheit wieder angenommen hat, als den Kern
des norddeutschen Heeres anzusehen und überhaupt als die beste
Truppe, die es giebt.

Wenn wir die obigen Zahlen rekapituliren, so erhalten wir an:

eigentlichen Feldtruppen . 552,000 M.,
Ersatztruppen . . . . 187,274 ,
Landwehrtruppen . . . 205,054 ,

zusammen rund 945,000 M. mit 1680
Geschützen.

Norddeutschland vermag also eine Streitmacht von fast einer
Million Menschen mit beinahe 1700 Feuerschlünden ins Feld zu
stellen, keine andere Großmacht kommt ihm darin auch nur ent=
fernt gleich.

Dazu kommen nun auch als durchaus integrirender Bestand-
theil die süddeutschen Kontingente, deren Organisation im Wesentlichen dieselbe ist wie in Norddeutschland. Wir wollen auch sie
kurz betrachten.

I. Bayern.

1. Infanterie. Feldtruppen   50 Bataillone = 50,626 M.

Ersatztruppen   18½   „   = 20,724 „

Besatzungstruppen 16   „   = 18,352 „

zusammen 89,702 M.

2. Kavallerie. Feldtruppen   40 Eskadronen = 5,830 M.

Ersatztruppen   10   „   = 1,750 „

zusammen 7,580 M.

3. Artillerie. Feldtruppen   32 Batterien mit 7,076 M.

Ersatztruppen   8   „   „   2,124 „

Festungstruppen   3,272 „

zusammen 13,472 M.

4. Pioniere. Feldtruppen   6 Kompagnien = 1,444 M.

Ersatztruppen   2   „   = 364 „

Besatzungstruppen 4   „   = 840 „

zusammen 2,648 M.

5. Train. Feldtruppen . . . . 3,382 M.

Ersatztruppen . . . . 268 „

Besatzungstruppen . . . . . . 150 „

zusammen 3,800 M.

II. Württemberg.

1. Infanterie. Feldtruppen   15 Bataillone = 16,062 M.

Ersatztruppen   5   „   = 5,241 „

Besatzungstruppen 4   „   = 4,230 „

zusammen 25,533 M.

2. Kavallerie. Feldtruppen   13 Eskadronen = 2,200 M.
Ersatztruppen   3   "   =   596 "
Besatzungstruppen   1   "   =   167 "

zusammen 2,963 M.

3. Artillerie. Feldtruppen   9 Batterien mit 1,881 M.
Ersatztruppen   3   "   "   527 "
Besatzungstruppen   1,140 "

zusammen 3,548 "

4. Pioniere. Feldtruppen   2 Kompagnien = 347 M.
Ersatztruppen   66 "
Besatzungstruppen   1   "   = 210 "

zusammen 623 M.

5. Train. Feldtruppen . . . . 1,340 M.
Ersatztruppen . . . . 71 "
Besatzungstruppen . . . . . . 226 "

zusammen 1,637 M.

III. Baden.

1. Infanterie. Feldtruppen   10 Bataillone = 10,642 M.
Ersatztruppen   3   "   =   3,570 "
Besatzungstruppen   8   "   =   8,303 "

zusammen 22,515 M.

2. Kavallerie. Feldtruppen   12 Eskadronen = 1,808 M.
Ersatztruppen   3   "   =   321 "
Besatzungstruppen   1   "   =   106 "

zusammen 2,235 M.

3. Artillerie. Feldtruppen   9 Batterien mit 1,887 M.
Ersatztruppen   1   "   "   104 "
Besatzungstruppen   5   "   "   1,069 "

zusammen 3,060 M.

4. Pioniere. Feldtruppen   2 Kompagnien = 339 M.
              Besatzungstruppen   162 „
                            zusammen 501 M.

5. Train. Feldtruppen . . . . 806 M.

Die drei süddeutschen Staaten stellen also zusammen ein Truppenkontingent von ca. 180,000 M. und ganz Deutschland verfügt somit über eine Truppenmacht von 1,125,000 M, mit 2088 Feldgeschützen.

Wenn wir nun untersuchen, was von diesen Elfhunderttausend Mann wirklich vor dem Feind zur Verwendung kommt, also wie viele eigentliche Kombattanten — abgesehen von den Stäben — darunter sind, so finden wir, daß wenn wir die Bataillone zu durchschnittlich 850 M., die Eskadronen und Batterien zu 150 M. und die Pionierkompagnien zu 200 M. annehmen, die deutsche Feldarmee, wenn zugleich sämmtliche Ersatz- und Landwehrtruppentheile mobil gemacht sind, besteht aus

    847 Infanteriebataillonen = 719,950 M.
    527 Eskadronen   = 79,050 „
    348 Batterien   = 52,200 „ und
    120 Pionierkompagnien   = 24,000 „
                    zusammen 875,200 M. mit 2088
                            Geschützen.

Sehen wir uns jetzt die **französische Armee** an.

In Frankreich wird das Heer nach dem Prinzip der Konskription ergänzt, d. h. es wird aus der wehrpflichtigen Bevölkerung jedes Jahr die durch das Gesetz bestimmte Quote auf dem Wege der Losung ausgehoben, wonach es den also Ausgehobenen anheimgegeben ist, sich durch Beschaffung eines Stellvertreters vom Dienst im stehenden Heere gänzlich zu befreien. Früher besorgte die Regierung diese Stellvertreter und diejenigen, welche nicht selbst dienen wollten, hatten dann nur einfach die Summe von 2—3000 Franken an die s. g. Dotationskasse zu erlegen. Die großen Uebelstände, welche mit dieser Einrichtung verbunden

waren, namentlich die Ueberfüllung des Heeres mit freilich lang-
gedienten aber moralisch tiefgesunkenen Individuen, welche sich
wegen der erhöhten Löhnung und des bequemen Dienstes gern
wieder anwerben ließen, veranlaßten dann das Gesetz vom 1. Februar, wonach die ausgehobene Mannschaft selbst für die Bestel-
lung der Remplaçants, die meistens unter den durch hohe Loos-
nummern Befreiten gefunden werden, zu sorgen hat.

Die wehrpflichtige diensttaugliche Bevölkerung Frankreichs
beträgt für jeden Jahrgang etwa 180,000 M. Davon sind im
letzten Decennium 100,000 Mann ausgehoben worden. Da nun
die Dienstzeit der Soldaten bis zum Jahre 1868 7 Jahre betrug, so hätte dies, nach Abzug von 10 Prozent für den natür-
lichen Abgang, für die Armee eine disponible Stärke von 630,000
M. ergeben, wozu dann noch an festen Elementen, wie Offizieren, Gensdarmen u. s. w. etwa 100,000 M. zu rechnen wären.
Allein eine solche Zahl ist in Wirklichkeit nie vorhanden gewesen,
denn von den 100,000 M. Ausgehobenen kamen der Armee immer
nur gegen 75,000 M. zu Gute, indem der Rest zur Marine ab-
ging, aus gesetzlichen Gründen befreit war oder endlich durch
Rengagirte, die zu den festen Elementen zu rechnen sind, erstat-
tet ward, so daß die disponiblen Streitkräfte nicht etwa über
700,000, sondern höchstens 600,000 M. betrugen. Unter diesen
bestand ungefähr der vierte Theil aus Leuten, welche der sogenannten zweiten Portion der Ausgehobenen angehörten, d. h.
nach einer fünfmonatlichen Ausbildung zur Reserve entlassen
waren.

Nach dem Gesetz vom 1. Februar 1868 ist die Dienstzeit
freilich auf 9 Jahre verlängert — wovon 5 bei der Fahne und
4 in der Reserve — auch ist die Zahl der zur zweiten Portion
Gehörigen bedeutend eingeschränkt worden, allein das Gesetz hat
zu kurze Dauer gehabt, als daß es eine bedeutende Veränderung
in den von uns angegebenen Verhältnissen hätte bewirken können,
namentlich war die Beschaffung einer starken Reserve, welche das
Gesetz vorzugsweise im Auge hatte, beim Ausbruch des Krieges

noch nicht erreicht. Es standen in diesem Moment der französischen Regierung höchstens 600,000 M. ausgebildeter Soldaten, von denen aber ein sehr bedeutender Theil nur nothdürftig in den Waffen geübt war, zu Gebote, während der deutsche Oberfeldherr über mehr als zwölfmalhunderttausend Mann vorzüglich geschulter Truppen zu verfügen hatte. Das numerische Uebergewicht war also von vorn herein auf Seite der Deutschen und mußte ihnen bei energisch betriebener Heranziehung aller Hülfsmittel auch bleiben.

Das Institut der Stellvertretung, wie es im französischen Heere in sehr großem Umfange zur Anwendung kommt, kann nicht ohne den größten Einfluß auf die Qualität des Truppenmaterials bleiben. In Frankreich dient ein Mann nur, wenn ihm die Mittel fehlen, sich durch einen Stellvertreter vom Dienst zu befreien; es ist daher eine große Seltenheit, Angehörige der bevorzugten Klassen der Gesellschaft in den Reihen der Soldaten zu sehen, es sei denn, daß sie durch freiwilligen Eintritt sich zu den höheren Chargen hinaufdienen wollen. Nun ist es eine bekannte Sache, daß die unteren Schichten des französischen Volkes, welche fast ausschließlich das Menschenmaterial zur Armee abgeben, auf einer sehr niedrigen Bildungsstufe stehen, wenn ihnen auch eine gewisse geistige Aufgewecktheit nicht abzusprechen ist. Dies wirkt aber zurück auf die Beschaffenheit des ganzen Heeres, der ächte moralische Halt, welcher ohne geistige Bildung nicht erzeugt noch gehegt werden kann, geht der französischen Armee fast ganz ab. Die Leute sind findig und recht verständig, sie sind ehrgeizig und schlagen sich tapfer, um Ruhm und Auszeichnung, sowie materielle Vortheile zu erlangen; allein ein höheres Ziel haben sie nicht und sie thun Nichts um der Sache willen und deshalb können sie auch Niederlagen und überhaupt Mißgeschick nicht gut ertragen, leicht lockern sich bei solchen Gelegenheiten die Bande der Disziplin. Wir brauchen nur an die Deroute des Mac Mahon'schen Truppencorps nach der Wörther

Schlacht zu erinnern, um gleich ein schlagendes Beispiel davon anzuführen.

Es ist über Nichts soviel gefabelt worden, als über die vortrefflichen Eigenschaften der französischen Soldaten, und zwar nicht am wenigsten in Deutschland selbst, woran die Vergötterung des französischen Wesens, die namentlich Heinrich Heine auf seinem Gewissen hat, die hauptsächlichste Schuld trägt. Der französische Soldat soll der Einzige sein, der sich für eine Idee begeistern und dafür schlagen kann, während es doch kaum ein Volk giebt, bei dem die materiellen Interessen die immateriellen in dem Grade überwiegen, wie bei dem französischen, dessen Phantasie allerdings leicht zu erhitzen, das einer höheren geistigen Regung aber nur schwer zugänglich ist. Wir wollen dieses unser Urtheil durch einen französischen Schriftsteller bestätigen lassen. Laboulaye sagt in der Revue des deux Mondes: „L'idée du devoir est le ressort des armées du Nord, tandis que l'amour de gloire est celui des armées du Midi. Le sentiment du devoir à remplir est un plus noble et plus puissant levier que celui de gloire à acquérir, car le premier soutient même dans la mauvaise fortune, tandis que l'autre n'enlève que dans le succès. Fais ce que dois, advienne que pourra, avec cette devise je suis prêt à tout, si je n'ai que soif d'illustration, les revers me découragent, car mon but m'échappe."

Ja gewiß, dem deutschen Soldaten ist das Pflichtgefühl die Haupttriebfeder zum Handeln und sie wird ihn unter keinen Umständen verlassen; an welchen Halt aber soll der Franzose sich klammern, wenn ihm die Gloire nicht mehr voranleuchtet?

Hoch also über dem französischen steht das deutsche Heer in moralischer Beziehung; in welchem Verhältniß die beiden Heere in physischer und taktischer Beziehung zu einander stehen, werden wir weiter unten bei Schilderung der einzelnen Waffengattungen zu betrachten haben.

Wir wenden uns jetzt zur taktischen Organisation des franzöfischen Heeres. Wir sahen schon vorher, daß es nach Oben hinauf keine so feste Gliederung hat, wie das deutsche. Statt der Generalkommandos mit den ihnen in der Regel einmal für alle bestimmt zugewiesenen Truppentheilen giebt es in Frankreich eine Anzahl von Militärkommandos, denen die in ihren Distrikten in jedem gegebenen Moment vorhandenen, oftmals wechselnden Regimenter untergeben sind. Ebenso verhält es sich mit den unteren Instanzen, den Divisionen und Brigaden (Subdivisionen), welche an die Bezirke gebunden sind und dort verbleiben, wenn auch die Truppen sie verlassen. Wir sind nicht im Stande, die Vortheile, die mit einer solchen Einrichtung verbunden sein sollen, zu erkennen. Dahingegen liegen die Nachtheile auf der Hand. Die höheren Truppenführer können kein Interesse an diesen ewig wechselnden Truppentheilen haben und beide können sich nicht aus dem Grunde kennen lernen, noch kann bei ihnen das Gefühl der Zusammengehörigkeit stark und kräftig genug erwachsen.

An **Infanterie** zählt die französische Armee:

    7 Garderegimenter à 3 Bataillone.

    1 Gardezouavenregiment à 2 Bataillone.

    1 Gardejägerbataillon.

  100 Linienregimenter à 3 Bataillone.

    3 Zouavenregimenter à 3 Bataillone.

    4 Turcosregimenter à 3 Bataillone.

  20 Jägerbataillone.

    3 Bataillone leichter afrikanischer Infanterie (Zephyrs).

    1 Fremdenregiment à 6 Bataillone.

Dies macht zusammen eine Anzahl von 374 Bataillonen aus. Jedes Bataillon kann auf dem Kriegsfuß durchschnittlich zu 700 Mann angenommen werden, die sich auf 6 Kompagnien vertheilen. Für die gesammte Infanterie giebt dies eine Stärke von ca. 262,000 M.

Die **Kavallerie** besteht aus:

11 Regimentern Küraffiere.
13 „ Dragoner.
9 „ Lanziers.
13 „ Jäger zu Pferde.
9 „ Hufaren.
4 „ Chaffeurs d'Afrique.
3 „ Spahis und
1 Regiment Guiden.

Zusammen 63 Regimenter à 4 Feldeskadronen, im Ganzen also 252 Eskadronen. Jede Eskadron soll auf dem Kriegsfuß ungefähr 150 M. stark sein, was also für die gesammte Kavallerie ca. 38,000 M. ausmacht.

Die **Artillerie** hat 42 Zwölfpfünder- und 122 Vierpfünderbatterien zu 6 Geschützen, im Ganzen also 984 Geschütze, worunter 252 Zwölfpfünder. Außerdem sind in neuester Zeit Mitrailleusenbatterien errichtet, und zwar war jeder der zuerst ins Feld gestellten Divisionen eine solche Batterie zu 6 Mitrailleusen beigegeben.

An Bedienungsmannschaften hat die Artillerie ca. 37,000 M., wozu dann noch 12,000 M. Festungsartilleristen kommen.

An Genietruppen zählt die französische Armee 7500 M. und an Trainsoldaten 6000 M.

Alles zusammengenommen ergiebt dies eine Truppenstärke von 350,000 M. und mit Beamten und sonstigen Nonkombattanten ungefähr 440,000 Mann.

Außerdem hat die französische Armee Depots für alle Waffengattungen, welche zunächst, wie auch in Preußen, zur Ausbildung des Erfatzes bestimmt sind, dann aber auch, wie dies zum Theil jetzt geschehen ist, in selbständige Truppentheile formirt, ins Feld rücken können.

Bei der Infanterie bleiben von jedem Bataillon bei der Mobilmachung 2 Kompagnien, also für jedes Regiment 6, im Depot zurück. Aus diesen sind schon zu Anfang August Batall-

lone zu 4 Kompagnien, sogenannte Marschbataillone gebildet
worden, welche in einer Stärke von 400 M. an dem Feldzuge
Theil genommen haben. Da es 114 Infanteriedepots giebt, so
hat man auch ebensoviele Marschbataillone aufstellen können, was
für das Feldheer einen Zuwachs von 45,600 M. ergeben würde.

Ferner heißt es, daß aus den beiden übrigbleibenden Depot-
kompagnien und zwei neuzubildenden Kompagnien weitere 114
Bataillone gebildet sind, also ein weiterer Zuwachs von 45,600
M. für die Feldarmee.

Die 21 Jägerbataillone hinterlassen bei der Mobilisirung
je ein Depot von 2 Kompagnien. Auch diese Depots können
— wir haben keine bestimmten Nachrichten darüber — durch
Einrichtung von zwei neuen Kompagnien zu Bataillonen gemacht
werden, was 21 Bataillone zu 400 M. = 8400 M. ergiebt.

Ob aus den Depots der anderen Waffengattungen Truppentheile für den Dienst im Felde formirt sind, darüber ist Nichts
bekannt geworden. Die Wahrscheinlichkeit spricht dafür, daß dies
nicht der Fall ist, denn die französische Armee hat durchaus keinen Ueberfluß an Pferden und die Kavallerie und Artillerie hat
sich sicher darauf beschränken müssen, ihre im Felde stehenden,
arg mitgenommenen Truppentheile einigermaßen zu komplettiren.

Die französische Armee hat also mit der größten Anstrengung nur folgende Truppentheile ins Feld stellen können:

623 Infanteriebataillone zu durchschnittlich 580 M. = 360,000 M.
252 Eskadronen zu 150 M.   = 38,000 „
164 Batterien mit 984 Geschützen und   37,000 „
      und
48 Kompagnien Genie zu ca. 150 M.   = 7,500 „

zusammen 442,500 M.
mit 984 Geschützen, nebst 150 Mitrailleusen.

Auf deutscher Seite ist also ein numerisches Uebergewicht
von 360,000 M. Infanterie, 41,000 M. Kavallerie, 15,000 M.
Artillerie und 16,000 M. Pioniere, zusammen 433,000 M. mit

1104 Geſchützen; mit andern Worten: Die deutſche Feldarmee iſt doppelt ſo groß als die franzöſiſche.

Wir wollen jetzt die einzelnen Waffengattungen in beiden
Heeren kurz mit einander vergleichen.

Die deutſche Infanterie, namentlich die norddeutſche, iſt
auf das Sorgfältigſte und in rationellſter Weiſe geſchult. Kein
Zweig der Ausbildung iſt verabſäumt oder vernachläſſigt. Die
geſchloſſenen Manöver werden mit Ruhe und Präciſion und doch
mit wünſchenswerther Raſchheit ausgeführt, während ſich der
Soldat im zerſtreuten Gefecht findig und mit Geſchick be-
nimmt und die Vortheile, die ihm das Terrain bietet, gut zu
benutzen weiß. Seine Waffe handhabt der deutſche Soldat mei-
ſterhaft, der treffliche Schießunterricht hat ihn mit den beim
Schießen zu beobachtenden Regeln vollkommen vertraut gemacht,
die ihm angeborne Ruhe und Kaltblütigkeit geſtatten ihm die
Anwendung derſelben auch in den gefahrvollſten Augenblicken,
wo es eben auf gutes Treffen ankommt und die Beſonnenheit,
die ihn niemals verläßt, bewahrt ihn davor, in den Fehler der
Munitionsverſchwendung zu verfallen. Dazu iſt der deutſche
Infanteriſt meiſtens von kräftiger Statur, zumal wenn er aus
dem Norden und Weſten des deutſchen Vaterlandes ſtammt, er
iſt ausdauernd und gehorſam und — das Beſte von Allem —
von unvergleichlicher, unerſchütterlicher Tapferkeit. Ihn hält
Nichts auf, er ſcheut vor Nichts zurück.

Die Bewaffnung der deutſchen Infanterie — mit Ausnahme
der bairiſchen — bildet das Zündnadelgewehr. Dieſe an und
für ſich ſehr gute Waffe kann doch nicht mit den neuen Geweh-
ren kleinen Kalibers und großer Tragweite den Vergleich aushalten. Das Chaſſepotgewehr iſt ihm entſchieden überlegen und
Deutſchland wird den großen Koſten einer baldigen Neubewaffnung ſeines ungeheuren Heeres nicht entgehen können. Das
bairiſche Gewehr nach dem Werderſchen Syſtem iſt eine vortreff-
liche Waffe und wird ſich gewiß auch praktiſch bewährt haben.
Merkwürdig iſt es, daß nicht einer der bis jetzt erſchienenen Ge-

fechtsberichte Etwas über die Wirkungen des Werdergewehrs mit-
theilt.

Die deutsche **Kavallerie** hat im Feldzuge von 1870 Wun-
derbares geleistet. Die Ulanen haben ihr Vorbild, die Kosaken,
bedeutend überflügelt, sie haben sich in Frankreich einen Namen
gemacht, der noch in der nächsten Generation der Schrecken des
französischen Volkes sein wird. Aber auch auf dem Schlachtfeld
haben die preußischen Reiter sich ihrer Ahnen im siebenjährigen
Kriege würdig gezeigt, und namentlich bei Metz sind Thaten
von ihnen ausgeführt, deren sich die Schwadronen eines Seidlitz
oder Ziethen nicht zu schämen brauchten. Dabei ist die deutsche
Kavallerie vorzüglich beritten; die Pferde haben eine Ausdauer
an den Tag gelegt, die in der That erstaunlich genannt werden
muß. Nicht selten haben Reiterdetachements in zweimal 24 Stunden mehr denn zwanzig Meilen zurückgelegt und haben ihre Pferde
trotz mangelhafter Pflege doch in gutem Stande erhalten. Der
Deutsche ist aber auch nicht allein ein tüchtiger Reiter, sondern
ein vortrefflicher Pferdewärter, er liebt sein Thier und sorgt für
dasselbe mehr als für sich selbst. Er hat diesen schönen Charak-
terzug, die Fürsorge für das edle Thier, mit den Völkern des
östlichen Europas, den Russen, Polen und Magyaren, gemein,
während die Bewohner West- und Südeuropas, die Engländer
nicht ausgenommen, sich durch rohe Behandlung der Thiere und
Brutalität gegen dieselben höchst unvortheilhaft auszeichnen.[*]

Die **preußische Artillerie**, die sich im Feldzuge 1864 gegen Dänemark einen geachteten Namen erworben hatte, leistete
im deutschen Kriege 1866 nichts Hervorragendes, woran zum
Theil die noch ziemlich reichliche Dotirung mit glatten Geschützen,
zum Theil wohl taktische Ursachen Schuld waren. In diesem

---

[*] Merkwürdiger Weise machen die Deutsch-Oesterreicher eine auffallende
Ausnahme von ihren Stammesgenossen in Bezug auf die Behandlung der
Thiere, namentlich der Pferde. Nirgends in der Welt — nicht einmal in
Paris — kann man Zeuge von so empörenden Rohheiten gegen Pferde sein,
wie in Wien.

Jahre scheint die gesammte deutsche Artillerie sich das Wort ge= geben zu haben, die Welt durch ihre Thaten in Erstaunen zu setzen. Bairische, preußische, sächsische Artillerie hat die andern Waffen, namentlich die Infanterie, bewunderungswürdig unter= stützt und ihnen den Zutritt zu feindlichen Stellungen ermöglicht, die ohne die verheerenden Wirkungen der deutschen Hinterladungs= geschütze nicht zu erreichen gewesen wären. Dieselben haben so= gar in den feindlichen Tirailleurlinien und Schützengräben furcht= bare Verwüstungen angerichtet und ihre Shrapnells haben oft die Besatzung solcher Gräben reihenweise niedergeschmettert.

Das deutsche Artilleriematerial ist ohne Frage das beste, welches es giebt, und die Mannschaft zeichnet sich durch gute Bedienung desselben und Kaltblütigkeit in einer Weise aus, der sogar ihre Feinde, und zwar die kompetentesten Beurtheiler, wie Louis Napoleon selbst und der General Wimpffen, die höchste Anerkennung gezollt haben.

Die **französische Infanterie** ist bei weitem nicht so sorg= fältig ausgebildet wie die deutsche. Es geht ihr die feste und doch so bewußte Haltung derselben ab; beim Manövriren zeigt sie viel Unruhe und sie kommt bei aller scheinbaren Eilfertigkeit doch in derselben Zeit nicht so weit wie jene. Der Schießunter= richt wird ziemlich oberflächlich getrieben, die Leute erfahren beim Schießen nicht, wo ihre Schüsse getroffen haben und lernen da= her ihre Fehler auch nicht korrigiren. Dazu kommt das unruhige, leichtsinnige Naturell der Franzosen, wodurch ein geordnetes, wohlgezieltes Schießen fast zur Unmöglichkeit wird. Im zerstreu= ten Gefecht ist der französische Infanterist übrigens sehr auf sei= nem Platz, er ist gewandt und verständig und weiß sich trefflich im verschiedenartigsten Terrain zu benehmen. Dabei ist er tapfer, sowohl bei der Offensive, wo er ungestüm drauf geht, wie Kei= ner, als auch in der Defensive, wo er heldenmäßig aushält. Kein Wunder, daß die Franzosen so viele Siege gewonnen haben, denn es gehört allerdings ein Soldat dazu, wie der deutsche, der mit so vielen kriegerischen Vorzügen ausgerüstet ist, um ihm die Stange zu halten.

Die französische Infanterie hat in dem Chassepotgewehr eine ganz vorzügliche Waffe, die bei einer bessern Benutzung seitens der Leute den Deutschen oft hätte verderblich werden müssen. Schon auf 1500 Schritt waren die Wirkungen des französischen Hinterladers furchtbar und die deutschen Truppen hatten oft eine Strecke von 1000 Schritt in offenem Terrain zurückzulegen, ehe sie mit ihrer dann freilich Alles zerstörenden Waffe zur Geltung kommen konnten.

Die Kavallerie ist entschieden die schwächste Seite der französischen Armee, trotzdem daß Louis Napoleon außerordentliche Anstrengungen zu ihrer Verbesserung gemacht hat. Besonders auf die Ausbildung des einzelnen Mannes ist auf sein Geheiß ein großes Gewicht gelegt worden. Allein zu Reitern lassen sich die Franzosen nun einmal nicht machen, auch sind die Pferde der Kavallerie, mit Ausnahme der Garde- und der mit arabischen Pferden beritten gemachten Regimenter nicht mit Sorgfalt ausgewählt, und die nachlässige Behandlung, welche die Leute ihnen angedeihen lassen, bewirkt, daß sie durch die Anstrengungen eines Feldzuges bald in hohem Grade mitgenommen werden. Dies zeigte sich im italienischen Kriege, wo nach zwei Monaten fast kein Pferd vom Satteldruck verschont war und dies zeigt sich, in vielleicht noch höherem Grade, in dem jetzigen Kriege. Die Kavallerieoffiziere sind durchaus nicht blind für diesen großen Uebelstand und mehrere derselben klagten dem Verfasser vor einigen Jahren ihre Noth, die sie mit der Gleichgiltigkeit der Leute gegen ihre Pferde hätten.

Das sorglose Naturell der Franzosen macht sie auch für den so sehr wichtigen Vorpostendienst und für Rekognoszirungen, worin die preußische Kavallerie so Ausgezeichnetes leistet, wenig geeignet. Während die preußischen Heerführer durch die nach allen Seiten weit vorgeschobenen Reiterdetachements von den Maßnahmen des Feindes stets genau unterrichtet waren, brachten die

französischen Recognoszirungspatrouillen, wenn überall solche aus-
geschickt wurden, nur selten brauchbare Nachrichten zurück. Mel-
dete doch jener am 14. August von Metz aus entsendete Regi-
mentskommandeur der Chasseurs d'Afrique, der Erkundigungen
über den Vormarsch der Preußen einziehen sollte, daß er nichts
Feindliches entdeckt habe, während einige Stunden später die vor
Metz stehenden Franzosen von zwei preußischen Armeecorps angegriffen wurden. Eine solche Meldung würde selbst der geringste
preußische Patrouillenführer nicht heimgebracht haben. Aber das
„Fühlung am Feinde behalten" ist eine Sache, die den Franzosen
wenig geläufig ist.

Die französische Artillerie hat sich stets eines großen
Rufes zu erfreuen gehabt, namentlich werden ihre Leistungen im
Krimkriege und im italienischen Feldzuge außerordentlich hervorgehoben. Die Oesterreicher wollen dieß indeß, was den letzteren
betrifft, nicht Wort haben und meinen, daß ihre glatten Geschütze
es mit den französischen gezogenen Kanonen ganz gut hätten aufnehmen können. Das mag nun wohl eine Uebertreibung sein
und jedenfalls richteten die französischen Geschosse in den Reihen
der österreichischen Reserven große Verheerungen und Bestürzung
an. Es läßt sich nun, trotz Arkolay und seiner (allerdings wenigen) Nachbeter, nicht läugnen, daß durch Einführung der gezogenen Geschütze ein ungeheurer Fortschritt in der Artillerie
gemacht ist. Und dieser Fortschritt muß unbedingt den Franzosen
zugeschrieben werden. Nur sind sie auf derselben Stufe, die sie
schon vor 10 Jahren einnahmen, stehen geblieben. Das Ge-
schützmaterial, welches damals das beste der Welt war, ist jetzt
so ungefähr zum schlechtesten geworden und den Vergleich mit
den preußischen Hinterladungskanonen kann es in keiner Weise
aushalten. Dazu kommt, daß die bei der Infanterie gerügten
Fehler sich auch bei der Mannschaft der Artillerie, als aus dem
Naturell der Franzosen entspringend, vorfinden. Es mangelt den
Leuten jene Kaltblütigkeit, die sich durch Nichts von der genauen
reglementsmäßigen Ausübung des Dienstes, selbst unter den

schwierigsten Umständen abbringen läßt. Gibt doch sogar der französische General Wimpffen der preußischen Artillerie das Zeugniß, daß sie stets ruhig und geschickt ihr Feuer wie auf dem Exercierplatze verbessere und daß sie stets nur auf ein bestimmtes, genau erkanntes und festgesetztes Ziel schieße, wohingegen die französische Artillerie sich zu sehr beeile und nur obenhin ziele, wobei sie oft auf den Zufall hin einen ungewissen Punkt auf's Korn nehme.

Auch die Bespannung der Artillerie läßt viel zu wünschen übrig; die Pferde sind an und für sich nicht die kräftigsten und werden auch nicht sorgfältig genug gehalten. Ferner muß die Bespannung der vierpfündigen Geschütze mit nur 4 Pferden als unzureichend angesehen werden.

Die Einführung der Mitrailleusen bei der französischen Artillerie ist als eine schätzenswerthe Verstärkung derselben, oder wohl richtiger des Infanteriefeuers anzusehen. Es ist wohl wahr, daß die Mitrailleusen nicht sehr häufig zur vollen Wirkung gelangen können, allein wenn dieß geschieht, so ist auch die Wirkung eine furchtbare, mit Nichts zu vergleichende. Schon um des moralischen Halts willen wird man also in Zukunft Mitrailleusen oder Kugelspritzen als einen ganz unentbehrlichen Ausrüstungsgegenstand bei jeder Armee einführen müssen.

Was nun schließlich die Kriegführung der beiden Heere betrifft, da genoß die französische bis zum Kriege von 1870 eines hohen Rufes. Erfolge hatte sie allerdings erreicht und zwar nicht allein gegen wilde Völker, sondern auch gegen Armeen, welche für die besten Europa's galten. Indessen können wir nicht erkennen, daß sich bei den Franzosen irgend ein bedeutendes strategisches Talent gezeigt habe, wir finden nichts Geniales an der Aufstellung bei Balaklava mit dem Rücken gegen das Meer, oder an dem Flankenmarsch längs der Sesia, so zu sagen unter den Augen der Oesterreicher, oder an dem Vormarsch gegen das Festungsviereck in Oberitalien, mit dem linken Flügel an die Alpen streifend. Einem umsichtigen und energischen Feinde gegen-

über hätten diese Dinge dem französischen Heer zum Verderben
gereichen müssen. Wir sind der Ansicht, daß Frankreich seit Napoleon Bonaparte kein wahres Feldherrntalent hervorgebracht habe,
den Marschall Bugeaud vielleicht ausgenommen. Dagegen fehlt
es vielen französischen Generalen nicht an taktischem Geschick.
Sie verstehen Angriffe gut einzuleiten und sie mit Energie durch-
zuführen, das Terrain benutzen sie auf die verständigste Weise
und sie behaupten die einmal eingenommenen Positionen sehr
hartnäckig. Doch scheint es uns, daß sie über diese niedrigen
Elemente der Taktik nicht eben weit hinausgehen, daß es ihnen
am rechten Verständniß für das Manövriren und überhaupt für
das richtige Erfassen des Momentes fehlt, wann sie aus der Vertheidigung zum Angriff übergehen und wann sie eine Stellung
aufgeben müßten, bevor sie vom Feinde zu ihrem großen Nachtheil dazu gezwungen werden.

Die preußischen Heerführer haben nicht die reiche Erfahrung
für sich, wie die französischen und doch sind sie ihnen so unendlich überlegen. Wenn es wahr ist, daß kein Feldherr geboren
wird, so haben wir die Ursachen der in Wahrheit eminenten
Größe der deutschen Strategen und Taktiker in ihrem unaus-
gesetzten Studium der Kriegswissenschaften und der Kriegsgeschichte,
in dem tiefen Nachdenken darüber, in der eifrigen Betheiligung
an den so lehrreichen Truppenmanövern, in der genauen Kenntniß der fremden Heerverhältnisse, der fremden Kriegführung und
des Kriegstheaters sowie in dem feinen und gediegenen Urtheil
über die Wirkung der neuen Waffen und über das rechte Zusammenwirken der verschiedenen Waffengattungen zu suchen.

Durch die von uns angeführten Eigenschaften der Feldherrn
hat die deutsche Kriegführung eine Sicherheit und bewußte Kraft
erhalten, die bei aller Einfachheit der Anlage das Größte leistet,
was je von Kriegsheeren vollbracht ist. Dieß wäre aber nicht
zu erreichen gewesen, wenn nicht der tiefen strategischen Einsicht
der Führer eine Armee zu Gebote gestanden hätte, welche als die
vollendetste Kriegsmaschine aller Zeiten bezeichnet werden muß

und an welche die höchsten Anforderungen in jeder Beziehung gestellt werden können.

Gehen wir jetzt zu den kriegerischen Ereignissen selbst über.

In Frankreich begannen die Truppenconcentrationen nicht erst mit dem 15. Juli, sondern es waren schon früher bedeutende Truppenmassen nach dem Osten geschoben worden und am 14. Juli verließ ein Theil der Kaisergarde Paris. Schon am 11. Juli aber hatte man angefangen, Truppen von Algier nach Frankreich zu führen.

Wenn man diese Thatsachen zusammenhielt mit der fieberhaften Eile, in welcher die Franzosen sich in den Krieg stürzten, so durfte wohl die Voraussetzung gerechtfertigt erscheinen, eine Voraussetzung, von der sich sicher nur Wenige frei gefühlt haben in jener Zeit, nämlich daß man französischerseits den Vorsprung in den Rüstungen, den man offenbar vor Deutschland voraus hatte, zu einem Einfall in Deutschland benutzen werde. Man konnte nur in Ungewißheit darüber sein, wo der Einbruch der Franzosen stattfinden würde, entweder von Metz aus über St. Avold in die bairische Pfalz, um wo möglich Frankfurt zu erreichen und von da aus der Concentrirung der preußischen Armee Schwierigkeiten in den Weg zu legen, oder aber von Straßburg aus in Baden und von da in Württemberg und Baiern. Konnte dieß Letztere auch nicht aus dem Grunde geschehen, um einem Alliirten die Hand zu reichen, weil die süddeutschen Staaten sich sofort zu Gunsten Preußens entschieden hatten, so unterbrach man doch die dort begonnenen Rüstungen, entwaffnete das was schon aufgestellt war und hinderte die Zuzüge nach den Sammlungsorten.

. Die leichter zu erringenden Resultate machten es wahrscheinlich, daß die Franzosen einen Einfall in Süddeutschland unternehmen würden und es gehört in der That die ganze Trostlosigkeit der französischen Heerverhältnisse dazu, wie sie freilich erst später offenbar ward, daß nicht einmal der Versuch zu einer solchen Unternehmung gemacht wurde.

Aus der Aufstellung der französischen Corps, wie sie zu Anfang der letzten Juliwoche genau bekannt wurde, konnte man
freilich schon damals den Schluß ziehen, daß Louis Napoleon es
kaum auf Süddeutschland abgesehen habe. Es stand nämlich um
jene Zeit:

das **erste Corps** (4 Divisionen) unter Marschall Mac Mahon
bei Straßburg,

das **zweite Corps** (3 Divisionen) unter General Frossard
bei St. Avold,

das **dritte Corps** (4 Divisionen) unter Marschall Bazaine
bei Metz,

das **vierte Corps** (3 Divisionen) unter General L'admirault
bei Thionville,

das **fünfte Corps** (3 Divisionen) unter General de Failly
bei Bitsch,

das **sechste Corps** (4 Divisionen) unter Marschall Canrobert
theils bei Chalons, theils bei Luneville, und

die **Garde** (2 Divisionen) unter General Bourbaki bei Nancy.

Ein siebentes Corps, welches der General Douay kommandiren sollte, wurde noch in der Gegend von Belfort erst
zusammengezogen; um die Mitte des Monats August war es
noch nicht 20,000 M. stark.

Die französische Feldarmee, welche in der von uns angegebenen Weise an der Ostgrenze Frankreichs aufmarschirt war, bestand also aus 23 Divisionen, deren jede 4 Infanterieregimenter,
in der Regel noch ein Jägerbataillon und drei Batterien, darunter
meistens eine Mitrailleusenbatterie zählte. Jedes Infanterieregiment war zu 3 Bataillonen à 6 Compagnien formirt und jedes
Bataillon sollte 800 Mann stark gemacht werden. Es ist aber
die hohe Frage, ob man über die früher reglementsmäßige Stärke
von 672 Mann weit hinausgekommen ist. Wir können daher
die französischen Bataillone nicht höher als zu 700 Mann veranschlagen. Für die Division würde dies mit der Artillerie einen
Stand von kaum 10,000 Mann ergeben. Die 23 an die Grenze

geworfenen Divisionen machten also zusammen eine Truppenmacht von 230,000 Mann aus, womit man in den ersten zehn Tagen nach der Kriegserklärung allerdings etwas hätte ausrichten können.

Wir sagten oben, daß man aus der ersten Aufstellung des französischen Heeres schon im Juli den Schluß ziehen konnte, daß man es französischerseits nicht auf eine Unternehmung gegen Süd-Deutschland abgesehen habe. Es standen nämlich bei Straßburg und dahinter bis Nanzig an der Eisenbahn nur 7 Divisionen, während abgesehen von den drei Canrobert'schen Divisionen bei Chalons, 13 Divisionen bei Metz und östlich oder nördlich davon aufgestellt waren. Daraus ließ sich denn schließen, daß, wenn Louis Napoleon eine Offensivbewegung machen wollte, diese zunächst der bairischen Pfalz gelten würde. In der That setzte sich der linke französische Flügel Anfangs August in Bewegung und es kam am 2. August bei Saarbrücken zu einem Zusammenstoß mit preußischen Truppen, den man im ersten Moment für den Vorläufer eines allgemeinen Vorrückens des französischen Heeres halten konnte. Freilich nur einen Moment, denn es zeigte sich sehr bald, daß der großartige, mit einem Armeecorps unternommene Offensivstoß eben gar nicht ernstlich gemeint war. Ehe wir die Details desselben schildern können, müssen wir zuvor betrachten, was preußischerseits in den verflossenen 14 Tagen geschehen war.

Am 15. Juli erließ der König von Preußen den Befehl, daß die gesammte norddeutsche Heeresmacht auf den Kriegsfuß gesetzt werde und schon am 16. stellte auch der König von Baiern für sein Heer eine gleiche Ordre aus, Württemberg und Baden blieben nicht zurück, und es war also, was man trotz der abgeschlossenen Allianztraktate kaum zu hoffen gewagt hatte, ganz Deutschland einig und bereit in den blutigen Streit zu ziehen, den französischer Uebermuth heraufbeschworen hatte.

Daß die preußische Heerorganisation, welche vor vier Jahren eine so glänzende Probe bestanden hatte, sich auch jetzt bewähren würde, darüber herrschte nicht der leiseste Zweifel, indessen konnte

man nicht umhin, der Befürchtung Raum zu geben, daß Frankreich, welches den Krieg gewollt und gewiß längst vorbereitet
hatte, in seinen Rüstungen Preußen weit voraus sei und daß
man sich deßhalb auf den Einmarsch französischer Truppen in
Deutschland gefaßt machen müsse. Daß Baiern und Württemberg weit zurück bleiben würden, glaubte man nach den Erfahrungen von 1866 voraussetzen zu können und die Haltung Baierns
in der Bewaffnungsfrage, sowie überhaupt, wenn die Rede davon
war, die bairischen Heerverhältnisse nach den preußischen umzu-
modeln, konnten nicht zu der Hoffnung ermuthigen, daß Baierns
Leistungen jetzt mit denen Preußens zu vergleichen sein würden.
Der Erfolg zeigte zum Ruhme Süddeutschlands, wie sehr man
sich geirrt habe und zeigte zugleich, was ein Land vermag, wenn
es alle seine Kräfte einem großen Ziele widmet.

In Preußen ward der weise Beschluß gefaßt, durchaus in
keiner Weise von dem erprobten System und den festen Regeln
desselben abzuweichen. Man hätte die auf dem Friedensfuß befindlichen Truppentheile aus den Garnisonen schleunigst an die
Grenze werfen und dort auf diese Weise im Laufe einer Woche
vielleicht ein Heer von über 100,000 Mann ansammeln können.
Es war aber immerhin sehr zweifelhaft, ob ein solches Heer einer
französischen Invasionsarmee Stand halten könne und wenn dieß
nicht möglich war, wenn jene Truppen von den Franzosen zurückgedrängt wurden, so war es gar nicht abzusehen, wie unter solchen Umständen die Kompletirung der Truppentheile auf den
Kriegsfuß auch nur in annähernd geordneter Weise sich würde
vollziehen können, es mußte dieß zu einer heillosen Verwirrung
führen, die vielleicht nie wieder gut zu machen war. Man beschloß daher die Mobilisirung der Truppentheile ruhig in ihren
Standorten vorzunehmen und erst die fertigen Truppenkörper an
die Grenze zu führen. Man gab allerdings die am linken Rhein-
ufer liegenden deutschen Lande, die für das französische Volk den
Gegenstand des heißesten Verlangens bildeten, an denen der
Schöpfer und Träger des Nationalitätsprinzips jetzt selbst die

Unhaltbarkeit des von ihm aufgestellten Systems darzuthun im Begriff stand, man gab diese gesegneten Fluren, ja vielleicht sogar die rechts vom Rhein liegenden süddeutschen Staaten den afrikanischen Wüsten und dem in die Zouavenjacke gesteckten pariser Straßenpöbel Preis, allein das Heer erhielt dann Zeit sich in voller Regelmäßigkeit zu sammeln und da man die numerische Schwäche der französischen Armee im Verhältniß zur deutschen kannte, so konnte man mit Sicherheit berechnen, daß man nach vollzogener Mobilisirung, wenn diese ihren vorgeschriebenen Gang ging, den französischen Streitkräften um Vieles überlegen sein werde. Der Zeitpunkt dafür aber konnte nicht fern liegen, dafür bürgte die vorzügliche Ordnung der Administration und die Energie, mit welcher alle Theile derselben zu arbeiten gewohnt waren.

In der That aber übertraf das, was bei der Mobilisirung der norddeutschen Armee wirklich geleistet wurde, selbst die kühnsten Erwartungen. Kaum waren vierzehn Tage nach dem Erlasse des Befehls zur Aufstellung der gesammten Streitmacht verflossen, und schon standen 9 norddeutsche Armeecorps an Deutschlands Westgrenze. Was aber nicht zum Wenigsten zu bewundern ist und was um so höheres Lob verdient, das war, daß die süddeutschen Staaten, die mit ganz anderen Schwierigkeiten zu kämpfen hatten als der Norddund, wo die borniten Anschauungen gewisser Parteien der Landesvertretung noch nicht an den Heereinrichtungen hatten rütteln können — wie sehr sie auch darauf bestrebt waren — daß, sagen wir, die süddeutschen Staaten in ihren Rüstungen nicht hinter Preußen zurück waren, sondern ihre Truppen gleichzeitig mit den norddeutschen an den Rhein senden konnten. Wir wissen nicht, ob General Moltke wirklich das stolze Wort gesprochen hat: „wenn Napoleon nicht bis zum 25. Juli an den Rhein gelangt, dann bekommt er ihn nie zu sehen", allein die Thatsache, daß um diese Zeit 12 deutsche Armeecorps als Hüter des Rheinstromes aufgestellt waren, konnte schon zu einem solchen Ausspruch Veranlassung geben. Welch' Hochgefühl muß die Brust des genialen Mannes, des größten

Strategen der Jetztzeit, bewegt haben, als er seinem Kriegsherrn die Vollendung des strategischen Aufmarsches melden konnte, und als nun Viermalhunderttausend deutsche Truppen — das größte Heer, das je Ein Wille unmittelbar geleitet — den Einmarsch auf französisches Gebiet begannen. Alles was später geschehen ist, die kunstvollen, blitzschnellen Manöver, die vernichtenden Schläge, die Umzingelung der feindlichen Heere, dieß Alles ist nur die Konsequenz und der Ausfluß jener gewaltigen, kunstreich geordneten Truppenaufstellung Frankreich gegenüber und die ungeheuren Begebenheiten auf dem Kriegsschauplatz mußten sich danach wie nach einem Gesetz vollziehn. Ihm, dem Meister lag schon nach den ersten Bewegungen des Heerkolosses das Endziel, Paris, klar vor Augen, gleichwie er schon während der Schlacht bei Königgrätz, als Alle außer ihm noch um den Ausgang des Kampfes besorgt waren, den Weg nach Wien geöffnet vor sich liegen sah.

Die deutschen Heere nahmen Ende Juli folgende Stellungen ein:

Die **Erste Armee** unter General Steinmetz bei Trier. Diese Armee war aus dem I. (Manteuffel), VII. (Zastrow) und VIII. (Goeben) Corps zusammengesetzt und zählte etwa 100,000 M.

Die **Zweite Armee** unter Prinz Friedrich Karl stand in der Bairischen Pfalz um Kaiserslautern und umfaßte das III. (Alvensleben II.), X. (Voigts-Rhetz) und Gardecorps (Prinz von Württemberg), sowie vom IX. Corps (Manstein) die 18. Division und endlich die 25. (Hessische) Division, zusammen 140,000 M.

Die **Dritte Armee** unter dem Kronprinzen von Preußen stand an der badisch-französischen Grenze südlich bis Rastatt und bestand aus dem V. (Kirchbach) und XI. Corps (Bose), ferner aus dem I. (v. d. Tann) und II. (Hartmann) Bairischen Corps, der Württembergischen Division und der Badensischen Division, zusammen 175,000 M.

An die Spitze der deutschen Heere waren die Feldherren gestellt, welche die preußischen Truppen vor vier Jahren von Sieg zu Sieg geführt hatten, und zu denen Offiziere wie Mannschaften mit voller, begeisterter Zuversicht hinaufsahen. Es war aber eine besonders glückliche Wahl, den Befehl über die süddeutschen Corps in die Hände des preußischen Kronprinzen zu legen. Die vorzüglichen Eigenschaften des Prinzen, namentlich sein offenes, herablassendes Wesen und seine ächte Leutseligkeit mußten die Vorurtheile, welche die Süddeutschen gegen das preußische Kommando etwa haben konnten, zerstreuen und völlig ausrotten. Das Vertrauen zu der Tüchtigkeit und Hingebung der süddeutschen Truppen, welches der Oberfeldherr der deutschen Heere an den Tag legte, indem er ihnen seinen einzigen Sohn, den Träger aller deutschen Hoffnungen für Deutschlands Größe und Glück, zum Führer gab, es hat sich glänzend bewährt und die reichsten Früchte getragen.

Inzwischen wartete man Tag für Tag vergeblich auf den Einfall der Franzosen in deutsches Gebiet. Zwar hatte es in der letzten Juliwoche an Zusammenstößen zwischen deutschen und französischen Truppen nicht gefehlt und namentlich bei Saarbrücken fielen täglich Scharmützel vor, allein diese gingen zumeist von preußischen Patrouillen aus, welche die französischen Vorposten beunruhigten und durch die dabei errungenen Vortheile ermuthigt, immer secker auftraten, wohingegen von Vorbereitungen zu französischen Offensivbewegungen Nichts zu spüren war. Am kühnsten waren bei diesen Streifereien auf feindlichem Gebiet die preußischen Ulanen (vom 7. Ulanenregiment) und schon damals erfüllten die Reiterthaten dieser ausgezeichneten Truppe, deren Leistungen später Alles übertreffen sollten, was je von Kavallerie ausgeführt ist, die Welt mit Bewunderung.

Diese Unthätigkeit des französischen Heeres, das auf diese Weise den günstigsten Moment zum Handeln versäumte, konnte

3*

nicht darin ihren Grund haben, daß die französischen Heerführer es vorzogen sich von den Preußen angreifen zu lassen, um die Vortheile der Defensive, die allerdings durch die Einführung der Hinterladungswaffen zugenommen haben, auf ihre Seite zu bringen. Dazu war nämlich die weit auseinander gezogene Aufstellung des Heeres durchaus nicht angethan. Dieses Zögern mit dem Angriff mußte also einen anderen Anlaß haben und wirklich erfuhr man schon in dieser Periode des Krieges, vor dem eigentlichen Ausbruch der Feindseligkeiten, daß zwischen den Führern der französischen Armee, namentlich zwischen Mac Mahon und Leboeuf, welcher Letzterer seine Funktionen als Kriegsminister mit der Stellung eines Major-Generals der Armee vertauscht hatte, Mißhelligkeiten ausgebrochen seien. Ferner hörte man, daß es mit der Verpflegung der französischen Truppen sehr kümmerlich bestellt sei und daß diese gegen eine Geldvergütung ihre Beköstigung selbst besorgen müßten. Daraus erklärte sich denn auch die weitläufige Aufstellung des Heeres, die in sonstiger Hinsicht höchst unzweckmäßig war, was die Thatsachen später auf's Schlagendste bewiesen. Es bleibt immerhin zum Verwundern, daß man nicht auf den gewiß sehr naheliegenden Gedanken kam, die Armee in das anstoßende feindliche Gebiet hinüberzuführen und die Bewohner desselben für die Verpflegung der Truppen sorgen zu lassen.

Man konnte sich also schon damals des Gedankens nicht entschlagen, daß Manches an der französischen Heeresleitung recht faul sei, wenn man auch noch keine Ahnung davon hatte, daß die Schäden so tief lägen, wie sich dieß bald in der That zeigte.

Am 29. Juli unternahmen die Saarbrücken gegenüberstehenden Franzosen, die zum Armeecorps des Generals Frossard (dem 2.) gehörten, eine große Rekognoszirung gegen jene Stadt, wobei sie auch Artillerie in's Feuer brachten. Preußischerseits betrug der Verlust freilich nur 3 Mann, allein man mußte nun annehmen, daß jener Zug nur der Vorläufer einer allgemeinen Vorwärtsbewegung der Franzosen sei und es erging daher an das tapfere

Detachement (1 Bataillon des Füfilierregiments No. 40 und 3 Schwadronen des 7. Ulanenregiments), das so lange auf dem äußersten deutschen Posten scharfe Wacht gehalten und dem Feinde die Ueberzeugung beigebracht hatte, daß ihm bedeutende feindliche Kräfte gegenüber ständen — die Weisung, sich auf die beiden anderen, weiter rückwärts stehenden Bataillone des 40. Regiments zu repliiren. Es wäre der tapferen Schaar schwer geworden, sich ohne Kampf aus der ihr liebgewordenen Stellung zurückzuziehen und der Kommandeur, Oberstlieutenant v. Pestel, erbat sich daher beim Oberkommando die Erlaubniß, nach wie vor auf dem Posten verbleiben zu dürfen. Und gut war's, daß es also geschah, denn es wäre sonst der französischen Armee eine Blamage, wie selten eine Truppe sie sich zugezogen hat, erspart geblieben.

Am Morgen des 2. August standen vom 2. Bataillon des 40. Regiments 1 Offizier und 60 Mann von der 7. Kompagnie auf der Feldwache am Rothenhof auf dem Winterberge, südsüdöstlich von Saarbrücken, und der Rest jener Kompagnie im Alarmhause vor der Stadt. Die 6. Kompagnie stand an der nach Arnual führenden Straße, während die andern beiden Kompagnien sich in oder bei der Vorstadt St. Johann auf dem rechten Saarufer befanden.

Gegen 10 Uhr Morgens brachen starke feindliche Kolonnen aus den Wäldern des Spicherer Berges hervor und gingen mit großen Schützenschwärmen voran gegen die preußische Feldwache vor. Es entspann sich ein Kampf mit dieser, der wohl eine halbe Stunde währte. Inzwischen zogen die Franzosen Geschütze vor und brachten nach und nach nicht weniger als 5 Batterien, darunter 2 zwölfpfündige Reservebatterien, im Ganzen 30 Geschütze in's Feuer. Dieser enormen Artilleriemasse, die noch durch eine Mitrailleusenbatterie verstärkt ward, hatten die Preußen nur 4 vierpfündige Geschütze, die am rechten Saarufer Posto gefaßt hatten, entgegenzustellen. Unter dem Schutze ihrer Artillerie rückte nun die französische Infanterie vor und zwar in

erster Linie die Division Bataille mit dem 23. und 8. Linienregiment links gegen den Exerzierplatz, und mit dem 66. und
67. Linienregiment rechts gegen Arnual. Rechts hinter der Division Bataille folgte die Division Laveaucoupet und links
eine Brigade der Division Vergé. Auf sehr weiter Entfernung
von den preußischen Füsilieren, die den Winterberg und Arnual
besetzt hatten, machten die französischen Bataillone Halt und
gaben Salven und Schnellfeuer ohne den mindesten Erfolg ab.

Von dem 40. preußischen Regiment war sofort beim ersten
Vorrücken des Feindes die 5. Kompagnie zur Unterstützung der
7. Kompagnie nach dem Winterberg hinaufgerückt und die 6.
Kompagnie nach Arnual vorgegangen, während die 8. Brebach
auf dem rechten Saarufer besetzte.

Zwischen den Schützenzügen der drei erstgenannten Kompagnien und den vordersten Bataillonen des Feindes entspann
sich nun ein längeres Tirailleurgefecht, das bis 12 Uhr dauerte.
Als nun aber auf dem rechten Flügel die zweite feindliche Linie
vorrückte, erhielten die drei preußischen Kompagnien, die auch
noch durch Kavallerie bedroht wurden, den Befehl sich zurückzuziehen und die Stadt zu räumen. An der alten Brücke machten
sie Halt und hielten dieselbe im Verein mit der inzwischen herbei-
gekommenen 10. und 11. Kompagnie des 3. Bataillons vom
40. Regiment, trotz des furchtbaren französischen Artilleriefeuers
bis 2 Uhr, worauf sie 1 Meile nordwestlich von Saarbrücken
in's Biwak gingen. Die 8. Kompagnie hatte zwar nicht unmittelbar am Gefecht Theil nehmen können, aber doch Gelegenheit
gehabt, von Brebach aus die auf den gegenüber liegenden Höhen
stehenden Franzosen zu beschießen, woran sich auch ein Zug Hu-
saren betheiligt hatte. Auch diese Truppen zogen sich um 2 Uhr
zurück.

Die Franzosen unternahmen keinerlei Verfolgung. Dahingegen beschossen sie das offene, von den Preußen geräumte Saarbrücken, namentlich die am rechten Saarufer liegende Vorstadt
St Johann und erst am Abend gingen einzelne feindliche Sol-

daten in die Stadt. Diese ward von den Franzosen nicht besetzt, wohl aber das südlich von Saarbrücken liegende, stark hügelige Terrain, das auch von ihnen zur Vertheidigung eingerichtet wurde.

So war der Verlauf der Affaire von Saarbrücken am 2. August, bei welcher die Preußen 75, die Franzosen 73 Mann an Todten, Verwundeten und Vermißten verloren. Der ausgesprochene Zweck der Franzosen war, sich derjenigen Positionen zu bemächtigen, welche am linken Ufer der Saar gelegen, die Höhe von Saarbrücken beherrschen. Dieß gelang ihnen nun allerdings, aber mit welchem Kraftaufwande! Faktisch am Gefecht Theil genommen haben preußischerseits 6 Infanteriekompagnien, 4 Geschütze und etwas Kavallerie, und auf Seite der Franzosen 4 Infanterieregimenter, 1 Jägerbataillon, 1 Geniekompagnie, 2 zwölfpfündige und 3 vierpfündige Batterien, 1 Mitrailleusenbatterie und 1 Chasseurregiment; und nicht etwa, daß jenes preußische Häuflein von der siebenfachen Uebermacht der Franzosen, die noch dazu 20,000 Mann unmittelbar im Rücken zur Verstärkung hatten, übergerannt wäre, nein erst nach vierstündigem Kampf, nachdem die französischen Truppen manövrirt hatten, als ob ihnen eine Armee gegenüber stände, ziehen die Preußen sich unverfolgt zurück. Wenn das nicht eine totale Unfähigkeit zum Schätzen der feindlichen Stärke und zum Ergreifen geeigneter Maßregeln dieselbe zu bekämpfen dokumentirt, dann gibt es überhaupt keine taktische Bornirtheit und jeder Schuljunge kann General sein, wenn er bloß zu den ihm folgenden Haufen Vorwärts kommandiren kann. Die skandalöseste Episode der Affaire bei Saarbrücken war der französische Angriff auf Arnual. Dieses Dorf war von Einer preußischen Kompagnie besetzt und gegen diese Kompagnie wurden vorgeschickt: das 66. und 67. Regiment, ein Bataillon vom französischen 40. Regiment und eine Geniekompagnie, also im Ganzen **Drei und Vierzig franzö-sische Kompagnien**, welche mit großer Mühe und mittelst kunstvoller Manöver die eine preußische Kompagnie zuletzt aus dem Dorfe heraustrieben, während hernach die 18 Kompagnien des

67. Regiments „mit großem Elan“ die Abhänge des Hügels von
Arnual nahmen (S. den Bericht des Generals Frossard an den
Kaiser, in der Nr. 65 der France militaire vom 6. August).
Wir glauben, daß diese Begebenheit, die Wegnahme des Dorfes
Arnual, einzig in der Kriegsgeschichte dasteht und daß man daraus
eine Heldenthat hat machen wollen, ist gewiß die größte Schmach,
die je den französischen Waffen angethan ist. Und wenn es sich
nun noch um ein schwer zugängliches Defilee gehandelt hätte, das
nur mit den größten Opfern zu nehmen gewesen wäre, aber statt
dessen eine einfache Stellung, die von allen Seiten zu umgehen war!

Es ist schwer zu sagen, was sich die Franzosen eigentlich
bei dieser merkwürdigen Operation gedacht haben. Sollte es der
Anfang einer Offensivbewegung sein, dann mußten sie sich doch
wenigstens das Debouchee über die Saar sichern, was sie ohne
die geringste Anstrengung gekonnt hätten. Statt dessen blieben
sie auf dem linken Saarufer stehen. War es eine bloße Rekognoszirung, so erreichte man allerdings, daß der Feind seine ganze
Stärke zeigte; statt sich nun aber mit dieser werthvollen Ent-
deckung zu begnügen und in seine frühere Stellungen zurückzu-
kehren, blieb man in der vorgeschobenen Position ohne Verbindung mit den anderen Armeecorps stehen und setzte sich dadurch
einer Niederlage aus, als einige Tage später die Preußen ihrerseits zum Angriff übergingen. War die Affaire ein bloßer Theater-
coup, wie man dieß so oft behauptet hat, ausgeführt zur Kurz-
weil Louis Napoleons und seines Söhnchens? Wir glauben es
nicht, sondern vielmehr, daß man diesen kühnen Zug hauptsächlich
darum unternahm, um die Ungeduld der guten Pariser, welche
den Moment des Vorrückens der Armee sehnlichst erwarteten, zu
beschwichtigen. Wären nicht die fatalen Ereignisse vom 6. August
dazwischen gekommen, so hätte das französische Volk 14 Tage
sich des Sieges bei Saarbrücken zu erfreuen gehabt und sich so
lange damit zufrieden gegeben.

Nach der That vom 2. August beschossen die Franzosen noch

einige Zeit zu gar keinem Nutzen das arme Saarbrücken und sanken dann wieder in den vorigen Zustand der Ruhe zurück, aus dem sie sehr unsanft geweckt werden sollten.

Die deutschen Heere hatten inzwischen bis zu Anfang August alle ihre Vorbereitungen getroffen und sich längs der französisch-deutschen Grenze zwischen Saarlouis und Landau konzentrirt. Sie standen also mit der Front gegen Südwest, fast gegen Süden und ihr Schwerpunkt war gegen den rechten Flügel der französischen Aufstellung gerichtet. Ein weiteres Vordringen in dieser Richtung würde die deutschen Heere also nicht in den Contakt mit dem gesammten französischen Heere gebracht und sie nicht der Mosellinie zugeführt haben, welche von den Franzosen im Fall eines Rückzugs eingenommen werden mußte. Es war daher von der deutschen Armee eine großartige Rechtsschwenkung auszuführen um in eine Parallelstellung zur französischen Armee zu gelangen. Das Pivot dieser Rechtsschwenkung bildete die I. Armee, die zu diesem Behuf sich in südlicher Richtung auf Saarbrücken konzentrirte, während die den linken Flügel der preußischen Aufstellung bildende III. Armee, welche den weitesten Weg zurückzulegen hatte, am 4. August ihren Vormarsch begann und zwar zuerst noch in südwestlicher Richtung gegen die Lauter. Die Armee marschirte in 4 Colonnen, mit dem rechten Flügel gegen Weißenburg, mit dem linken gegen Lauterburg und stieß am erstgenannten Punkte auf den Feind.

Gefecht bei Weißenburg am 4. August.

Es war dieß die 2. Division (Douay) des Mac Mahon-schen Corps, dessen andere Divisionen in Sulz, Reichshofen und Hagenau standen. Douay hatte mit zwei Bataillonen die frühere Festung Weißenburg, deren Festungswerke noch nicht demolirt waren, besetzt, während die übrigen vier Bataillone der 2. Brigade (Pellé, 1. Turcos- und 74. Linien-Regiment) nebst einer Mitrailleusenbatterie auf den Anhöhen südwestlich von der Stadt standen. Von der 1. Brigade (Peltier de Moulmarie, 50. und

78. Linien=Regiment) war der ¼ M. südlich von Weißenburg lie=
gende **Gaisberg** besetzt, während kleinere Abtheilungen an die
Lauter, namentlich nach Altenstadt und der rechts davon liegenden
Wassermühle, wo sich Uebergänge über den Fluß befanden, vor=
geschoben waren. Auf den genannten Höhen standen auch die
drei Batterien der Division und die Cavalleriebrigade Septeuil
(3. Husaren= und 11. Chasseurregiment) befand sich hinter dem
Gaisberge.

Die Avantgarde der bairischen Division Bothmer, welche
die Tete der rechten Flügelkolonne der III. Armee bildete, kam
gegen 9 Uhr Morgens vor Weißenburg an und leitete hier den
Kampf ein. Der Donner des Geschützes rief nun auch die
Avantgarde des links von den Baiern marschirenden V. Corps
heran und es entspann sich zwischen ihr und dem französischen
Jägerbataillon ein heftiger Kampf bei der Wassermühle, der mit
der Zurücktreibung der Franzosen endete. Ein Bataillon des 58.
Regiments war gegen Altenstadt geschickt worden. Auf diesen
Punkt ward auch die mittlerweile angelangte 18. Infanterie=
Brigade dirigirt, worauf Altenstadt um 11½ Uhr in die Hände
der Preußen fiel. Schon vorher war die Artillerie der 9. Divi=
sion und ein Theil der Corpsartillerie auf den Wolfsberg vor=
gezogen, indessen konnte die Wirkung der Geschütze gegen die
5000 Schritt entfernte feindliche Position keine entscheidende sein
und es ward nöthig, dieselbe durch Infanterie wegnehmen zu
lassen. Es ward dazu die 18. Infanterie=Brigade bestimmt, von
welcher übrigens 2 Bataillone des 47. Inf.=Regts. nebst dem
nach Altenstadt detachirten Bataillon des 58. Inf.=Regts. gegen
Weißenburg entsandt waren.

Es war 12 Uhr. Auf dem rechten Flügel drangen die
Baiern von N., die Preußen von O. gegen die Stadt vor, die
verbarrikadirten Thore wurden durch die Artillerie eingeschossen
und die Stadt im ersten Anlauf gestürmt, wobei die französische
Besatzung zu Gefangenen gemacht ward. Gleichzeitig formirte
sich die 18. Infanterie=Brigade mit dem Königs=Grenadier=Regi=
ment Nr. 7 im ersten Treffen zum Angriff gegen den Gaisberg.

Die drei Bataillone gingen in Einer Linie vor, jedes Bataillon
hatte zwei Compagnien als Schützen aufgelöst voran, dahinter
folgten geschlossen die Halbbataillone. Es war das erste Mal
seit 55 Jahren, daß preußische Truppen gegen eine von überlegenen französischen Streitkräften besetzte Stellung vorgingen.
Es war hier gleichsam die Probe abzulegen, welcher von beiden
Armeen der Ruhm größerer Bravour, höherer Tapferkeit zukom-
men sollte. Der Ausgang des Kampfes mußte eine Vorbedeutung für das Schicksal des ganzen Feldzuges sein, der mit dem
heutigen Gefecht begonnen hatte. Den braven Westpreußischen
Grenadieren, die im böhmischen Kriege vor 4 Jahren sich blutige
Lorbeeren errungen hatten, standen Elitetruppen des französischen
Heeres, noch nie besiegte afrikanische Regimenter gegenüber und
diese hatten den Vortheil der festen gedeckten Stellung, den Vortheil der besseren Bewaffnung und die Ueberlegenheit an Zahl.
Der Erfolg der preußischen Schaar schien kaum möglich.

Aber trotz des furchtbaren Schnellfeuers der französischen
Infanterie, trotz der verheerenden Wirkung der Mitrailleusen gingen die Königsgrenadiere vor, ruhig und unaufhaltsam und um
1 Uhr war die furchtbare Stellung in ihren Händen. Das 58. Inf.
Reg., das inzwischen das Vorwerk Gutleuthof weggenommen,
hatte ihnen treulich dabei geholfen. Zwar versuchten die Franzosen noch um 1½ Uhr einen Offensivstoß, augenscheinlich zur
Deckung des Rückzugs, der um so nothwendiger wurde, als nun
auch die Tete des XI. Corps, welche durch den Kanonendonner
herangelockt, von Schleithal her, statt wie befohlen auf Ingels-
heim zu marschiren, rechts abgebogen war, im Rücken der französischen Stellung herankam. Das 87. Inf. Reg. hatte sich sogar
schon am Sturm des Geisbergs mitbetheiligt. Der französische
Gegenstoß ward daher mit leichter Mühe abgewiesen, wozu auch
die Corpsartillerie des XI. Corps, von der einige Batterien mittlerweile herangekommen waren, beitrug. Die Verfolgung des Feindes
übernahmen die beiden Kavallerieregimenter der 9. und 10. Division.

Die deutschen Truppen hatten ihren schönen Sieg theuer erkauft, er kostete ihnen 1300 Todte und Verwundete, worunter

75 Offiziere. Besonders war der Verlust des 7. Inf.-Regiments groß. Die Franzosen büßten 817 Gefangene ein, worunter 18 Offiziere; ihre sonstigen Verluste sind nicht zu ermitteln, waren aber sicher nicht gering. Unter den Gefallenen befand sich auch der Kommandeur der Division, General Douay, der beim Gefecht um den Gaisberg seinen Tod fand.

Die von ihm zur Schlacht und in derselben getroffenen Maßregeln sind nicht sehr zu billigen. Die Lauterlinie, die er zunächst zu vertheidigen hatte, war nur schwach besetzt und wurde von den Preußen nach kurzem, wenn auch heftigem Kampfe genommen und es geschah französischer Seite Nichts, um dieselben wieder zurückzutreiben. Ebensowenig wurden Dispositionen getroffen, um das Debouchiren der Preußen aus Altenstadt und ihre Einleitungen zum Sturm gegen den Gaisberg zu verhindern. Die beiden in Weißenburg stehenden Bataillone hätten entweder bedeutend verstärkt werden müssen, um der ziemlich starken Truppenmasse, welche gegen sie andrang, einigermaßen gewachsen zu sein, oder man mußte jene Bataillone bei Zeiten zurücknehmen, als man so überlegene Kräfte gegen sie heranrücken sah.

Es that sich so bei der ganzen Leitung des Gefechts französischerseits eine merkwürdige Passivität kund, welche in grellem Gegensatz zu der sonst üblichen französischen Kampfweise zu stehen schien. Wohl geschah um 1¼ Uhr ein kurzer Vorstoß, allein viel zu spät und ohne genügende Kraft. Derselbe hätte mit allen disponiblen Truppen gleich nach Verlust des Gaisbergs, also eine halbe Stunde früher unternommen werden müssen. Daß dieß nicht geschah, mag zum Theil seinen Grund darin gehabt haben, daß General Douay gerade um diese Zeit fiel und daß es also für den Moment an einer genügenden Oberleitung fehlte. Wenn man französischen Nachrichten darüber Glauben schenken darf, so hätte Douay seine Aufgabe als kommandirender General nicht ganz richtig aufgefaßt, indem er sich nach Einnahme des Gaisbergs verzweiflungsvoll in den feindlichen Kugelregen gestürzt haben soll. Wenn seine Lage damals auch schon bedenklich war,

so war sie doch keineswegs hoffnungslos und eine kräftige Offensive konnte ihm einen ungehinderten Rückzug verschaffen. An ein
Verbleiben in der Stellung war freilich unter keinen Umständen
zu denken, da schon die Spitzen des XI. Corps in seiner rechten
Flanke und seinem Rücken erschienen. Ein großer Vorwurf muß
die französische Kavallerie treffen, welche während der ganzen
Affaire unthätig hinter dem rechten Flügel stand. Ihre Pflicht
war es, das Terrain in der rechten Flanke aufzuklären und das
Oberkommando von dem Heranrücken feindlicher Truppenmassen
von rechts her in Kenntniß zu setzen. Auf diese Nachricht hin
mußte General Douay schon vor dem feindlichen Angriff gegen
Weißenburg und den Gaisberg das Gefecht abbrechen und sein
Verlust war dann nur gering.

Die deutschen Truppen benahmen sich bei der Affaire bewunderungswürdig. Nichts schreckte sie, weder Turcos noch
Chassepots, noch die vielgepriesenen Mitrailleusen, Nichts widerstand ihrem Angriff. Vorzüglich war auch das Eingreifen der
verschiedenen Corps in die Aktion. Es bedurfte keiner höheren
Weisung um sie heranzuziehen, aus eignem Antrieb und in der
korrektesten Weise griffen das V. und XI. Corps in's Gefecht ein.
Indem sie dabei von der ihnen angewiesenen Marschroute mittelst einer Rechtsschwenkung abwichen, begann damit taktisch jene
großartige Bewegung, welche die drei deutschen Armeen auf Eine
Linie mit der Front gegen Westen der französchen Armee gegenüber führen sollte.

Die Artillerie ward in der richtigsten Weise verwendet.
Die Corpsartillerie wurde vorgezogen, sobald es nur möglich war.
Leider gestattete das Terrain nicht die Annäherung der Batterien
an die feindlichen Stellung bis zur wirksamsten Schußdistanz.

Die Befürchtungen, welche man bis dahin gehegt haben
konnte, daß gegen französisches Schnell- und Mitrailleusenfeuer
das Vordringen der Infanterie im offenen Terrain eine Unmöglichkeit sei, erwies sich als ungegründet. Wenn auch das
Gefecht bei Weißenburg wiederum die Richtigkeit der Anschauung

bestätigte, daß das Infanteriefeuer auf dem Schlachtfelde eine große Rolle zu spielen berufen sei, so zeigte es sich doch zu gleicher Zeit, daß zur Erringung entscheidender Erfolge das Herausgehen an den Feind, mag man es nun Sturmlauf oder Bajonnetangriff nennen — ein unumgängliches Erforderniß sei. Die braven Westpreußen aber wiesen darin ihren Kameraden für den ganzen Feldzug den rechten Weg.

Zu jedem anderen Zeitpunkt wäre dem Gefecht von Weißenburg vielleicht keine besonders hohe Bedeutung beizulegen gewesen sein, es war nur eine französische Division, diese freilich gründlich geschlagen, allein der moralische Eindruck, den das Gefecht beim ersten Beginn des Feldzuges, beim ersten Vorrücken der deutschen Truppen hervorbrachte, war unermeßlich. Die bis jetzt für unbesiegbar gehaltenen Franzosen waren aus den festesten Stellungen herausgeworfen, ihre wunderbaren Schußwaffen hatten sich der ungestümen Tapferkeit der Deutschen gegenüber wirkungslos erwiesen. Dieser glänzende Anfang der Operationen war eine gute Vorbedeutung für den ganzen weiteren Verlauf derselben. Das Selbstbewußtsein der deutschen Truppen mußte ungemein gesteigert werden. Es mußte ihnen fortan Nichts unmöglich vorkommen.

Französischerseits ist viel von der ungeheuren Uebermacht gefabelt worden, mit denen die französischen Truppen es bei Weißenburg zu thun gehabt hätten, und es ist oft wiederholt worden, daß dort ein Franzose gegen sechs Deutsche gekämpft. Wenn man aber hoch rechnet, waren deutscherseits zwanzig Bataillone im Gefecht gegen dreizehn französische und das ist doch kein so ungeheuer Unterschied. wenn man dabei die bessere Bewaffnung und die festungsartigen Stellungen der Franzosen in Betracht zieht. Im Gegentheil scheint uns durch diese Umstände der Unterschied in der numerischen Stärke mehr als ausgeglichen zu sein. Es waren die Franzosen aber der größeren Tapferkeit und besseren Führung der Deutschen nicht gewachsen.

Bei der Betrachtung des Gefechts von Weißenburg drängt

sich uns unwillkürlich der Gedanke auf, daß durch eine Verzögerung des Angriffs preußischerseits vielleicht weit größere Erfolge
hätten erzielt werden können, als man sie in Wirklichkeit erlangte.
Hätte man dem XI. Corps die nöthige Zeit gegeben, die Umgehung in der rechten Flanke und im Rücken des Feindes ganz
auszuführen, so wäre der Division Douay das Schicksal von
Sedan kaum erspart worden. Da indessen die Intention zum
Gefecht beim preußischen Oberkommando von Hause aus kaum
vorlag, sondern erst dadurch, daß man auf den Feind stieß, hervorgerufen wurde, könnte es allerdings seine Schwierigkeit gehabt
haben, den Feind so lange festzuhalten, bis die sehr weit ausge-
holte Umgehung ganz vollendet worden wäre. Grade bei dem
ersten Male, wo man mit dem Feinde zusammentraf, konnte ein
rasches Drausgehen geboten erscheinen, um die Truppen von vornherein daran zu gewöhnen, vor dem Feinde nicht die mindeste
Scheu zu haben und ihn so des ihn umschwebenden Nimbus zu
berauben.

Am 5. August setzte die III. Armee ihren Vormarsch in
südwestlicher Richtung bis an die Selz fort, wobei das Hauptquartier nach Sulz kam. Die über den Feind eingezogenen Nachrichten ergaben zuerst, daß er sich in südlicher Richtung konzen-
trire, später jedoch zeigte sich, daß er jenseits der Sauer bei
Wörth, in der rechten Flanke der Deutschen stehe. Für den nächsten Tag ward daher vom Kronprinzen bestimmt, daß die Armee
eine Rechtsschwenkung an die Sauer und zwar um den bei Lembach an der Sauer stehenden rechten Flügel — das 2. bairische
Corps -- als Pivot vornehmen solle. Dadurch wurde einerseits
der feindliche rechte Flügel umgangen, andererseits aber handelte
die III. Armee ganz im Geiste ihrer Aufgabe, wonach sie durch
allmäliges Rechtsschenken sich auf gleiche Höhe mit der II. Armee
bringen sollte. Es lag also nicht in der Absicht des Kronprinzen,
an diesem Tage noch den hinter der Sauer stehenden Feind anzugreifen, sondern es sollte dieß am nächsten Tage nach Vollendung der vorgeschriebenen Bewegung geschehen. Wenn es nun

doch am 6. zur Schlacht kam, so geschah dieß deßhalb, weil einige Rekognoszirungsgefechte auf dem rechten Flügel nach und nach einen ernsteren Charakter einnahmen und das Eingreifen größerer Truppenmassen unvermeidlich machten.

Mac Mahon verließ Straßburg am 4. August um 1 Uhr Nachmittags mit der Reserveartillerie seines Corps. Was seine Absicht gewesen ist, ob er bloß sein Armeecorps hat konzentriren wollen oder ob er, einem Befehl des Kaisers folgend, sich näher an die anderen Corps der französischen Armee heranziehen wollte, darüber läßt sich bis jetzt nichts Bestimmtes sagen. In Hagenau, wo er um 6 Uhr eintraf, erhielt er die Nachricht von Douays Niederlage. Sofort eilt er nach Reichshofen, rekognoszirt am nächsten Morgen die Umgegend und wählt für sein Armeecorps die Stellung bei Fröschwiller.

Schlacht bei Wörth am 6. August.

Mac Mahon scheint für seine Stellung keine geeignete Flügellehnung haben finden zu können, da er beide Flügel fast im rechten Winkel zurückbog, wodurch die ganze Aufstellung die Form eines Galgens erhielt. Die ganze 1. Division (General Ducrot, 13. Jägerbataillon, 18. 96. 45. Linien- und 1. Zuavenregiment) stand zwischen Fröschwiller und Reichshofen, also mit der Front nach Norden. Zwischen Fröschwiller und Elsaßhausen war die 3. Division (General Raoult, 8. Jägerbataillon, 36. und 48. Linienregiment, 2. Zuaven- und 2. Turcosregiment), mit der Front nach Osten aufgestellt. Daran reihte sich nach rechts die 4. Division (General de Lartigue, 1. Jägerbataillon, 56. und 87. Linienregiment, 3. Zouaven- und 3. Turcosregiment), deren 1. Brigade bei Gunstett in gleicher Linie mit der 3. Division stand, während die 2. Brigade, nach rechts zurückgebogen, Morsbrunn gegenüber Aufstellung genommen hatte. In Reserve befanden sich die bei Weißenburg geschlagene 2. Division, die 1. Division vom 7. Corps (General Dumesnil, 17. Jägerbataillon, 3. 21. 47. und 99. Linienregiment) und die Kavalleriedivision hinter seinem rechten Flügel disponirt. Weniger kann es gebilligt werden, daß der linke Flügel soweit zurückgebogen war, denn von Norden her konnte Mac Mahon, wenn ihm eine richtige Relation über das Treffen bei Weißenburg zugegangen war, kaum einen Angriff erwarten. Gleich beim Beginn der Schlacht am 6. August ließ daher auch Mac Mahon diesen Flügel eine Rechtsschwenkung vornehmen.

Wenn wir eine französische Infanteriedivision zu einer Stärke von 10,000 Mann veranschlagen, so machte Mac Mahons Truppenmacht in der Schlacht bei Wörth wenigstens 55,000 Mann aus. Es waren, mit Ausnahme der Kaisergarde, die besten Truppen des französischen Heeres, die den Deutschen hier gegenüberstanden.

Am Morgen des 6. August gegen 7 Uhr ward von den Vorposten des V. Corps eine Rekognoszirung vorgenommen und durch das bei dieser Gelegenheit sich entwickelnde Gefecht die rechts vom V. Corps stehende bairische Division Bothmer vom 2. bairischen Corps veranlaßt in das Gefecht einzugreifen, zu welchem Ende auch die Divisionsartillerie vorgezogen wurde. Dieß allarmirte das links vom V. stehende XI. Corps, zunächst die 21. Division und auch diese machte sich zum Schlagen bereit. Um 8 Uhr aber befahl der Chef des V. Corps, General v Kirchbach, seiner Avantgarde das Gefecht abzubrechen, weil es gegen die Intentionen des Oberkommandos sei, schon heute einen ernsthaften Kampf hervorzurufen. Die Baiern wurden zwar davon benachrichtigt, aber etwas spät und sie gingen erst um 10½ Uhr nach ihrem Kantonnement Lembach, das über eine Meile von Fröschwiller entfernt ist, zurück. In Folge dessen konnten sie, sehr gegen ihren Willen, erst spät und nicht mit ganzer Macht, in das nachherige Gefecht eingreifen.

Mittlerweile aber hatte sich zwischen der 21. Division und den hinter Gunstett stehenden Franzosen ein heftiger Kampf entwickelt und General v. Kirchbach gewann daher die Ueberzeugung, daß auch seine Theilnahme daran unvermeidlich sei. Er ließ die Artillerie der Avantgarde ihr Feuer wieder aufnehmen und gab der Corpsartillerie Befehl auf den Höhen östlich von Wörth Stellung zu nehmen. Um 10 Uhr beschossen 18 preußische Batterien die höchstens 12 Batterien starke französische Artillerie, die nordöstlich von Elsaßhausen und beim Albrecht-häuser Hof aufgestellt war. Nach Verlauf einer Stunde machten sich beim Feinde die Wirkungen der an Zahl und Treffsicherheit weit überlegenen preußischen Artillerie bemerkbar. General v. Kirchbach befahl daher der Avantgarde seines Corps (20 Inf. Brig.), das von den Franzosen besetzte Wörth zu nehmen. Der Ort wurde auch im ersten Anlauf genommen und trotz eines energischen Gegenangriffs der Franzosen behauptet. Abermals unternahmen die Franzosen einen Offensivstoß mit frischen Kräften und drangen jetzt in Wörth ein, allein sie kamen nicht weit und auch dieser zweite Angriff ward von den Preußen blutig zurück-gewiesen. Während des Gefechts war die 19. Inf. Brig. rechts in die Gefechtslinie gerückt und um 1 Uhr ging die 10. Division nördlich der Chaussee auf Fröschwiller vor, konnte aber nur lang-sam den sehr energischen Widerstand des Feindes überwinden, der nun mit einer ganzen Division, nachdem Mac Mahon seinen linken Flügel hatte rechtschwenken lassen, der vorrückenden preußischen 10. Division gegenüberstand. Die 9. Division ging un-terdessen südlich der Chaussee in der Richtung auf Elsaßhausen vor. Die Sauer mußte durchwatet werden und es ging den Leuten das Wasser bis an die Patrontasche. Dabei war das Terrain wegen der vielen Weingärten der Vertheidigung außer-ordentlich günstig und auch hier mußte jeder Schritt vorwärts theuer erkauft werden.

Vom XI. Corps hatte die 21. Division schon gegen 9 Uhr eine Stellung in und bei Gunnstett am Sauerbach eingenommen. Um 10½ Uhr wurde Gunnstett von einer französischen Brigade angegriffen, die Preußen behaupteten aber ihre Stellung. Als dann die Franzosen nach einer Stunde mit größeren Massen zu-rückkehrten, gelang es ihnen wohl in Gunnstett einzudringen, allein auch hier war, wie in Wörth, ihres Bleibens nicht lange und unter großen Verlusten mußten sie das Dorf wieder räumen.

General v. Bose befahl nun allgemeines Vorgehen des XI. Corps um 1 Uhr. Die Corpsartillerie, die jetzt vollständig herangekommen war, verblieb theils bei Gunstett in Position, theils folgte sie der Infanterie. Die 21. Division zog sich nach rechts zur Verbindung mit dem V. Corps, die 22. Division ging gegen den äußersten rechten Flügel des Feindes und zwar die 43. Inf. Brig. gegen das Dorf Morsbronn, die 44. Inf. Brig. noch weiter nach links gegen den Niederwald, der stark vom Feinde besetzt war. Die braven Regimenter Nr. 32 und 95 (Gothaer und Meininger) nahmen Morsbronn im ersten Anlauf mit stürmender Hand und setzten sich hier und in den das Dorf umgebenden Hopfengärten fest. Da braust plötzlich feindliche Kavallerie heran, es sind die Kürassiere Michels, welche die scheinbar ungeordneten preußischen Haufen für sichere Beute halten. Doch ein furchtbares Schnellfeuer empfängt die kühnen Reiter, massenweise bedecken sie den Boden vor den preußischen Schützen. In den Hopfengärten reiten die Kürassiere sich fest zwischen den Stangen und können nun weder vorwärts noch zurück; unter vergeblichen Versuchen sich los zu machen, trifft sie die preußische Kugel.

Ein zweiter Kavallerieangriff erfolgt, dießmal sind es Ulanen und Dragoner, aber sie sind nicht glücklicher, als ihre stahlbekleideten Kameraden, obgleich sie die linke Flanke der Preußen umgehend, in ihrem Rücken erscheinen. Das Husarenregiment Nr. 13 schwenkt mit Zügen Kehrt, attakirt vom Flecke weg und jagt die französische Kavallerie in wilder Flucht zurück.

Unterdessen hatte die 44. Inf. Brigade (83. und 94. Regiment) im Niederwalde einen wüthenden Kampf mit dem 3. Zuaven- und 3. Turcosregiment ausgefochten. Trotz der günstigen Stellung der Franzosen drangen die Preußen unaufhaltsam vor und schlugen den Feind mit großem Verlust zurück, namentlich das Zuavenregiment ward furchtbar mitgenommen. Hier trat,

4*

wie bei keiner anderen Gelegenheit, die Ueberlegenheit der preußischen Infanterie über die französische auf's Deutlichste zu Tage. Die Anzahl der Truppen war auf beiden Seiten ganz gleich und troß der vorzüglichen Deckung, welche die Franzosen im Walde fanden, troß ihrer ausgezeichneten Chaffepots, wurden sie so gründlich geschlagen wie möglich. In diesem Kampfe Mann gegen Mann — ein förmliches Duell — das mit der Vernichtung der Franzosen endete, ist der Anmaßung der französischen Infanterie, die erste der Welt sein zu wollen, ein für alle Mal ein Ende gemacht.

Durch den siegreichen Kampf der 22. Division war die Schlacht bei Wörth für die Deutschen gewonnen, der rechte Flügel des Feindes verschwindet jetzt vom Kampfplatze. Die traurigen Reste desselben retten sich in wilder Flucht nach Hagenau, nach Straßburg. Vergebens sieht man sich nach der französischen Reserve um, die Mac Mahon, wie wir oben bemerkten, mit richtigem Blick hinter seinem rechten Flügel aufgestellt hatte. Zwar die Kavallerie war größtentheils niedergeschmettert, allein es mußten hier noch zwei intakte Divisionen stehen. Daß sie hier jetzt nicht auftraten, beweist, daß es schon nothwendig gewesen war, sie zur Verstärkung des Zentrums zu verwenden.

Den deutschen Truppen stand aber noch ein blutiges Stück Arbeit bevor. Wohl war die Schlachtlinie des Feindes durchbrochen, allein er stand noch fest in zwei starken Bollwerken, in Elsashausen und Fröschwiller. Sie mußten erstürmt werden, wenn der Erfolg ein vollständiger sein sollte.

Um 1½ Uhr erhielt das V. Corps, das, wie wir sahen, im heftigen Kampfe mit dem linken Flügel und dem linken Zentrum des Feindes stand, Befehl zum Vorrücken. Die 10. Division wandte sich gegen Fröschwiller, die 9. gegen Elsashausen. Gleichzeitig mit der 9. Division drangen die 21. und 22. Division vom linken Flügel her auf das zuletzt genannte Dorf vor und der Feind, in Front und Flanke gefaßt, konnte dem mächtigen Andrang dieser imposanten Truppenmassen nicht widerstehen. Mit

Zurücklassung von 16 Geschützen und 6 Mitrailleusen räumte er das Dorf und zog sich nach Fröschwiller zurück.

Noch einmal versuchte Mac Mahon, der sich überhaupt bei Wörth als tüchtiger und entschlossener Taktiker zeigte, mit Allem, was ihm an Truppen noch zu Gebote stand, einen gewaltigen Vorstoß von Fröschwiller gegen Elsaßhausen. Der Stoß wurde mit ungeheurer Wucht geführt und die erste Linie der Preußen konnte ihm nicht widerstehen. Einen Augenblick schien die Lage bedenklich, die beiden preußischen Corps waren vom langen blutigen Ringen ermattet, das erste bairische Corps war weit zurück, vom zweiten begannen erst die Spitzen sich bei Fröschwiller zu zeigen und nur von der würtembergischen Division rückte die Brigade Starkloff beschleunigten Schrittes heran gegen Elsashausen. Allein es bedurfte nicht einmal ihrer Hülfe. Die beiden preußischen Corps brachten den wüthenden französischen Angriff bald zum Stehen, das preußische Schnellfeuer auf kurzer Distanz that seine furchtbare Wirkung, es zwang den Feind zur Umkehr und trieb ihn nach Fröschwiller zurück. Während dieses Angriffs fiel Mac Mahons Generalstabschef General Colson.

Als letzten verzweifelten Versuch den Andrang der deutschen Truppen abzuhalten, sendet Mac Mahon jetzt die Reste seiner Kavallerie vor, allein sie ereilt ein gleiches Geschick wie die noch intakten Reiter bei Morsbronn, und Michel's Kürassierbrigade, deren Reihen schon dort gelichtet wurden, findet vor Fröschwiller ihren Untergang.

Nun ertönt, gegen 3 Uhr, das Signal „das Ganze avanciren" und Alles, was von deutschen Truppen in die Schlachtlinie gelangt war, bringt unaufhaltsam gegen den letzten Stützpunkt des Feindes, Fröschwiller vor. Von Norden her kommen bairische Truppen, bairische Jäger sind es, welche der von Westen anstürmenden 22. Division den Zutritt zur Lisiere eröffnen. Vom Süden kommen die Würtemberger und die 21. Division, während von Osten das V. Corps in Fröschwiller einbringt. Um 3½ Uhr ist der Ort vollständig in den Händen der Deutschen,

Tausende von Gefangenen werden dort von ihnen gemacht und die Franzosen treten eiligst den Rückzug an.

Die deutsche Kavallerie wurde nun zur Verfolgung des Feindes von Gunstett über Eberbach nach Reichshofen, wo die vom Schlachtfeld kommenden Wege und Defileen einmünden, vorgeschickt. Wenn sie den Franzosen auf ihrem Rückzuge auch keine sehr großen Verluste beibrachte, machte sie doch eine reiche Beute an feindlicher Bagage, worunter die des Marschalls war. Zu seiner Aufnahme war die Division Guyot de Lespart vom V. Corps (de Failly) bei Niederbronn aufgestellt und die Verfolgung fand hier ein Ende.

Der Verlust der Franzosen betrug an Todten und Verwundeten 9000, an Gefangenen 6000 Mann, mithin fast ein Drittheil ihrer Effektivstärke beim Beginn der Schlacht, es hatten sich ferner über 8000 Mann in südlicher Richtung gerettet und Mac Mahon hatte also am Abend der Schlacht nur noch die Hälfte seiner Truppen übrig. Man kann daher wohl sagen, daß sich sein Corps im Zustande völliger Auflösung befand. Am 7. erreichte er Zabern, am 10. Saarburg, am 11. Luneville, wo er für seine Person die Folgen des Rückzuges noch nicht überwunden hatte. Statt nun den graden Weg nach Chalons, welches sein nächstes Ziel war, über Toul, einzuschlagen, bog er ab in südlicher Richtung, sei es nun um Versprengte aufzunehmen oder den Verkehr auf der Eisenbahn von Paris nach Metz, welche zum Besten dieser Festung vollständig in Anspruch genommen sein mochte, nicht zu geniren und langte endlich nach einem weiten Umwege in Chalons am 17. August an.

Der Verlust der deutschen Truppen in der Schlacht bei Wörth war sehr beträchtlich und zeugte von der großen Hartnäckigkeit des Kampfes. Das V. Corps, das meistens Frontalangriffe hatte ausführen müssen, büßte 4500 M. ein, mehr als die Hälfte des Gesammtverlustes (8000 M. an Todten und Verwundeten), während das XI. Corps 2500 M., die Baiern 800 M. und die Würtemberger 200 M. verloren.

Noch ärger als nach dem Gefecht bei Weißenburg, war nach Wörth das Geschrei in französischen und französisch gesinnten Blättern über die ungeheure Uebermacht, welche der arme Mac Mahon gegen sich sollte gehabt haben, es war da von 33,000 Franzosen die Rede, die gegen 140,000 Deutsche gekämpft hätten. Wir haben oben schon die Stärke der französischen Truppen, welche an der Schlacht Theil nahmen, auf 55,000 M. festgestellt. Dagegen betrug die Anzahl der deutschen Bataillone, welche in's Feuer kamen, hoch gerechnet 68. Dieß würde, wenn wir die Normalstärke der Bataillone als Faktor nehmen, 68,000 M. ergeben. Von den übrigen Truppengattungen haben sich höchstens 7000 M. am Kampf betheiligt und die Gesammtstärke der deutschen Truppen in der Schlacht würde also 75,000 M. betragen. Das ist aber sehr hoch gerechnet, und in der Wirklichkeit waren es gewiß 10,000 M. weniger; mit anderen Worten: das Stärkeverhältniß der Deutschen und Franzosen zu einander in der Schlacht bei Wörth war annähernd gleich.

Wenn wir uns daher nach den Ursachen zu dem großen Siege der Deutschen umsehen, so können wir allerdings keine in der numerischen Ueberlegenheit der Letzteren finden. Dahingegen waren es die größere Tapferkeit, die bessere Schulung der Truppen, besonders was das Schießen anbelangt, und die bessere Führung, sowohl bei den größten Truppenkörpern, also den Armeecorps, wie auch bei den kleineren, den Bataillonen und Kompagnien. Um nicht ungerecht zu sein, wollen wir die große Ueberlegenheit der Deutschen an Artillerie konstatiren; sie hatten wohl 200 Geschütze im Feuer, während die Franzosen kaum über 100 Kanonen disponiren mochten. Auf der anderen Seite hatten diese wiederum einen großen Vortheil durch ihre Mitrailleusen, ihre bessere Bewaffnung der Infanterie und ihre ungemein festen Stellungen.

Das Terrain für die Schlacht war von Mac Mahon nicht schlecht gewählt. Ein großer Uebelstand war nur, daß die Hauptrückzugslinie hinter dem linken Flügel, ja fast in der Verlängerung desselben lag. Eine Folge davon war auch die Abdrängung des rechten Flügels von dieser Rückzugslinie. Allein Mac Mahon war aus strategischen Rücksichten genöthigt, die Sauerlinie zu halten, um die Eisenbahnverbindung zwischen Bitsch und Straßburg und die Kommunikationen zwischen den östlichen und westlichen Abhängen der Vogesen zu decken. Hätte darauf nicht Bedacht genommen werden müssen, so war eine Aufstellung hinter der Moder zwischen Lichtenberg und Pfaffenhofen entschieden vorzuziehen. In der Schlacht selbst that Mac Mahon alles Mögliche, um sich zu behaupten, seine zahlreichen, höchst energischen Gegenstöße zeugen dafür. Die französischen Truppen schlugen sich durchgehends mit glänzender Tapferkeit. Alles scheiterte aber an der noch größeren, über alles Lob erhabenen Tapferkeit der deutschen Truppen.

Es lag nicht in der Absicht des deutschen Oberkommandos schon am 6. August eine Schlacht zu liefern und es läßt sich nicht läugnen, daß am nächsten Tage, wenn das erste bairische Corps mit in die Aktion hätte gezogen werden können und das Werder'sche Corps den rechten Flügel Mac Mahons umgangen hätte, die Resultate der Schlacht wahrscheinlich noch weit großartiger gewesen wären, als sie am 6. sein konnten. Allein es ist keineswegs zu bedauern, daß es nicht so kam, denn Mac Mahon wäre dann aus seiner Stellung mehr herausmanövrirt worden, während er jetzt in allen Stücken taktisch geschlagen wurde und die Ueberlegenheit der deutschen Truppen über die französischen in taktischer Beziehung eben dadurch auf's Glänzendste hervortrat.

Uebrigens war auch durch den Gang der Schlacht selbst der strategischen Aufgabe des Kronprinzen, sich durch fortgesetztes Rechtsschwenken an die beiden andern Armeen heranzuziehen, vollständig Genüge geleistet. Die III. Armee, die noch drei Tage zuvor hauptsächlich in südlicher Richtung gestanden hatte, nahm jetzt schon eine Stellung mit der Front gegen Südwesten ein.

Die Vernichtung des Mac Mahon'schen Corps setzte den Kronprinzen in den Stand, schon am 7. August die badische

Division von General Werders Corps gegen Straßburg zu de-
tachiren. General Beyer nahm am 7. August die Festung Hagenau durch Ueberraschung und forderte am 9. den Kommandanten von Straßburg zur Uebergabe auf. Da dieß abgeschlagen wurde, zogen die Badenser sich näher an die Festung,
die vom 11. an vollständig cernirt wurde.

Die III. Armee vollzog in den nächsten Tagen nach dem 6.
die vorgeschriebene Bewegung in nordwestlicher Richtung und
stand am 11. August auf gleicher Höhe mit den beiden andern
Armeen, so daß nun die ungeheure deutsche Armee, auf einer Linie von nur 7 Meilen Länge vereint, der Mosellinie gegenüber
stand.

Die III. Armee hatte wider Erwarten keine großen Schwierigkeiten bei ihrem Marsch durch die Vogesen, den sie zwischen
den beiden parallel laufenden Eisenbahnen ausgeführt hatte, zu
überwinden gehabt. Die kleine Festung Lützelstein, welche eine
der Transversalstraßen sperrt, kapitulirte schon am 9., das
ziemlich bedeutungslose Fort Lichtenberg nach zwölfstündiger
Beschießung am 10. August. Die Festung Bitsch wurde vom
11. August an cernirt. Gegen das wichtigere Pfalzburg wendete sich am 13. August die 22. Inf. Brig. von dem inzwischen
auf dem Kriegsschauplatz angelangten VI. Corps (General Tümpling). Tags darauf ward die Festung durch Feldgeschütz beschossen,
weil aber dadurch kein Erfolg erzielt wurde und General Tümpling seinen Vormarsch nicht länger aussetzen durfte, rückte er am
15. August weiter und ließ nur das zur Cernirung des Platzes
erforderliche Detachement zurück.

Schon am 13. August hatte eine kleine Kavallerieabtheilung
Nanzig heimgesucht, allein das Gros der III. Armee erreichte
diese Stadt und die Umgegend erst am 17., worauf der Kronprinz hier für seine Person einige Tage Halt machte, um die
Entwickelung der Ereignisse abzuwarten, welche sich um diese Zeit
bei Metz vollzogen.

Wir müssen jetzt etwas in der Zeit zurückgehen, um die

Vorfälle bei den beiden andern Armeen bis zu diesem Moment zu beschreiben.

Gefecht bei Spichern am 6. August.

Die I. Armee, welche sich seit dem 26. Juli von Bingen her an die Grenze konzentrirt hatte, begann am 6. August ihren Vormarsch über die Saar. Durch die Avantgarde der 14. Division (Generallieutenant v. Kamecke), welche Saarbrücken besetzt hatte, war die Meldung ergangen, daß die Höhen jenseits der Saar nur schwach vom Feinde besetzt seien und daß Frossards Corps, welches hier seit dem 2. August gestanden, im Abzuge auf Forbach begriffen zu sein scheine. Generallieutenant v. Kamecke befahl daher um 11½ Uhr seiner Division den Vormarsch, um die Arrieregarde des Feindes zurückzuwerfen. Eine preußische Batterie fuhr auf dem Exerzierplatz auf und beschoß die feindliche Stellung, die sich bald als bedeutend stärker erwies, als man vermuthet hatte, sei es nun, daß die abmarschirenden Truppen Frossards umkehrten, oder — wohl wahrscheinlicher — daß die Reserven in die zu ihrer Aufnahme vorbereiteten Positionen einrückten.

Die Franzosen hatten das zwischen dem Dorfe Stiring und der Saar liegende dominirende, der Vertheidigung ungemein günstige Terrain, das an und für sich einer Festung ähnlich ist, durch Aushebung von etagenförmig über einander angelegten Schützengräben noch verstärkt, sie hatten ihre Geschütze und Mitrailleusen auf den Vorsprüngen der Höhe von Spichern, das Vorterrain flankirend, aufgestellt und das Plateau selbst mit sehr bedeutenden Truppenmassen besetzt.

Die 14. preußische Division ging nun à cheval der Straße von Forbach nach Saarbrücken vor, 6 Bataillone (des 39. und 74. Inf. Reg.) links gegen die Höhen, 5 Bataillone vom 53. und 77. Inf. Reg. rechts gegen das Dorf Stiring. Dieses wurde zwar genommen, mußte aber bei dem Anrücken einer großen feindlichen Truppenstärke von Forbach her wieder aufgegeben werden. Nicht glücklicher war der Angriff auf die feindliche Front. Die Truppen waren in den heftigsten Kampf verwickelt, erlitten große Verluste und sie gewannen kein Terrain. Ein Vorstoß des Feindes würde die 14. Division vernichtet haben. Er unterblieb aber und statt dessen nahte den bedrängten Preußen kräftige Hülfe. Der heftig entbrannte Kampf zog Truppentheile anderer Armeecorps, die nicht zu weit vom Kampfplatz entfernt waren, an denselben heran, zunächst zwei Batterien vom VIII. Corps, die mit Aufbietung aller Kräfte die Gefechtslinie zu erreichen suchten, dann das Füsilierregiment Nr. 40, das sofort die in der Front Kämpfenden verstärkte. Gleichzeitig erschien dort auch die Avantgarde der 5. Division, verstärkt durch 2 Bataillone der 9. Inf. Brig., zu denen bald 2 Bataillone des mittels Eisenbahn von Neunkirchen herangeholten Grenadierregiments Nr. 12 stießen. Zwei Batterien vom III. Corps trafen auch ein. Es waren jetzt 15 Bataillone in der Front des Feindes versammelt und ein Angriff gegen dieselbe ward unternommen, führte aber zu keinem Resultat. Es war gegen 3 Uhr, der General v. Goeben traf auf dem Kampfplatz ein. Er gebot dem Angriff gegen den rechten feindlichen Flügel, der eben vorbereitet ward, eine mehr umfassende Richtung zu geben und nun rückten die preußischen Bataillone zum Sturm gegen die waldige Höhe vor, an die sich der rechte feindliche Flügel lehnte, während das 12. Regiment sich gegen den äußerst steilen und unbewaldeten rothen Berg von Spichern wandte.

Trotz der furchtbaren Terrainschwierigkeiten und des mörderischen feindlichen Feuers erkletterten die braven Preußen mit unbezwinglichem Muth die steilen Abhänge, gewannen die äußere Lisiere der Waldung und drängten die Franzosen im wüthendsten Kampf zur südlichen Lisiere hinaus auf das Plateau.

Jetzt raffte sich der Feind zu einem Offensivstoß auf, der aber durch das wohlgezielte Feuer der preußischen Infanterie, die den Feind auf kurze Distanz herankommen ließ, abgeschlagen wurde.

Es erschien nunmehr von höchster Wichtigkeit,. Artillerie in die eroberte Position heranzuziehen, weil ohne diese die Behauptung derselben bei erneutem, kräftigerem Angriff der Franzosen in Frage gestellt war. Mit unsäglicher Schwierigkeit wurden daher unter dem Kommando des Majors v. Lyncker zwei Batterien der 5. Division auf den Plateaurand in die Schützenlinie gebracht und beschossen nun die feindliche Stellung mit ausgezeichneter Präcision. An ihrem Feuer und dem der Infanterie scheiterten zwei neue Offensivstöße des Feindes, welche er vom Kreuzberge her, theils gegen die Flanke, theils gegen die Front des linken preußischen Flügels richtete. Der Feind avancirte dabei in Linie, begann sein Feuer auf mindestens 1500 Schritt Entfernung und setzte es bis auf 1000 Schritt fort. Nach dieser blutigen Zurückweisung erlahmte allmälig der Widerstand der Franzosen. Ihre Batterien fuhren ab und auf dem rechten Flügel zog sich die Infanterie zurück. Nur in der Front und auf dem feindlichen linken Flügel dauerte der Kampf noch fort. Hier hatten das 53. und 77. Regiment das Dorf Stiring genommen und waren sogar darüber hinaus gedrungen, als ein sehr energischer Offensivstoß der Franzosen sie wieder zurück trieb. Durch sechs frische Bataillone der 5. Division verstärkt gingen die Preußen hier nun zum entscheidenden Angriff vor und warfen den feindlichen linken Flügel auf das Centrum zurück. Noch einmal raffte sich dies auf zu einem letzten verzweifelten Versuch die Schlachtlinie der Preußen zu durchbrechen, allein die Preußen standen wie eine Mauer, an welcher der Stoß zersplitterte. Unter dem Schutze ihrer auf den südlich gelegenen Höhen aufgestellten Artillerie zogen sich die Franzosen auf allen Punkten zurück. Die einbrechende Dunkelheit machte die Fortsetzung des Kampfes unmöglich.

Mittlerweile war die Avantgarde der 13. Division über Kl. Rosseln von Westen her in Forbach eingedrungen. Sie zwang durch ihr Erscheinen den General Frossard für den weiteren Rückzug die Straße Forbach-St. Avold aufzugeben und sich in südwestlicher Richtung abzuziehen. Eine weitere Verfolgung des Feindes geschah preußischerseits nicht. Sie hätte jedenfalls erst am 7. früh stattfinden können und würde die I. Armee von ihrer Aufgabe, der großen Rechtsschwenkung des deutschen Heeres zum Pivot zu dienen, zuweit abgeführt haben. Es waren der Trophäen auch so genug; mehr als zweitausend Gefangene, zwei Zeltlager, eine Menge von Fahrzeugen und große Vorräthe fielen den Siegern in die Hände.

Der sonstige Verlust war auf beiden Seiten ungefähr gleich — gegen 4000 Mann — doch mag der preußische, wie es in der Natur der Sache lag, den französischen überstiegen haben.

Beim Gefecht von Spichern hat man nicht von preußischer Uebermacht reden können, es war hier nicht der kleinste Anhalt für ein solche Lüge. Wenn wir von den Verstärkungen, die Frossard von Bazaines Armeecorps erhielt, absehen, weil sie durchaus nicht festzustellen sind, so hatte er 39 Bataillone im Feuer, während die Preußen deren nur 27 in's Gefecht bringen konnten. Bei der um ein Drittheil geringeren Stärke der französischen Bataillone waren also die Kräfte der beiden Gegner entweder ganz gleich, oder die der Franzosen etwas überwiegend. An Artillerie wurde auf beiden Seiten eine gleiche Anzahl in den Kampf geführt.

Die Franzosen haben daher nach einem anderen Grunde für die Niederlage ihrer Heerabtheilung gesucht und herausgefunden, daß General Frossard wegen völliger Untüchtigkeit und schmählicher Fahrlässigkeit — er wird beschuldigt, während der Schlacht ruhig dinirt zu haben — dieselbe herbeigeführt habe. Frossard hatte kurz vor Ausbruch des Krieges die Uebungen im Lager zu Chalons mit vieler Umsicht und anerkennenswerther Tüchtigkeit geleitet und war dafür von den Franzosen bis in den Himmel erhoben worden. Er galt für einen der brauchbarsten Generale des französischen Heeres. Nun sollte er plötzlich sich so schmachvoll benommen haben. Freilich die böse Affaire vom 2. August bei Saarbrücken sprach nicht besonders zu seinen Gunsten, allein hier hatte sich eigentlich der zunächst betheiligte Divisionsgeneral

Bataille am Meisten blamirt und Frossard war es nur um ein militairisches Schaugepränge in usum Delphini, oder zur Belustigung der Pariser zu thun gewesen, ihm gleichgültig wie es ausfiel, wenn es nur Effekt machte. Zu riskiren war bei der enormen Ueberlegenheit der Franzosen nicht das Geringste. Deßhalb ließ er es gehen, wie es wollte.

Bei Spichern aber tritt Frossard uns wenigstens als ein ganz anderer Mann entgegen. Er hat seinen Truppen eine vorzügliche Stellung ausgesucht und diese noch dazu durch künstliche Mittel so verstärkt, daß sie mit Recht für uneinnehmbar gelten konnte. Es war ihm offenbar der Auftrag geworden, den so wichtigen Saarübergang bei Saarbrücken zu vertheidigen und dem Feinde hier den Eintritt auf französisches Gebiet zu verwehren. Deßhalb glauben wir nicht, daß es mit Frossards Abzug aus dieser Stellung am 6. August Ernst war.

Das Gefecht wurde von Frossard mit der größten Tüchtigkeit und Energie geleitet und wenig andere Truppen, als die preußischen hätten Etwas gegen ihn ausgerichtet. Daß die Preußen es aber doch vermochten, daß sie hier fast Uebermenschliches leisteten, gereicht ihnen zum unvergänglichen Ruhme, ohne auf den tapferen französischen Truppenführer einen Schatten zu werfen.

Anders mit den französischen Truppen. Daß sie sich die von ihnen selbst für uneinnehmbar gehaltenen Positionen abringen ließen von einer an Zahl höchstens gleichen preußischen Truppenmacht, daß sie mit ihrer sonst immer unfehlbaren furia francese nicht ihre ermatteten Gegner vom erklommenen Plateau wieder hinabwerfen konnten — wie solches doch die preußische Landwehr bei der Katzbach gegen Franzosen ausführen konnte — das hat, im Verein mit den Niederlagen bei Weißenburg und Wörth dem Prestige des französischen Heeres für ewige Zeiten ein Ende gemacht.

Bei keinem anderen Gefecht in dem glorreichen Feldzuge von 1870 sind die herrlichen Eigenschaften des preußischen Soldaten so zu Tage getreten, wie bei Spichern, wo ihm die Führung nur wenig helfen konnte, wo er auf seine eigene Kraft, auf seine Ausdauer, auf seinen unerschütterlichen Muth allein angewiesen war, wo Jeder für seinen Theil, fast unabhängig vom Anderen, und doch zur Erreichung des gemeinsamen Zieles mitstreben mußte. Wenn den Leuten die Erklimmung der steilen Höhen, aus denen ihnen tausendfacher Tod entgegen geschleudert wurde, unmöglich erschien, dann konnte keine Macht der Erde sie dazu zwingen. Hier konnte nur der gute Wille jedes Einzelnen zum Ziele führen. Mit solchen Soldaten aber, wie diejenigen waren, welche die Thaten bei Spichern vollbrachten, ist Nichts unerreichbar.

Der Sieg von Spichern hatte außer den großen taktischen Resultaten auch ein strategisches. Der rechte Flügel der Deutschen war jetzt in Feindesland, seinem weiteren Vordringen standen keine Schwierigkeiten im Wege und frei konnte der Vormarsch angetreten werden, wenn das Centrum und der linke Flügel in die vorgezeichnete Linie eingerückt waren. Wir können daher in der That nicht begreifen, wie man den preußischen Heerführern — namentlich dem General v. Steinmetz, der nebenbei bemerkt, erst am Schlusse des Gefechts auf den Kampfplatz eintraf und von der Einleitung desselben keine Ahnung hatte — aus ihrem Vorgehen gegen die starke feindliche Stellung einen Vorwurf hat machen können. Wenn es nicht geschah, konnte der Kronprinz bei einem unglücklichen Ausgang seiner Operationen in eine sehr bedenkliche Lage kommen. Wenn man aber die Anschauung ausgesprochen hat, daß es im Plan der preußischen Heerleitung gelegen habe, den eigenen linken Flügel zu einer Umgehung der französischen Stellung anzuwenden und den rechten also so lange stehen zu lassen bis diese Umgehung vollendet worden, welcher Plan also durch das voreilige Eingreifen der 1. Armee vereitelt sei, (wobei man noch hinzusetzt, daß wegen des also fehlgeschlagenen Planes der General v. Steinmetz in Ungnade gefallen sei), so hätte ein Blick auf die über 20 Meilen auseinander gezogene französische Stellung genügen müssen um das Widersinnige einer solchen Behauptung darzuthun. Glaubte man wirklich die franzöfischen Corps würden ruhig stehen bleiben und sich eins nach dem andern abfangen lassen?

Der Eindruck, den die drei von den deutschen Truppen errungenen Siege machten, war ganz ungeheuer und in Frankreich gradezu betäubend. Von den dreiundzwanzig Divisionen des Feldheeres waren acht geschlagen, fast vernichtet und doch war nur erst der vierte Theil der deutschen Truppen im Feuer gewesen. Statt der leichten Siege, von denen man geträumt, statt des Einzugs nach Berlin, den das eitle Volk der Franzosen als ganz ausgemacht angesehen hatte, sah man nun die gesammte Armee auf dem Rückzuge und den gefeierten Marschall, den Helden von Magenta flüchtig im Lande umherziehn. Und alles dieß nur 3 Wochen nach der leichtsinnig hingeschleuderten Kriegserklärung. Es war fast nicht zu glauben! Indessen, das System der Lügen und Verdrehungen der Thatsachen, das seitdem die Hauptstütze der französischen Regierung gewesen ist, war damals noch nicht in Scene gesetzt. Das Ministerium Ollivier that Nichts um die furchtbaren Nachrichten zu vertuschen und sie wurden daher geglaubt. Allein die erlittenen Niederlagen mußten doch einen Grund haben, und statt ihn nun zu suchen, wo er war, nämlich einfach in der größeren Tüchtigkeit der preußischen Armee, so hatte man dazu allerdings nicht die nöthige Resignation, sondern man fiel über die eigene Heerverwaltung und Heerleitung her. Die großen Schäden, welche sich freilich bei der ersteren zahlreich genug vorfanden, wurden aufs Unbarmherzigste aufgedeckt und ungeheuer übertrieben. Die Beamten des Kriegsministeriums sollten den größten Theil des Kriegsmaterials verschleudert oder die zur Anschaffung desselben bewilligten Summen nicht dazu, sondern zu Privatzwecken verwendet haben! — und die allgemeine Erbitterung richtete sich nun gegen den Marschall Leboeuf, der sofort von seinem hohen Posten zurücktreten mußte. Allein auch die Oberleitung des Heeres und also auch der Kaiser, der das Obercommando führte, ward wüthend angegriffen, man warf dem Letzteren völlige Unfähigkeit vor und es fehlte nicht viel, so hätte man die Maßnahmen desselben seit Beginn des Krieges als Verrath gestempelt, obgleich die weitläufige Aufstellung und die Unthätigkeit des französischen Heeres durch die Schwierigkeit der Verpflegung und die noch nicht vollendete Mobilisirung genügend zu erklären sind. Der Vormarsch des preußischen Heeres kam dem französischen Oberkommando wie ein Blitz aus heiterm Himmel und die Schläge bei Weißenburg, Wörth und Spichern waren für dasselbe so überraschend, daß es mit dem besten Willen Nichts dagegen thun konnte.

Eine solche Einsicht aber ließ man nicht aufkommen und die Opposition, die schon so lange sich vergeblich gegen das Kaiserthum abgemüht hatte, hob ihr Haupt jetzt gewaltig kühn und es wurden im gesetzgebenden Körper schon Stimmen laut, welche die Absetzung des Kaisers beantragten. Dießmal drangen sie freilich noch nicht durch und man begnügte sich vorläufig mit dem Abtreten des Ministeriums Ollivier und mit der Uebertragung der Oberleitung des Heeres an den Marschall Bazaine. Der General Cousin de Montauban, der wegen seiner Heldenthaten in Cochinchina zum Grafen von Palikao gemacht worden war, übernahm die Leitung des Kriegsministeriums und man muß ihm die Gerechtigkeit widerfahren lassen, daß er mit großer Energie daranging für die Vergrößerung des Heeres und die Beschaffung von Waffen Sorge zu tragen. Es wurden ganz bedeutende Verstärkungen sofort nach Metz geschickt, wo sich der linke Flügel der französischen Armee konzentrirt hatte; die im Lager bei Chalons versammelten pariser Mobilgardisten, welche sich dort wie eine zuchtlose Bande aufführten, wurden zurückgezogen und statt ihrer neugebildete Marschregimenter nach Chalons gesandt, welche die Lücken in Mac Mahons Armeecorps wieder ausfüllen und Douay's Armeecorps completirten. Dann wurden zwei ganz neue Corps errichtet, das 12. (Lebrun) und das 13. (Vinoy). Man hatte also die Nummern 8—11 ganz überschlagen, wofür man eine Berechtigung darin zu finden glaubte, daß man die in Paris, Lyon, Algerien und im nördlichen Frankreich stehenden Truppen,

5

soweit sie nicht schon zur Bildung der genannten Corps herangezogen waren, als ebensoviele Armeecorps berechnete. Auch die mittlerweile aus Rom herbeigeholten Truppen wurden der Feldarmee zugetheilt.

Alle diese Maßregeln wurden im Laufe weniger Wochen getroffen. Der Eindruck, den das Vorrücken der Deutschen in Paris gemacht hatte, bethätigte sich aber am Stärksten durch die fieberhaften Anstrengungen zur Verbesserung der Befestigung von Paris. Zum Kommandanten der Stadt ward der General Trochu ernannt und unter seiner Leitung wurde die Anlage neuer fortifikatorischer Werke und die Ausbesserung der alten sehr kräftig betrieben.

Mittlerweile zog sich der linke Flügel der französischen Aufstellung bei Metz zusammen und nahm vorläufig den durch die französische Nied gebildeten, zur Vertheidigung wohlgeeigneten Abschnitt, zwei Meilen östlich von Metz ein. Sicher war es nicht Bazaine's Meinung hier eine Schlacht anzunehmen, da er im Fall einer Niederlage durch Umgehung eines Flügels von der Festung ab und gegen die Mosel gedrängt werden konnte. Die Behauptung, daß der französische Marschall sich dort vorläufig aufgestellt habe, weil er den versprengten Theilen des Frossard'schen Corps dadurch den Rückzug erleichtern wollte, ist nicht ganz zu verwerfen, obwohl die Versprengten doch auch wohl ohne diese Unterstützung nach Metz gekommen wären, wenn sie erst soweit gelangt waren. Für den weiteren Verlauf des Feldzuges aber hat diese Aufstellung eine ganz wesentliche Bedeutung insofern, als sie der erste Anlaß war, daß Bazaine nicht zeitig genug die Umgegend von Metz verließ.

Man hat, um Bazaines unerklärlichem Zögern bei Metz einen genialen Hintergrund zu geben, die Anschauung ausgesprochen, daß es seine Absicht gewesen sei bei Metz stehen zu bleiben, um den größten Theil der preußischen Heere an diesem Platz zu fesseln und dadurch Mac Mahon Zeit zu geben seine Truppen zu reorganisiren, sowie dem Gouverneur von Paris die

Befestigung dieser Stadt zu verstärken. Wir glauben nicht, daß Marschall Bazaine so rücksichtsvoll gegen Trochu gewesen wäre und was Mac Mahon betrifft, so war er nach seiner Ankunft in Chalons schon nach einigen Tagen wieder marschfertig und soviel Zeit hätten die Preußen ihm unter allen Umständen gönnen müssen. Uns stellt sich das ganze Auftreten Bazaines in den Tagen vom 13.—16. August als ein in hohem Grade rathloses und unüberlegtes dar. Er scheint von der ihm von Süden her drohenden Gefahr gar keine Ahnung gehabt zu haben, obgleich schon am 12. sich preußische Kavallerie in Nanzig und Fronard und am 13. in Pont-à-Mousson gezeigt hatte.

Man hat dann ferner behauptet, Mac Mahon habe selbst die großen Kämpfe bei Metz gewollt um möglichst viele Preußen kampfunfähig zu machen, in der That eine höchst geniale Kriegsführung! Allein das ist ebensowenig wahr, wie die französischen Berichte über das Gefecht bei Metz am 14., welches danach so dargestellt ward, als ob die Preußen Bazaine hätten verhindern wollen, über die Mosel zu gehn, ein Versuch, der von den Franzosen aufs Glänzendste wäre vereitelt worden. Es mag in jener Zeit, als sich die genannten Ereignisse vollzogen, wenig Leute in Europa — Deutschland ausgenommen — gegeben haben, die jenen französischen Unsinn nicht für baare Münze hielten und die gesammte Presse, mit Ausnahme der deutschen sowie einzelner russischen und österreichischen Blätter, machten die französische Anschauung zu der ihrigen.

Der französische Feldherr tappte rücksichtlich der Operationen der deutschen Armeen vollständig im Finstern und wußte von ihrem Anrücken Nichts, bis er sie vor sich sah. Diese nicht abzuläugnende Thatsache hatte einmal ihren Grund in der beispiellos schlechten Verwendung oder richtiger in der Nichtanwendung der französischen Kavallerie zum Rekognoszirungsdienst, hauptsächlich aber in den ausgezeichneten Leistungen der deutschen Reiterei, welche durch ihr kühnes und zugleich wohlberechnetes Vorgehen alle Maßnahmen der deutschen Heere mit einem dichten Schleier

5*

umgab. Die preußische Kavallerie hatte im böhmischen Kriege sehr Tüchtiges geleistet und sich der berühmten österreichischen, die sich so gern die beste der Welt nennen ließ, vollständig ebenbürtig gezeigt; man war also zu großen Erwartungen von ihrem Auftreten gegen die ziemlich geringgeschätzte französische Kavallerie berechtigt. Daß sie aber Alles was je von der Reiterwaffe im leichten Dienst geleistet, übertreffen würde, ließ sich allerdings nichts voraussehen. Wenn je eine Kavallerie des Feldherrn Auge und Ohr gewesen ist, so war es die preußische im Jahre 1870.

Nach der Schlacht bei Wörth setzte, wie wir oben gesehen haben, die III. Armee ihren Vormarsch, und zwar in nordwestlicher Richtung fort, und am 7. August überschritten auch die Spitzen der II. Armee, von der sich übrigens am 6. schon das III. Corps am Kampf bei Spichern so glorreich betheiligt hatte, die Saar und rückte dann weiter vor gegen Westen, während die I. Armee sich nur ganz langsam vorwärts bewegte, um die übrigen herankommen zu lassen. Die Kavallerie deckte alle diese Bewegungen hermetisch und sie hatte schon am 10. die Linie Tenquin, Fonquemont, Fouligny und Les Etanges, welches letztere nur zwei Meilen von Metz entfernt liegt, besetzt. Am 13. berührte die Avantgarde der II. Armee Pont-à-Mousson und war also schon über Metz hinaus und am 14. Nachmittags stand die gesammte I. Armee östlich von Metz in der Linie Les Etanges-Courcelles-Domangeville mit der Reserve in Stonville. Ausgesandte Patrouillen glaubten aus gewissen Bewegungen der französischen Truppen, welche in die Linie Rouilly-Colombey-Mercy-Peltre zurückgegangen waren, schließen zu müssen, daß die Franzosen im Abzug aus dieser Linie nach dem linken Moselufer begriffen seien. War dieses wirklich der Fall, dann wurde der große Plan den linken französischen Flügel an der Vereinigung mit dem Rest des Heeres zu hindern und ihn zu einer Schlacht bei Metz zu zwingen oder in die Festung einzuschließen, ein Plan, auf dessen Ausführung die Bewegungen der II. Armee gerichtet waren, zunichte.

Gefecht bei Metz den 14. August.

Es galt eben Bazaine bei Metz festzuhalten. Ungesäumt griffen daher die Avantgarden des I. und VII. Corps (2. und 26. Inf. Brigade) die Franzosen an und es entspann sich sofort ein hitziges Gefecht, das aber bald zum Stehen kam, da die Franzosen sich in einer starken, mit zahlreichen Schützengräben versehenen Stellung befanden. Zunächst kam nun die 25. Inf. Brigade auf dem linken Flügel zur Verstärkung, allein bei der großen Uebermacht des Feindes, welcher hier fast zwei Armeecorps, nämlich Frossards und Decaens (der, seit Bazaine den Oberbefehl erhalten, das dritte Corps kommandirte) im Feuer hatte, konnten die Preußen kein Terrain gewinnen und hatten sogar Mühe sich der Offensivstöße des Feindes zu erwehren. General v. Zastrow befahl daher der mittlerweile herangekommenen 28. Inf. Brig. den Feind bei Colombey in der rechten Flanke zu fassen. Der mit großer Energie ausgeführte Angriff brachte hier den Feind zum Weichen und er mußte auch das südöstlich von Borny liegende Gehölz aufgeben. Auf ihrem linken Flügel hatten die Franzosen unterdeß bedeutende Verstärkungen ins Gefecht geführt. Bazaine ließ nämlich Theile des Ladmirault-schen Corps, das eben auf das linke Moseluser herübergezogen war, den Fluß nördlich von Metz wieder überschreiten und einen Angriff gegen die rechte Flanke des I. Corps bei Servigny ausführen. General v. Manteuffel aber ließ seine Reserven antreten und rückte mit ihnen dem Feinde entgegen. Dem wuchtigen Anfall der Ostpreußen waren die Franzosen nicht gewachsen und sie zogen sich nach Grimont unter den Schutz des Forts St. Julien zurück. Auf dem linken preußischen Flügel ward ein gleicher Erfolg erzielt, wozu die Artillerie, die in einer Stärke von 14 Batterien bei Montoy aufgestellt war, nicht wenig beitrug. Auch Theile vom IX. Armeecorps, das die Verbindung zwischen der I. und II. Armee bildete, nämlich das Füsilierregiment Nr. 36 und das 84. Regiment hatten auf dem äußersten linken Flügel kräftig eingegriffen und durch Erstürmung von Jury und Peltre zum glücklichen Ausgang des Gefechts mitgewirkt.

Der kurze, blutige Kampf — er dauerte nur von 4 Uhr Nachmittags bis 8½ Uhr Abends — hatte auf beiden Seiten bedeutende Opfer gekostet, sowohl Preußen wie Franzosen hatten gegen 4000 M. an Todten und Verwundeten verloren. Die Zahl der Kämpfenden war auf beiden Seiten ungefähr gleich, gegen 70,000 M., doch mögen die Franzosen etwas mehr im Gefecht gehabt haben.

Die Preußen verdankten ihren Sieg, nächst der Tapferkeit der Truppen, wesentlich auch ihrem vortrefflichen, ruhigen Schießen. In den Schützengräben lagen die gefallenen Franzosen reihenweise durch den Kopf getroffen, ganz in derselben Stellung, die sie beim Schießen eingenommen hatten. Die Preußen mußten also gut gezielt haben!

Höchst anerkennswerth ist auch die Art und Weise der Verwendung der Artillerie preußischerseits. Sie wird so bald wie möglich vorgezogen und dann in großen Massen auf einen Punkt vereinigt. Bei dem ausgezeichneten Schießen der preußischen Artillerie ist dann auch der Erfolg gewiß. Das tapfere Aushalten der zuerst engagirten Batterien des VII. Corps im stärksten Infanteriefeuer würde ein besonderes Lob verdienen, wenn ein solches Benehmen nur ausnahmsweise bei der preußischen Artillerie in diesem Feldzuge und nicht als Regel vorgekommen wäre. Daß dennoch durchaus gar kein Geschütz verloren ging, spricht ebenso sehr für die sichere Wirkung der Geschosse, die den Feind nicht herankommen ließ, wie für das tüchtige Benehmen der Bedeckungen.

Auch hier vor Metz sehen wir wieder das vorzügliche Ineinandergreifen der verschiedenen Heertheile, die aus eigenem Antriebe, ohne lange auf höheren Befehl zu warten und in richtiger Würdigung der Gefechtslage grade da auftreten, wo es Noth thut. Dieß Erfassen der Initiative im rechten Augenblick scheint im preußischen Heere förmlich in ein System gebracht zu sein und muß die höhere Leitung der größeren Truppenkörper, die jetzt wegen der größeren Tragweite der Feuerwaffen eine viel schwierigere geworden ist, als sie ehedem war, ungemein erleichtern.

Wie man französischerseits dieß Gefecht für einen Sieg hat ausgeben können, ist völlig unbegreiflich. Es liegt auch nicht der mindeste Anhalt dafür vor. Die Franzosen wurden aus ihren starken Stellungen über eine halbe Meile weit bis unter die schützenden Forts zurückgetrieben und ihr drohender Flankenangriff gegen den preußischen rechten Flügel mißlang gänzlich. Ihr Rückzug nahm zuletzt sogar den Charakter einer eiligen Flucht an, indem die Leute, um sich ungehinderter bewegen zu können, Waffen, Tornister, ja sogar ihre Uniformen*) weggeworfen hatten. Die Preußen bivouakirten die Nacht in den zuletzt eroberten Stellungen und gingen erst bei Tagesanbruch zurück, um demnächst an den weiteren Operationen gegen Bazaine Theil zu nehmen. Nach militairischen und allgemeinen menschlichen Begriffen ist dieß eine Niederlage in optima forma. Nur Franzosen können einen Sieg daraus machen.

Von der I. Armee blieb das I. Corps nach dem 14. östlich von Metz stehen, während die beiden andern Corps zusammen mit der II. Armee südlich von Metz die Mosel überschritten. Am 16. Morgens langte die Avantgarde der Preußen, das III. Corps von Süden her an der Metz-Verduner Straße, welche Bazaine zu seinem Rückzuge benutzte, an.

Der französische Marschall hatte schon am 14. die Ueberzeugung gewonnen, daß seines Bleibens bei Metz nicht länger sei und einen Theil seines Trains nach Verdun abgehen lassen. Am

---

*) Ein Berichterstatter der „France" erzählt in einem Briefe vom 21. August wie er am 15. das Schlachtfeld von Borny aus besucht und dort ganze Haufen von Tornister, etwas weiter aber Haufen von „vestes" habe liegen sehen; der Korrespondent setzt höchst naiv hinzu: „que l'on jette pour courir plus vite". Er hat wohl gemeint: um in der Richtung nach dem Feinde hin zu laufen. Man kann aber auch anderer Meinung sein.

nächsten Tage ward diese Maßregel fortgesetzt und das gesammte
französische Heer, an die zweimalhunderttausend Mann stark, die
Corps von Frossard (2.), Decaen (3.), Ladmirault (4.), Canrobert
(6) und die Kaisergarde brach auf nach Verdun. Bei Gravelotte
schlug ein Theil der Armee die nördliche, über Etain führende
Straße ein. Inzwischen scheint Bazaine keine große Eile gehabt
zu haben, denn er kam am 15. nicht weiter als bis Doncourt an
der nördlichen und Vionville an der südlichen Straße. Auch
jetzt noch kann er sich die ihm von Süden drohende Gefahr nicht
klar gemacht haben, es müßte sonst der Marsch der Truppen von
ihm beschleunigt worden sein. Auch hat man Nichts von einer
weitausgehenden Flankendeckung gegen Süden gehört. Sollte
er geglaubt haben, daß er es am 14. mit der ganzen preußischen
Armee oder doch mit dem größten Theil derselben zu thun hatte?
War er von dem Wahn befangen, daß er diese Armee geschlagen
und daß sie ihm nur langsam und schüchtern folgen, daß er sich
ihrer Angriffe leicht erwehren werde? War das bedächtige Zurückgehen immer noch darauf berechnet, dem andern Marschall mehr
Zeit zu schaffen, um sich wieder zu erholen? Wir wissen dieß
Alles nicht und können nur soviel sagen, daß dieser langsame
Marsch Bazaine verhängnißvoll wurde*). Wäre er am 15. bis
hinter den Yron zurückgegangen, was sehr wohl möglich war,
da die Entfernung von da bis Metz nur 3 Meilen beträgt, so
konnte er am 16. Verdun erreichen und war dann vorläufig ge-
borgen. Seine Vereinigung mit Mac Mahon wäre kaum zu
hindern gewesen und ein französisches Heer von über 300,000 M.
wäre dem Schutz der Hauptstadt förderlicher gewesen, als die
stärksten Forts.

---

*) In einer zu Brüssel herausgekommenen Broschüre, betitelt: Rapport
du Maréchal Bazaine, Bataille de Rezonville le 16. aout 1870, heißt es,
daß die Schwierigkeiten, welche die Abfuhr der Convois veranlaßte und die
Verzögerungen, welche durch die Betheiligung des 2. und 3. Corps am Gefecht am 16. entstanden, die rechtzeitige Ausführung der befohlenen Bewegungen verhindert hätten.

Schlacht bei Vionville den 16. August.

Am 16. Morgens meldeten die Patrouillen der 6. Kavalleriedivision, welche bis an die Metz-Verduner Straße streiften, daß
bei Tronville und Vionville feindliche Vorposten ständen und
dahinter Zeltlager von bedeutender Ausdehnung aufgeschlagen
seien. Spätere Meldungen sagten aus, daß der Feind im Abzug
aus jenen Orten begriffen zu sein scheine. Die 6. Infanteriedivision erhielt daher den Befehl, in der Richtung auf Vionville
vorzugehen. Bei dem Herannahen preußischer Truppen von
Süden her gegen seine linke Flanke hatte der Marschall Bazaine
mit seinem Marsche nach Verdun eingehalten*) und mittels einer
Linksschwenkung einen Theil seiner Truppen, zunächst das Froß-
sardsche Corps, eine Stellung mit der Front nach Süden einnehmen lassen. Er hielt demnach Vionville und Flavigny,
sowie die westlich und südwestlich dieser Orte gelegenen Anhöhen
besetzt, während seine Reserven nördlich der Metzer Straße zwischen Vionville und Rezonville standen.

Um 10 Uhr ging die 6. Division zum Angriff gegen die genannten Höhen vor, nahm sie nach heftigem Kampf und griff
dann die Dörfer Vionville und Flavigny an, welche im ersten
Anlauf genommen wurden. Die Division hielt die eingenommene
Stellung trotz mehrfacher kräftiger Gegenangriffe des Feindes bis
gegen 1 Uhr und ging dann gegen den nördlich von Vionville
liegenden Wald vor, in welchem ein hitziges, lange unentschiedenes
Gefecht entbrannte.

Die 5. Infanteriedivision hatte sich unterdessen rechts von
der 6. entwickelt und den im Gehölz von Vionville stehenden
Feind auf Rezonville zurückgeworfen.

Die gesammte Artillerie des III. Corps hatte sich auf dem
Plateau an dem Wege von Gorze nach Vionville, mit dem linken

*) Nach des Marschalls eigenem Rapport hätte er den Marsch erst fort-
gesetzt, um seinen rechten Flügel, der noch weit zurück war, herankommen zu
lassen.

Flügel an Flavigny aufgestellt und trug sehr viel zur Abweisung der feindlichen Offensivstöße bei. Auch diente sie zur Ausfüllung der Lücke zwischen beiden Divisionen.

Gegen 12 Uhr kam auch das X. Corps, welches auf Konville dirigirt war, aber durch den heftigen Kanonendonner veranlaßt rechts abbog und auf Tronville marschirte, zunächst mit der 37. Inf. Brigade in's Gefecht. Diese drang bis in den Wald nördlich von Vionville vor, wo sie mit den hier engagirten Theilen des III. Corps zusammentraf, sich aber nur mit Mühe halten konnte, bis nach und nach fast das ganze X. Corps hier zur Unterstützung eintraf. Die Corpsartillerie hatte schon um 3½ Uhr eine Stellung westlich von dem Walde eingenommen.

Die feindliche Artillerie, welche nördlich der Straße Vion= ville=Rezonville in einer sehr guten Stellung die im Walde kämpfenden Truppen und die bei Vionville stehenden preußischen Batterien mit großem Erfolge beschoß, wurde durch Offensivstöße der 6. Infanteriedivision zum Verlassen ihrer Position gezwungen. Sie fuhr dann in eine zweite Aufstellung ab, von wo sie mit fast eben so guter Wirkung die preußischen Truppen beschoß, während die französische Infanterie sich zu einem Gegenstoß gegen die linke Flanke der 6. Infanteriedivision anschickte. Diesem drohenden Angriff zu begegnen, der, wenn er geglückt wäre, alle die mit so schweren Opfern errungenen Resultate des Tages mit einem Schlage vernichtet hätte, da durchaus keine Reserven mehr zur Hand waren, sendete der kommandirende General des III. Armeecorps, General v. Alvensleben II., die Kavalleriebrigade Bredow (7. Küraffier= und 16. Ulanenregiment) vor. Die braven Reiter, von der ungeheuren Wichtigkeit ihrer Aufgabe durchdrungen, stürzten sich auf die feuernden Geschütze, hieben die Bedienungsmannschaften nieder und wandten sich dann gegen die feindliche Infanterie, die sie freilich nicht durchbrechen konnten, ihr aber so gründlich den „Elan" benahmen, daß sie von weiteren Angriffsversuchen abstand. Die Verluste, welche die tapferen Reiter erlitten, waren sehr bedeutend, allein ihr Opfermuth, ihre glänzende Tapferkeit hatten die errungenen Erfolge gesichert und die Bredowsche Kavalleriebrigade darf sich daher einen wesentlichen Antheil an dem bedeutungsvollen Tage von Vionville zuschreiben.

Während die 6. Infanteriedivision sich nun hier in den schwer errungenen Positionen behauptete, wobei sie durch die 20. Infanteriedivision kräftigst unterstützt ward, und auch die 5. Infanteriedivision alle Angriffe des überlegenen Feindes auf dem rechten Flügel abwies, konnten die auf dem linken Flügel kämpfenden Theile des X. Corps sich des Andrangs der feindlichen Masse, die von Front und Flanke gegen sie anstürmten, nicht erwehren und mußten sich auf Tronville zurückziehen, wobei der Feind lebhaft nachdrängte. Um die Infanterie aus dieser kritischen Lage zu ziehen, wurde das erste Gardedragonerregiment gegen die rechte Flanke der Franzosen vorgeschickt und brachte sie, wenn auch mit schweren Verlusten, zum Stehen. Auch das zweite Gardedragonerregiment warf sich mit der größten Aufopferung dem Feinde entgegen und machte seiner Verfolgung ein Ende. Gleichzeitig war auf dem äußersten linken Flügel bei Mars la Tour die Kavalleriebrigade Barby (das 10. Husaren- und 13. Dragonerregiment), der sich das 16. Dragonerregiment anschloß, vorgegangen, um den feindlichen rechten Flügel zu umfassen. Sie traf hier aber auf die französische Gardekavallerie (5 Regimenter), welche zum Schutz ihrer Infanterie heraneilte und warf dieselbe in einem brillanten Reitergefecht zurück. Damit kam der Kampf hier auf dem linken Flügel zum Stehen. Auf dem äußersten rechten Flügel waren inzwischen Theile des VIII. Corps herangekommen und gingen mit großer Entschiedenheit gegen die zur Unterstützung ihres Centrums bei Vionville anrückenden französischen Reserven (die Kaisergarde) vor, wodurch sie das III. Armeecorps von einer drohenden Gefahr, deren wirkliches Eintreten alles bisher Errungene wieder umgestürzt hätte, befreiten.

Jetzt gab — es war gegen 7 Uhr — der Prinz Friedrich Karl, der seit 3½ Uhr das Oberkommando über die kämpfenden

Truppen übernommen hatte, den am weitesten vorgedrungenen Theilen der 6. und 20. Infanteriedivision den Befehl zum ferneren Vorrücken und ließ auch die Artillerie des III. Corps eine weiter vorgeschobene Stellung zur Unterstützung dieses Angriffs einnehmen. Durch diese Bewegung ward der Feind zum Aufgeben seiner Positionen veranlaßt. Er kehrte aber bald mit stärkeren Kräften zurück, ohne daß es ihm jedoch gelang, das verlorene Terrain wiederzugewinnen. Noch einmal trat jetzt die unermüdliche preußische Kavallerie auf, indem die 6. Kavalleriedivision auf die zwischen Flavigny und Rezonville befindlichen französischen Infanteriemassen in östlicher Richtung vorging. Zwei Husarenregimenter (Zieten und Nr. 16) hieben dabei auf feindliche Karrees ein. Dieß war die letzte Episode der blutigen Schlacht, einer der ruhmreichsten, die je von preußischen Truppen ausgefochten ward.

Auch die Schlacht bei Bionville haben die Franzosen sich als Sieg angerechnet, wahrscheinlich durch einen Ausdruck in dem Bazaine'schen kurzen Bericht über den stattgehabten Kampf, dazu veranlaßt. Es heißt dort nämlich, die Truppen hätten in den „positions conquises“ bivuakirt. Eine reine Lüge ist dieß nun wohl nicht, denn bei dem letzten verzweifelten Angriff der Franzosen können sie sich möglicherweise etwas weiter vorwärts festgesetzt haben, als dieß vor dem Angriff der Fall war, aber eine von den Preußen eingenommene Position haben sie dabei nicht erobert oder behalten. Und selbst wenn dieß der Fall gewesen wäre, könnte doch von einem Siege schwerlich die Rede sein, da sie aus allen Stellungen, die sie bei Beginn der Schlacht innehatten, über eine halbe Meile weit zurückgedrängt wurden und zwar so, daß während sie zuerst eine Aufstellung mit der Front nach Süden hatten, sie schließlich mit dem Rücken nach Metz zu stehen kamen, wovon namentlich der von Westen nach Osten unternommene Angriff der 6. Kavalleriedivision Zeugniß ablegt.

Einen Sieg errangen die Franzosen also nicht, wenn sie auch

freilich andererseits keine eigentliche Niederlage erlitten. Die Preußen aber erfochten einen taktischen Sieg und errangen zugleich einen ungeheuren strategischen Erfolg, indem durch die Schlacht bei Bionville der weitere Rückzug der Franzosen auf der eingeschlagenen Straße nach Verdun zur Unmöglichkeit wurde. Noch war ein Ausweg nordwärts zu entkommen offen, allein es wäre ein sehr gewagtes Unternehmen gewesen, durch schwieriges Terrain und über Engpässe den Rückzug anzutreten, unmittelbar verfolgt von einem siegreichen Heere, dessen unternehmende Kavallerie die abziehenden Kolonnen bald von allen Seite umschwärmt hätte.

Dieß großartige Resultat, ein Heer von 200,000 Mann auf der eingeschlagenen Rückzugslinie angehalten und nach dem Ausgangspunkt zurückgedrängt zu haben, ward von 70,000 Preußen erreicht. Wenigstens die doppelte Anzahl hatte der Feind wider sie in's Gefecht geführt und trotz seiner verzweifelten Anstrengungen sich den Rückzug freizumachen, war ihm dieß nicht gelungen.

In der Schlacht bei Bionville gingen, nachdem die Preußen zu Anfang schnell bedeutend Terrain gewonnen hatten, die meisten Offensivstöße von den Franzosen aus, während sie sich in den vorhergehenden Kämpfen meistens in der Defensive gehalten hatten. Sowohl die Infanterie wie auch die Artillerie der Preußen konnte dadurch so recht zur Ausnutzung ihres Feuers kommen. Ganz besonders bemerkenswerth ist aber die Verwendung der preußischen Kavallerie in der Schlacht. Hatte man doch seit Einführung der Präzisionswaffen und gar erst der Hinterladungsgewehre der Kavallerie jede Theilnahme an dem Kampf um die Entscheidung auf dem Schlachtfelde abgesprochen und in der Militärliteratur wurden nur wenig Stimmen laut, die noch ein richtiges Urtheil über die Bedeutung der Kavallerie behielten. Wohl wahr, daß die preußische Reiterei bei Bionville keine große Verwüstungen in den Reihen der französischen Infanterie angerichtet und wenig Feinde niedergesäbelt hat, durch ihr kühnes Auftreten der französischen Infanterie gegenüber brachte sie aber die Angriffe dieser zum Stehen und erreichte dadurch in dem einen Fall, daß die eigne Infanterie sich in der eroberten Position behaupten und in dem andern, daß sie ungehindert den Rückzug antreten konnte. Nur durch die heldenmüthige Aufopferung der preußischen Kavallerie war es überhaupt der preußischen Schlachtlinie möglich, sich dem weit überlegenen Feinde gegenüber zu halten. Ohne das energische Eingreifen der Reiterei würden sehr wahrscheinlich die beiden Divisionen des III. Corps mit der Artillerie desselben weit von der Straße zwischen Gravelotte und Mars la Tour abgedrängt worden sein und die Franzosen würden dies ohne Zweifel benutzt haben, wenigstens auf der nördlichen Straße von Metz nach Verdun den Rückzug anzutreten. Wir meinen daher, daß die Bedeutung der Kavallerie auf dem Schlachtfelde bei richtiger Verwendung ganz dieselbe sei wie früher, wenn sie auch beim Eingreifen in's Gefecht sich auf größere Verluste gefaßt machen muß, als sie ehedem bei ihren Attaken zu erleiden hatte. Man wird die Reiterei also jetzt immer nur im äußersten Nothfall gegen nicht erschütterte Infanterie und gegen feuernde Batterien vorsenden und es ist ihre Verwendung also allerdings eine seltnere geworden; daß sie aber auch jetzt noch zur Entscheidung der Schlachten wesentlich beitragen kann, davon hat die preußische Kavallerie bei Vionville ein glänzendes Beispiel gegeben.

Höchst lobenswerth ist wiederum das gegenseitige Unterstützen der Truppentheile verschiedener Corps. Ohne lange auf höhere Weisungen zu warten, marschiren die in die Nähe des Schlachtfeldes herangekommenen Truppen in die Richtung des Kampfgetöses und greifen da ein, wo die Gefechtslage es erfordert. Wir haben diesen ächt kriegerischen Zug der preußischen Truppenführer schon mehrfach hervorgehoben; hier bei Vionville zeigt er sich wieder in hervorragender Weise.

Die große Hartnäckigkeit, mit welcher die geringe preußische

Streitmacht den langen Kampf ausfocht, erforderte schwere Opfer und der vierte Theil der im Gefecht engagirten Truppen ward kampfunfähig. Auch der Verlust der Franzosen muß wegen der vielen Offensivstöße sehr bedeutend gewesen sein; er wird in französischen Berichten zu 15,000 M. angegeben.

Am Morgen des 17. August zog Bazaine seine Truppen aus den „eroberten Positionen" zurück und stellte sie in der Linie St. Privat la Montagne-Amanvillers-Verneville-Gravelotte auf, welche Orte schon durch ihre Lage eine ungemeine Widerstandsfähigkeit hatten und die nun im Laufe des 17. zu förmlichen Festungen umgewandelt wurden.

Bazaine hatte also seinen Rückzug aufgeben müssen, er glaubte aber sicher, daß am 16. ein sehr bedeutender Theil des preußischen Heeres im Gefecht gewesen sei und wenn er demselben jetzt in einer vortheilhaften, fast uneinnehmbaren Stellung die Schlacht anbot, so konnte er hoffen, daß sich die Preußen durch vergebliches Anrennen an diese Stellung so schwächen würden, daß er am Ende doch noch den unterbrochenen Marsch wieder aufnehmen könne.

Die Preußen benutzten den 17. August dazu, die noch zum Theil sehr weit entfernten Heertheile heranzuziehen, um dann am 18. den Feind mit ganzer Macht anzugreifen. Am Abend des 17. standen das III. IX. X. und XII. Corps *), sowie die Garde südlich der großen Metzer Straße zwischen Mars la Tour und Vionville, während das VII. und VIII. Corps rechts zwischen Rezonville und Ars sur Moselle Aufstellung genommen hatten. Das II. Corps war noch weit zurück und kam erst am 18. Mittags nach Buxieres, von wo es dann zur Unterstützung des rechten Flügels nach Rezonville vorgenommen ward.

Der Angriffsplan der Preußen bestand nun darin, den Feind auf seinem linken Flügel und im Centrum zu beschäftigen, wäh-

---

*) Dieses war am 11. August über die Grenze gerückt und jetzt vorläufig der II. Armee zugewiesen worden. Auch das II. Corps stieß erst auf dem Kampfplatz zum Heere.

rend die Garde und das XII. Corps, über Jarny und Doncourt eine fast zwei Meilen lange Umgehung um den feindlichen rechten Flügel ausführen, dann diesen umfassen und zurücktreiben sollte. Die feindliche Armee sollte dadurch zum Verlassen ihrer Stellung und zum Rückzug auf Metz veranlaßt werden.

Schlacht bei Gravelotte den 18. August.

Die Schlacht begann durch den Vormarsch des IX. Corps gegen Berueville. Dieser Ort ward von der Avantgarde genommen. Die Artillerie des Corps fuhr auf der Höhe von Champenois auf und behauptete diese Stellung trotz furchtbarer Verluste. Die Infanterie eroberte Champenois und Chantrenne und ließ sich dieselben trotz aller Anstrengungen des Feindes sie wieder zu nehmen, nicht mehr aus der Hand reißen.

Mittlerweile hatte die 1. Gardedivision gegen 1 Uhr St. Ail besetzt, die 2. Gardedivision war bei Habonville eingetroffen und der größte Theil der Gardeartillerie fuhr zwischen beiden Orten auf, wonach sie sofort ein sehr wirksames Feuer gegen die feindliche Stellung eröffnete. Die Infanterie der Garde hielt mit ihrem Angriff zurück bis das XII. Corps die befohlene Umgehung vollführt haben würde.

Gegen 2½ Uhr traf vom XII. Corps die Meldung ein, daß es mit der 24. Division zum Angriff auf St. Marie vorgehen werde, während die 23. Division die Umgehung um den rechten Flügel der Franzosen fortsetzen würde. Sofort wurde das Gardefüsilierregiment und das Gardejägercorps von St. Ail gegen St. Marie entsandt und während die 47. Inf. Brigade von Nordwesten her dieses Dorf angriff, drangen die genannten Truppentheile der Garde von Süden gegen dasselbe vor und nach kurzem Kampfe war es um 3½ Uhr genommen. Die sächsische Corpsartillerie nahm eine Aufstellung nördlich von St. Marie und beschoß nun namentlich St. Privat, welches den Schlüsselpunkt der Stellung des französischen rechten Flügels bildete.

Um dieselbe Zeit hatte die Gardeartillerie die feindliche Artillerie zum Schweigen gebracht und rückte darauf näher an St. Privat heran. Der Corpsartillerie des 9. Corps, die so brav ausgehalten hatte, gelang es endlich, auch die ihr gegenüberstehenden Geschütze zum Abfahren aus ihrer Stellung bei Montigny und Amanvillers zu zwingen.

Indessen war es 5 Uhr geworden und noch immer lief keine Meldung über die vollendete Ausführung der durch die 23. Inf. Brigade unternommenen Umgehung des französischen rechten Flügels ein. Der Prinz August von Würtemberg, kommandirender General des Gardecorps, glaubte jetzt nicht länger zögern zu dürfen und befahl daher den Angriff auf St. Privat. Die 1. Gardedivision und die 4. Gardebrigade (die 3. war dem IX. Corps zur Unterstützung gesandt worden) rückten gegen das Dorf und die daneben liegenden Höhen vor. Ein unerhörtes Infanteriefeuer empfing die preußischen Garden, die bis dahin noch niemals einen Sturm vergebens unternommen hatten. Obgleich die Entfernung zwischen ihnen und dem Feinde über 1500 Schritt betrug, war dieses Feuer doch, da die Preußen in ganz freiem, unbedecktem Terrain wie auf einem Glacis gegen die dichtbesetzten Höhen vorgehen mußten, furchtbar verheerend und das Zündnadelgewehr konnte nicht mit Erfolg auf diesem Abstande gegen den noch dazu in Schützengräben gut gedeckten Feind gebraucht werden.

Der kommandirende General ließ daher mit dem Angriff einhalten und beschloß die Ankunft des sächsischen Corps in der rechten Flanke des Feindes abzuwarten.

Um 6 Uhr war auch die Corpsartillerie des X. Corps gegen St. Privat aufgefahren und es waren daher jetzt gleichzeitig mehr als 200 Geschütze in Thätigkeit gegen diesen Ort.

Endlich hatten die Sachsen Roncourt erreicht und damit ihre Umgehung vollendet. Die Entfernung von dort nach St. Privat beträgt nur 2000 Schritt und als daher die Sachsen jetzt von Norden her gegen St. Privat vordrangen, nahmen auch die Garden ihren Angriff wieder auf. Unaufhaltsam stürmten sie vor und von der 20. Division vom X. Corps auf dem rechten Flügel unterstützt, drangen sie von Süden und Westen her in St. Privat ein, während Ihnen die sächsischen Waffenbrüder, von Norden kommend, die Hand reichten.

Durch die Eroberung dieses wichtigen Punktes war auch die Entscheidung des Tages herbeigeführt. Die Gefechte im Centrum und auf dem preußischen rechten Flügel sollten vorzugsweise nur dazu dienen, den Feind hier zu beschäftigen und ihn daran zu hindern, seine Reserven nach dem rechten französischen Flügel zu werfen. Dennoch ward auch hier auf fast allen Punkten Terrain gewonnen.

Im Centrum war das IX. Corps mit Unterstützung der 3. Gardebrigade auf die Höhe westlich von Amanvillers hinaufgedrungen und behauptete sie trotz der feindlichen Gegenangriffe, wobei es durch die Corpsartillerie des III. Corps wirksam unterstützt ward.

Auf dem rechten Flügel nahm das VIII. Corps Gravelotte, und drang bis zum östlichen Saume des Bois de Genivaux vor, während doch alle Anstrengungen des Corps sich der Ferme Moscou zu bemächtigen, vergeblich waren. Von dem VII. Corps waren schon gegen 1 Uhr 9 Batterien auf den Höhen zwischen Bois des Ognons und Gravelotte aufgestellt, wo sie die feindliche bei Point du Jour stehende Artillerie bald zum Schweigen brachten. Dann gingen sie bis auf gleiche Höhe mit Gravelotte, drei Batterien aber sogar bis St. Hubert Auberge vor. Die Infanterie nahm eine Stellung ein zwischen Bois de Vaux und Point du Jour, welches letztere sehr stark vom Feinde besetzt war und trotz mehrfacher Versuche nicht genommen werden konnte. Um den Feind aus dieser letzten festen Stellung vor den Forts von Metz zu werfen, erhielt das nunmehr herangekommene II. Corps den Befehl zwischen Bois de Vaux und Bois de Genivaux vorzudringen. Das VII. Corps ging seinerseits wiederum auch gegen Point de Jour vor, allein die Franzosen hielten ihre Position mit der größten Zähigkeit fest und dieser Angriff, der die Vernichtung des linken französischen Flügels zur Folge gehabt haben würde, muß als gescheitert angesehen werden. Dahingegen hatte der Angriff des II. Corps den großen Erfolg, daß dadurch der Besitz der vom VIII. Corps dem Feinde abgerungenen Positionen, welcher durch die energischen Gegenstöße des Feindes sehr gefährdet war, gesichert wurde. Als dann am 19. früh Morgens das II. Corps seinen Angriff wiederholte, gaben die Franzosen die so hartnäckig vertheidigte Stellung auf und zogen sich auch von hier auf Metz zurück.

Wie wir oben sagten, war aber schon die Entscheidung am 18. durch die Vertreibung des rechten französischen Flügels aus St. Privat gefallen. Das XII. Corps verfolgte die zurückgehenden Franzosen bis Woippy und Kavalleriedetachements wurden vorgeschickt um die nach Diedenhofen führende Eisenbahn auf einigen Stellen zu zerstören. Auch wurden Patrouillen ausgesandt um das Moselthal wegen etwaiger Truppenbewegungen aus Metz gegen Norden zu beobachten.

Die Franzosen machten indeß keinen Versuch diesen letzten Ausweg zum Entkommen zu benutzen. Die Armee war durch die so schnell auf einander folgenden Kämpfe, an denen sich fast immer der größte Theil der Truppen — am 18. die gesammte Streitmacht — betheiligt hatte, furchtbar ermattet, ja beinahe ganz des organisirt und es blieb Bazaine nichts Anderes übrig, als sich hinter die schützenden Forts von Metz zurückzuziehen, das er zehn Wochen später nur als Gefangener verlassen sollte.

In der Schlacht bei Gravelotte kämpften 7 Corps der norddeutschen Armee (das III. hatte sich nur mit seiner Artillerie betheiligt), was ungefähr eine Truppenzahl von 200,000 M. ausmacht. Ebensoviel hatten auch die Franzosen im Feuer, aber sie hatten den Vortheil der festen Stellungen, von denen ein Korrespondent der Times sagte, sie seien so gut gewesen, wie ein Soldat sie nur verlangen könne. Dabei fällt denn noch die bessere Bewaffnung schwer ins Gewicht. Trotzdem wurden sie aus allen diesen Stellungen, bis auf die einzige bei Point du Jour vertrieben. Während am 16. sich die Preußen fast ganz

6*

nur auf der Defensive hielten, waren sie am 18. auf der ganzen Schlachtlinie in der Offensive, wenn es auch wiederum dann auf das Festhalten der errungenen Positionen ankam.

Ein sehr großer Antheil an den genommenen Erfolgen gebührt der Artillerie. Sie war der französischen ganz entschieden überlegen und zwar sowohl an Zahl, als auch in ihren Wirkungen. Sie wurde ferner in ganz ausgezeichneter Weise, mit vortrefflicher Benutzung der Oertlichkeiten verwendet und die Batterien legten eine Hingebung und Tapferkeit an den Tag, die selten erreicht, nie übertroffen worden ist.

Selten ist eine Schlacht so genau nach dem angelegten Plane durchgeführt worden; die Bewegungen der einzelnen Corps geschahen ganz nach der gegebenen Disposition, obgleich man vorher wenig von den Details der feindlichen Stellung wußte. Ein solches Umgehen des einen Flügels längs der Front des Feindes und überhaupt eine solche Operation, bei welcher die gesammte Armee im Laufe einiger Tage eine doppelte Schwenkung vornimmt, so daß die preußische Armee am 18. Abends mit der Front nach Osten stand, während sie noch 3 Tage vorher in westlicher Richtung marschirte, ist ein so kühnes Manöver, daß man sich in der Kriegsgeschichte vergebens nach Vorbildern zu demselben umsieht. Wenigen Armeen außer der preußischen dürfte man mit Aussicht auf Erfolg eine solche Aufgabe gestellt haben.

Der große Plan des genialen preußischen Strategen, den linken Flügel der französischen Armee, nachdem dieselbe durch die Schläge bei Wörth und Weißenburg in zwei Theile zerspalten war, an der Wiedervereinigung mit dem rechten zu hindern, war vollständig gelungen. Vorläufig wenigstens war dieser Theil des feindlichen Heeres — bei weitem der stärkste und beste — jetzt in der freien Bewegung gehemmt und wenn es ihm später auch hätte gelingen können die ihn umschließenden Bande zu zersprengen, so war das Entkommen mit einigermaßen ungeschwächten Kräften bei einer energischen Verfolgung durch das preußische Heer so gut wie unmöglich. Freilich band Bazaine

jetzt an Metz einen sehr bedeutenden Theil der deutschen Armee,
allein der Nachtheil, den er im Verein mit den übrigen Streitkräften Frankreichs den Deutschen hätte zufügen können, wäre doch
aller Wahrscheinlichkeit nach ungleich größer gewesen. Jedenfalls
aber hätten die Deutschen niemals daran denken können, 200,000
Feinde mit einem Schlage unschädlich zu machen, wie dieß nur
kurze Zeit später wirklich geschah.

Gleich nach den denkwürdigen Ereignissen bei Metz wurden
Stimmen laut — namentlich seitens kluger Leute in Oesterreich
— welche der preußischen Heerleitung vorwarfen, daß sie überhaupt den Marschall Bazaine in seiner starken Stellung bei
Gravelotte hätte angreifen lassen. Nach ihrer Meinung hätte
man nur einen Kreis um seine Position schließen sollen, ihm es
überlassend, ob und wann er sich zum Durchbruch desselben entschließen wollte. Mit dem Kreise hätte es nun schon wegen der
Nähe der Forts von Metz gute Wege gehabt und Bazaine wäre
sicher nicht so dumm gewesen, in dem Zustande worin seine
Truppen sich nach zwei blutigen Gefechten befanden, sofort das
Durchschlagen zu versuchen. Er hätte sich im Gegentheil entweder in der gewählten Position selber oder hinter den Forts in
aller Ruhe erholt und würde dann eines schönen Tages einen
Ausfall von ganz andern Dimensionen und mit ganz anderer
Kraft unternommen haben, als dies am 31. August geschah,
nachdem die Gravelotter Schlacht vorhergegangen war. Wir
wollen nicht behaupten, daß der ganze Verlauf des Krieges dadurch
eine wesentliche Aenderung erlitten hätte, wenn es Bazaine geglückt
wäre, auf diese Weise 100,000 Mann durchzubringen, allein es
war dann doch immerhin die Vereinigung zwischen ihm und Mac
Mahon eine Möglichkeit, und ein französisches Feldheer von
250,000 Mann in der Nähe der Hauptstadt dürfte der deutschen
Heeresleitung ernste Verlegenheiten bereitet haben.

Es war daher vollkommen richtig, daß die preußischen Strategen für den 18. den Angriff auf die französische Stellung bestimmten. Die Schlacht von Gravelotte war es, welche

die Widerstandskraft der Bazaine'schen Armee brach, ebensowie die Schlacht bei Wörth der Mac Mahon'schen Armee den Todesstoß versetzte. Beide Feldherrn hatten nach jenen Schlägen wohl noch bewaffnete Mannschaften, aber keine Soldaten mehr. Hätte Bazaine solche gehabt bei seinem Durchbruchversuch am 31. August, so mußte er durchkommen. Nur wenn man diesen von uns aufgestellten Gesichtspunkt festhält, kann man — ohne der vorzüglichen Tapferkeit der preußischen Krieger irgendwie zu nahe zu treten — begreifen, warum keine der von Bazaine eingeleiteten Unternehmungen sich durchzuschlagen gelingen konnte. Seinen Truppen fehlte die nöthige Energie, seinen Offizieren der erforderliche Gehorsam, dem ganzen Heere überhaupt die Disziplin, ohne welche ein Durchbruch durch ein siegreiches Heer, die schwerste Aufgabe für eine Truppe die es giebt, eine Unmöglichkeit ist. Dieser Zustand aber im Bazaine'schen Heere ward durch die Schlacht bei Gravelotte hervorgerufen. Bis dahin hatte es noch in den Reihen der französischen Soldaten nicht an Festigkeit gefehlt, am Abend des 18. aber stürzte sich ein großer Theil des Bazaine'schen Heeres auf die wildeste Flucht nach Metz hinein, Bagage und Waffen im Stiche lassend, so daß der Festungskommandant von Metz, General Coffinieres den denkwürdigen Tagesbefehl erlassen mußte, in welchem er die Drohung aussprach, er werde die Soldaten, welche sich ihrer Gewehre entledigt hätten, ohne Waffen auf die Vorposten schicken. Wann wäre je einer Truppe ein schmachvolleres Zeugniß ins Gesicht geschleudert worden?

In Paris stand jetzt das Lügensystem in voller Blüthe. Mit staunenswerther Dreistigkeit wurden die Niederlagen des französischen Heeres für Siege ausgegeben. Die drei bei Metz geschlagenen Schlachten waren durch Bazaine's kunstvolle Manöver hervorgerufen und die Preußen, welche ihre halbe Armee dabei verloren hatten, zu diesen Schlachten gezwungen worden. Nun hatte Bazaine sich freilich nach Metz zurückgezogen, allein ganz aus freien Stücken, er zwang auch wiederum die Preußen vor Metz zu bleiben, hatte dabei aber vollkommen seine Freiheit bewahrt. Er konnte eben gehen oder bleiben, wie es ihm beliebte. Vorläufig wollte er nun lieber bleiben, um ab und zu den bei Metz angenagelten Preußen wiederum Eins zu versetzen, später wollte er dann vielleicht fort- gehn um die bewunderungswürdig eingeleitete Kombination — mit Mac Mahon — auf noch bewundernswerthere Weise zum Vollzug zu bringen. Die Preußen aber würden natürlich das Zusehen dabei haben.

So hieß es in Paris in der letzten Hälfte des August- monats und dieser Blödsinn, in Regierungskreisen ausgeheckt und von da verbreitet, fand den lebhaftesten Wiederhall in ganz Frank- reich. Alles war entzückt über die geniale Kriegführung des großen Strategen Bazaine, dem man Napoleon dem Ersten gleich zu stellen begann und man wartete gespannt auf die Entwickelung der angekündigten Kombinationen. Daß eine solche Verkennung der wirklichen Lage der Dinge in Frankreich selbst Platz greifen konnte, ist nicht zum Verwundern; ruhige, vorurtheilslose Kritik gehört nicht zu den Eigenschaften des französischen Volkes. Recht bezeichnend aber für den Werth des öffentlichen Urtheils in Europa ist es, daß mit wenigen Ausnahmen — wir haben derselben schon früher zu erwähnen Gelegenheit gehabt — die Stimmen, welche über die Ereignisse bei Metz laut wurden, den französischen An- schauungen beipflichteten. Den Werth der öffentlichen Meinung, welche ja die Stimme Gottes sein soll, möge danach Jeder selbst beurtheilen.

Wir haben oben gesehen, daß der Kronprinz von Preußen in den Tagen, an denen sich die Ereignisse um Metz vollzogen, in Nanzig sein Hauptquartier hatte. Seine Armee war unterdeß, wenn auch langsam doch in stetem Vorrücken geblieben, um die Fühlung mit dem bei Wörth geschlagenen französischen rechten Flügel nicht zu verlieren und die Vortruppen streiften weit vor- wärts. Die Ulanen verbreiteten Schrecken rings umher im Lande, während die französische Kavallerie ihrer passiven Rolle getreu, sich fast nirgends blicken ließ.

Man hatte preußischerseits in Erfahrung gebracht, daß der Marschall Mac Mahon Chalons erreicht habe und dort mit der Reconstruirung seiner Truppen beschäftigt sei. Man konnte annehmen, daß er sich in dem Lager bei Chalons, dessen Befestigung erweitert und verstärkt sein sollte, zur Wehr setzen werde. Wo nicht, so mußte man vermuthen, daß er nach Paris zurückgehen würde, theils um diese Stadt zu decken, theils auch um unter ihrem Schutz die Neubildung seines Heeres zu vollenden. Man wußte, daß ganz bedeutende Verstärkungen nach Chalons abgegangen seien und das Oberkommando der dritten Armee machte sich deßhalb auf einen ernsten Widerstand bei dieser Stadt gefaßt.

Da erfuhr man plötzlich, Mac Mahon habe Chalons verlassen — es geschah dieß am 21. und 22. August - - und sich nach Rheims gewendet. Diese Bewegung konnte zweierlei bedeuten, nämlich einmal konnte Mac Mahon über Rheims nach Paris zurückgehen, der Umweg war eben von seiner Bedeutung, oder es konnte der französische Marschall in dem dazu vortrefflich geeigneten Terrain südlich von Rheims eine Flankenstellung gegen die Operationslinie der Deutschen einnehmen wollen, wodurch er ihren Vormarsch nach Paris hinderte.

Am 25. August aber erfuhr man im preußischen Hauptquartier, daß Mac Mahon Rheims wieder verlassen und sich nach Rethel gewendet habe. Dieß, zusammengehalten mit anderen Nachrichten, die über einen beabsichtigten Zug Mac Mahons nach Metz zur Entsetzung Bazaines, ins preußische Hauptquartier gedrungen waren, bewog dieses, die geeigneten Maßregeln zur Verfolgung Mac Mahons in der von ihm eingeschlagenen neuen Richtung zu ergreifen.

Mit dieser Bewegung Mac Mahons hatte es folgende Bewandtniß. Als er nach Rheims zurück ging, war es wirklich seine Absicht auf Paris zu marschiren, allein er erhielt nun von der Regierung in Paris die kategorische Weisung nach Metz vorzubringen um Bazaine zu entsetzen. Gehorsam diesem Befehl rückte er aus Rheims am 23. in östlicher Richtung ab, um auf dem nächsten Wege durch die Argonnen nach Metz zu gelangen. Allein Verpflegungsrücksichten nöthigten ihn wieder nach Norden an die Eisenbahn abzubiegen. So erreichte er Rethel den 24. und nachdem er sich hier mit Proviant versorgt hatte, unternahm er nun den Flankenmarsch in östlicher Richtung, wobei er am 27. nach le Chene Populeux und am 28. nach Stonne gelangte. Von da wollte er sich dann nach Stenay wenden, um hier die Maas zu überschreiten. Dazu kam es aber nicht mehr, denn die deutschen Heere hatten das französische jetzt eingeholt.

Außer der dritten Armee, die wie wir gesehen haben, während der großen Ereignisse bei Metz in stetem Vormarsch gegen Paris geblieben war und sich mittlerweile noch durch das VI. Armeecorps (General v. Tümpling) verstärkt hatte, wodurch sie trotz der gehabten Verluste und der Detachirungen wenigstens ihre frühere Stärke behalten hatte — war seit Bazaines Einschließung in Metz noch eine andere Truppenmasse gegen die französische Hauptstadt in Bewegung gesetzt worden. Es war dieß die vierte Armee, welche gleich nach dem 18. August gebildet worden und unter den Befehl des Kronprinzen von Sachsen gestellt war. Sie war aus dem preußischen Gardecorps, dem XII. (sächsischen) Armeecorps — welche beiden Heertheile sich in treuester Waffenbrüderschaft die blutigen Lorbeern bei St. Privat gepflückt hatten — und dem jüngst auf dem Kriegsschauplatz erschienenen IV. Armeecorps (General v. Alvensleben) zusammengesetzt und ihre Stärke betrug ungefähr 80,000 Mann. Diese vierte Armee oder, Maasarmee, wie sie seitdem offiziell bezeichnet worden ist, rückte zum Theil schon am 19. aus der Umgegend von Metz ab, während die letzten zu derselben gehörigen Truppen am 20. abmarschirten. Das XII. Corps, jetzt unter den Befehl des Prinzen Georg von Sachsen gestellt, schlug dabei den Weg über Verdun ein. Man forderte den Kommandanten dieses Platzes zur Uebergabe auf und als derselbe nicht darauf eingehen wollte,

sezte das Corps seinen Marsch fort, vorläufig eine Brigade zur
Beobachtung des Platzes zurücklassend. Diese stieß aber bald darauf
wieder zum Corps.

Am 25. standen die beiden nach Westen vordringenden deut=
schen Armeen in der Linie Clermont en Argonne=Vitry,
welche Festung sich an diesem Tage der Avantgarde der 4.
Kavallerie=Division ergeben hatte, und das XI. Corps traf schon seine
Vorbereitungen zum Angriff auf Chalons. Inzwischen erfuhr,
wie wir sahen, das preußische Hauptquartier den Abzug des Mar=
schalls Mac Mahon in nördlicher Richtung und sofort ward der
Beschluß gefaßt, beide Armeen eine Rechtsschwenkung vornehmen zu
lassen und mit aller Energie den Marschall zu verfolgen.

Der weitere Verlauf unserer Erzählung wird darthun, von
wie großer Wichtigkeit es war, daß diese Maßregel, welche mit
einem Schlage den Lauf der begonnenen Operationen änderte,
so rasch ergriffen und dann mit ganzer Kraft zur Ausführung
gebracht wurde. Wenn man lange darüber hin und her sann,
was nun zu thun sei, so ging die kostbare Zeit verloren und Mac
Mahon konnte die Maas hinter sich haben, ehe die Deutschen ihn
eingeholt hatten. Dann war es immerhin möglich, daß er und
Bazaine gleichzeitig die Belagerungsarmee bei Metz angreifen
konnten. Allein, wie einst am Tage von Königgrätz einer der
größten strategischen Entschlüsse blitzschnell und wie durch Inspi=
ration gefaßt ward, so kam auch hier dem preußischen Generalstab
die rechte Eingebung im Moment und die Ausführung folgte ihr
auf dem Fuße nach.

Durch die erwähnte Rechtsschwenkung mußte die etwas nach
rechts zurückgehaltene Maasarmee jetzt die vorderste Staffel bilden.
Sie erhielt ganz wie die I. Armee bei Metz, den Auftrag, den Feind
festzuhalten, von seiner Operationslinie abzudrängen und ihn so
lange zu beschäftigen, bis die III. Armee, die nach weit zurück war,
herangekommen wäre und dann den Feind umgehen könne. Wenn
dieß gelingen konnte, so war schon damals das Geschick der Mac
Mahonschen Armee ziemlich klar abzusehn und es konnte ihm nur

die Alternative eines Uebertritts auf das belgische Gebiet oder eines zur Vernichtung führenden Verzweiflungskampfes bleiben.

Die Avantgarde der Maasarmee, das XII. Corps, kam am 26. August nach Varennes und ward von da nach Dun gesandt, um sich dieses wichtigen Maasüberganges zu bemächtigen, welches am 27. geschah. Ein sächsisches Reiterdetachement stieß an diesem Tage auf einen Theil der rechten Flankendeckung des Mac Mahonschen Heeres, das 12. Chasseurregiment, das nach einem heftigen Kampf zurückgeworfen ward. Während das XII. Corps am 28. in Dun stehen blieben, rückten die beiden andern Corps der Maasarmee auf Buzancy und Vouziers. Am 29. ging das XII. Corps wieder westwärts von der Maas auf Nouart vor. Die Höhen hinter diesen Orten waren vom Feinde besetzt, wurden jedoch von der 46. Infanteriebrigade genommen und die gesammte Maasarmee sammelte sich in der Nähe des Orts. Ein Seitendetachement beobachtete Stenay und die von dort nach Beaumont führende Straße.

An demselben Tage hatte aber auch der größte Theil der III. Armee Buzancy und Grand Pré erreicht und die deutschen Heere standen also auf einer Linie von nur 2 Meilen Ausdehnung, während die französischen Corps, mit Ausnahme des ersten, das schon am 29. bei Mouzon über die Maas ging, auf den beiden von Le Chene Populeur nach Stenay führenden Straßen aufgestellt waren. Es mußte am nächsten Tage zu einem Zusammenstoß kommen, wenn die Deutschen im Vorrücken blieben.

Gefecht bei Beaumont am 30. August.

Am Morgen des 30. August rückten die deutschen Heere gegen die große Straße von Rethel nach Stenay vor, auf dem rechten Flügel in erster Linie das XII. Corps in der Richtung auf Beaumont, im Centrum das 1. bairische Corps gleichfalls auf diesen Ort, auf dem linken Flügel das 5. preußische Corps zunächst gegen St. Pierremont und Oches in der Richtung auf Stonne. Die Sachsen sollten dabei sich erst

rechts nach Lanenville ziehn und dann durch den Wald von
Dieulet gegen Beaumont vordringen.

So gelangten die Baiern zuerst an den Feind, den sie in
einer Lagerstellung völlig überraschten. Es entspann sich alsbald
ein hitziges Gefecht, das mit der Vertreibung des Feindes aus
Beaumont endete. Die Franzosen zogen sich theils nach Mouzon,
theils auf der Straße nach Stonne zurück, wurden hier aber von
den Baiern in der rechten Flanke umgangen und mußten daher
in nordwestlicher Richtung ausweichen. So wurden sie bis hinter
Roncourt gedrängt, wo die eingetretene Dunkelheit dem Kampf
ein Ende machte.

Auf dem rechten Flügel waren die Sachsen bei Beaumont
nicht mehr ins Gefecht gekommen. Sie trafen aber bei Ville-
montry auf die Arrieregarde der an die Maas zurückgehenden
Franzosen und es kam hier zwischen diesen und der 45. Inf.-Bri-
gade nebst dem Schützenregiment zu einem heftigen Kampf, worauf
die Franzosen in Unordnung auf Mouzon geworfen wurden. Bald
traf hier auch ein Theil des IV. Corps ein und suchte dem Feinde
den Uebergang über die Maas zu verwehren. Es entspann sich
ein sehr lebhaftes Artilleriegefecht bis zum Einbruch der Nacht,
indessen gelang es dem größten Theil des französischen Heeres
über den Fluß zu kommen.

Auf dem linken Flügel stieß das V. Corps bei Oches auf
den Feind. Derselbe hielt aber nicht Stand, obwohl er eine
vorzügliche Stellung inne hatte. Bei Stonne endlich schien er sich
ernstlich zur Gegenwehr setzen zu wollen und die Oertlichkeit
wäre ihm dabei sehr zu Hülfe gekommen. Allein das Vordringen
der Baiern über Beaumont bedrohte seine linke Flanke und er zog
auch von hier ab.

Das Gefecht bei Beaumont, in welchem auf Seite der
Deutschen keine 30,000 M. engagirt waren, hätte unter anderen
Umständen nur eine untergeordnete Bedeutung gehabt, allein die
strategische Seite desselben war von ungeheurer Wichtigkeit, denn
es war durch dies Gefecht den Franzosen jede Aussicht, nach

Osten hin durchzubrechen, genommen worden. Ein Ausbiegen gegen Westen, um nach Paris zu gelangen, wäre vielleicht noch möglich gewesen, wenn die französischen Truppen sich einer festeren Organisation zu erfreuen gehabt hätten und wenn sie den an sie zu stellenden Anforderungen gewachsen waren. Man hätte wäre dann noch in der Nacht bis Sedan gehen müssen, hätte hier durch Aufstellung einer starken Arrieregarde den Abzug maskirt und hätte dann schon am Abend des 31. ein gutes Stück über Mezieres hinaus sein können, indem man theils die Eisenbahn längs der belgischen Grenze benutzte, theils an die Laoner Bahn heranzukommen suchte, wenn man an der Benutzung der Rethel-Rheimser Bahn durch preußische Kavallerie verhindert worden wäre. Allein zu einem so kühnen Manöver hätte ein mit größerer Energie ausgerüsteter Mann gehört, als Mac Mahon es war und nur mit völlig disziplinirten Truppen von großer Marschtüchtigkeit hätte er es ausführen können.

Das ganze Benehmen der Franzosen in dem Gefecht bei Beaumont zeugt nicht von einem besonders guten Geist. Bei Mouzon war der Kampf theilweise sehr hartnäckig, allein er wurde meistens mit Artillerie geführt. Die deutschen Truppen, welche die französische Armee vor sich hertrieben, waren sehr gering an Zahl und die Franzosen hätten ihnen bessern Widerstand leisten müssen. Sie hätten dadurch allerdings wohl kaum ihre verzweifelte Lage verändert, allein sie hätten mehr für ihren Ruhm gethan und das war doch sonst ihr Hauptbestreben. Auch der Uebergang über die Maas würde dann mit größerer Ordnung sich haben vollziehen können.

Der Verlust der deutschen Truppen im Gefecht am 30. war verhältnißmäßig sehr gering, die Franzosen hatten größere Verluste, namentlich an Gefangenen.

Es könnte vielleicht scheinen, daß der Oberleitung der deutschen Heere der Vorwurf zu machen sei, daß man nicht ein größeres Gewicht auf die völlige Umgehung des Feindes von Osten her gelegt habe. Man könnte sagen, daß das Heranziehen des

XII. Corps von Dun nach Nouart am 29. unnöthig gewesen sei und daß man besser daran gethan haben würde, das Corps an der Maas zu lassen oder vielleicht sogar die ganze Maasarmee dahin zu ziehen und sie dann an das rechte Ufer des Flusses und an diesem aufwärts zu senden. Dann wäre den Franzosen der Uebergang über die Maas bei Mouzon allerdings verlegt worden, allein man war dann für den eigentlichen Kampf nur auf drei Corps der III. Armee angewiesen und ermöglichte so den Franzosen einen Durchbruch nach Westen, abgesehen davon, daß man sich ganz unnöthiger Weise einer Schlappe aussetzte, wenn die Franzosen mit ihrer früheren Energie die Offensive ergriffen. Man kann die deutsche Heerleitung sicher nicht wegen ihrer stets bewiesenen großen Vorsicht tadeln. Das schließt freilich die größte Kühnheit nicht aus, wenn es sein muß, wie es der preußische Generalstab oft genug bewiesen hat. Kühnheit mit Vorsicht paaren, sich keinem Unfall aussetzen, wenn man aber schlagen will, dann auch mit ganzer Kraft schlagen, das sind goldene Regeln für die Kriegführung und Niemand hat sie besser befolgt, als die preußischen Strategen. Das ist eines der Geheimnisse ihrer Siege.

Am 31. August vollzog das deutsche Heer seinen Aufmarsch, aus welchem dann die große Umgehung um den französischen rechten Flügel stattfinden sollte. Am Abend standen die deutschen Truppen in der Linie Carignan-Dom le Mesnil und es war also der linke Flügel, der bisher zurückgehalten war, jetzt vorgeschoben worden.

Der Tag selbst war ziemlich ruhig vergangen. Auf dem rechten Flügel hatte die sächsische Reiterei ein rühmliches Gefecht bestanden, wobei sie reiche Beute gemacht und im Centrum waren die Baiern bis Remilly gerückt und ihre Artillerie hatte die Franzosen, welche auf Sedan hin in voller Bewegung waren, beschossen. Das XI. Corps und die Würtemberger, welche beziehentlich bei Donchery und Dom le Mesnil standen, erhielten daher den Befehl, noch in der Nacht ihren Uebergang über die

Maas zu bewerkstelligen, um mit Tagesanbruch die Straße von Sedan nach Mezieres zu besetzen und so einen etwaigen Durchbruch der Franzosen nach Westen zu verhindern.

Die Franzosen dachten aber nicht an einen solchen. Sie scheinen, wiederum hier, wie auch Bazaine bei Metz nach dem 16., in dem Wahn befangen gewesen zu sein, daß sie es in der Schlacht des vorigen Tages mit der ganzen deutschen Armee, die sich auf diesem Theile des Kriegsschauplatzes befand, zu thun gehabt hätten. Daher legten sie auch bei ihrer Aufstellung bei Sedan das Hauptgewicht auf die Abwehr eines von Osten kommenden Angriffs und schenkten ihrem rechten Flügel weniger Aufmerksamkeit. Sie hofften vielleicht, daß sich an der ungemein starken Position, welche die Franzosen sich ausgesucht hatten, die Offensive der deutschen Armee brechen würde und bedachten dabei nicht, daß die deutschen Soldaten jede Position nehmen, die überhaupt ein menschlicher Fuß betreten kann. Die Erfahrungen vom Galsberg, von Spichern, von den steilen Hügeln des Sauerbachs waren vergessen. Hätte sich der französische Oberfeldherr die Lage der Dinge, wie sie am 1. September zur Entwickelung kam, klar vorgestellt, so würde er doch wohl lieber den Uebertritt über die belgische Grenze der Gefangennehmung seines ganzen Heeres vorgezogen haben.

Wir schreiten jetzt zur Darstellung eines Kampfes, wie die Geschichte aller Jahrhunderte keinen zweiten kennt.

Schlacht von Sedan am 1. September.

Die Franzosen hatten im Laufe des 31. August ihr Heer um Sedan in Schlachtordnung aufgestellt. Die ganze Stellung bildete einen Kreis oder richtiger eine Ellipse, deren Endpunkte im Norden durch das Dorf Illy und im Süden durch Bazeilles bezeichnet wurden, während die Seiten derselben ungefähr der Maas und einem kleinen östlich davon fließenden Wasser folgten. Auf der Westseite der Ellipse waren Balan, Sedan und

Floing und auf der Ostseite Mouville, la Moncelle, Daigny und Givonne, sowie die diese Orte umgebenden Höhen besetzt; und wie die Maas einerseits ein sehr bedeutendes Annäherungshinderniß bildete, so boten die an dem gedachten Wasserlauf sich hinziehenden Hügel mit steilen Böschungen, sowie die daran liegenden Ortschaften ganz vorzügliche Stützpunkte für die Vertheidigung dar. Im Aufsuchen und in der Benutzung solcher Oertlichkeiten aber sind die Franzosen Meister. Ju dem westlichen Theil der Stellung stand das 7. Corps unter Douay, während das 5. Sedan und die nach Givonne sich hinziehenden Höhen, das 12. Balan und Bazeilles und das 1. die Strecke von la Moncelle bis Givonne besetzt hielt.

Dem von dem deutschen Oberkommando für die Schlacht entworfenen Plan gemäß, sollten die beiden im Centrum stehenden bairischen Corps den Feind festhalten, während die drei Corps der Maasarmee seinen linken Flügel gänzlich umgehen und jeden Versuch seinerseits nach Osten hin oder nach der belgischen Grenze zu entkommen unmöglich machen sollten. Endlich sollten das XI. und V. Corps den rechten feindlichen Flügel vollständig umfassen, so daß schließlich der äußerste rechte und der äußerste linke Flügel der Deutschen zusammenstoßen würden. Dieses müßte bei Jlly, dem nördlichen Endpunkte der von uns geschilderten Ellipse stattfinden.

Man sieht also, es war auf nichts Geringeres abgesehn, als auf die Gefangennehmung des ganzen französischen Heeres. Dieses mußte man nach den Verlusten, die es in den letzten Tagen erlitten, zu ungefähr 100,000 Mann anschlagen, während das deutsche Oberkommando 180,000 Mann unmittelbar zur Ausführung der beabsichtigten Operationen bestimmte. Auf dem rechten Flügel blieb die 7. Division bei Mairy in dem Winkel zwischen Maas und Chiers als Reserve stehen, die Würtembergische Division mußte bei Donchery eine Bereitschaftsstellung nehmen und das VL. Corps, welches nur bis Attigny gekommen war, sicherte die linke Flanke der deutschen Heere. Letzteres war von besonderer

Wichtigkeit, weil man wußte, daß von Paris Verstärkungen für Mac Mahons Heer unterwegs waren.

Wir erwähnten schon, daß das XI. Corps und die Würtemberger früh am Morgen des 1. September die Maas überschritten hätten. Letztere wurden dann später nach Doucherv dirigirt, von wo aus sie am Nachmittag einen Ausfall der Garnison von Mezieres zurückwiesen. Das XI. Corps erreichte um 7½ Uhr Briancourt und erhielt den Befehl auf St. Menges zu gehen, während das V. Corps, welches dem XI. Corps unmittelbar gefolgt war, die Richtung auf Fleigneur erhielt.

Während hier auf dem linken Flügel noch die Vorbereitungen zur Aktion getroffen wurden, war diese selbst schon im Centrum und auf dem rechten Flügel aufs Heftigste entbrannt.

Das 1. bairische Corps hatte schon am 31. zwei Pontoubrücken über die Maas geschlagen und sich der über diesen Fluß nach Bazeilles führenden Eisenbahnbrücke bemächtigt. Am 1. September Morgens 4 Uhr überschritten die Baiern, begünstigt vom Nebel, den Fluß und drangen in Bazeilles ein. Hier fanden sie den hartnäckigsten Widerstand durch die dem Lebrun'schen (12.) Armeecorps zugetheilten Marineinfanterie, welche diesen Ort besetzt hatte. Jedes Haus mußte von den Baiern gestürmt werden, als sei es eine Festung und mehrfach mußten sie die errungenen Vortheile wieder aufgeben. Die Franzosen zogen stets frische Truppen nach Bazeilles und auch die Baiern hatten hier nach und nach das ganze 1. Corps im Gefecht. An diesem betheiligten sich leider auch die Einwohner des Orts und zwar richteten sie ihre kriegerische Thätigkeit zunächst gegen die armen Verwundeten, die das Unglück hatten beim Zurückweichen ihrer Kameraden liegen zu bleiben. Nur zu oft sahen die wiederum vordringenden deutschen Soldaten ihre Waffenbrüder auf das Entsetzlichste verstümmelt. Daß sie an den unberufenen Mitkämpfern in Civilkleidern, furchtbare Rache nahmen, ist selbstverständlich, wie es denn auch eine natürliche Folge des ungeheuer erbitterten

7

Kampfes in Bazeilles war, daß ein Theil des Orts in Flammen aufging. Ein gewisser Herr Fitz James, trotz seines englischen Namens, von Geburt ein Franzose, dem aber England seine zweite Heimath geworden, der also die Vorzüge beider Nationen in sich aufgenommen haben mag und jedenfalls französische Glaubwürdigkeit mit englischer Derbheit verbindet — dieser Herr, der als Sanitätsbummler später nach Bazeilles gerieth, entwirft von der in diesem Ort nach der Schlacht herrschenden Zerstörung in irgend einem Blatte ein schreckenerregendes Bild, wobei er die halbverkohlten Leichname der Bewohner und andere gräßliche Sachen auf die Rechnung der Baiern setzt. Herr Fitz James hat damit recht viel Unheil angerichtet. Sein unparteiisch klingender Name und seine Stellung im Dienst der Humanität haben den herzzerreißenden Schilderungen über das Aussehen Bazeilles nach der Schlacht und den Anklagen gegen die Baiern ein ganz unberechtigtes Gewicht verschafft. War denn etwa der Herr selbst beim Kampf zugegen? Sah er, was dabei vorging? Hat er die Baiern Häuser anzünden sehen? Kann er einstehen für die Nichtbetheiligung der Einwohner am Kampf? Und wenn dieß Alles nicht der Fall ist, wie darf denn ein solcher Mensch sich erdreisten, ganz unbegründete Beschuldigungen in die Welt zu schleudern, welche leider bei dem über einen großen Theil von Europa verbreiteten Gefühl von Neid und Mißgunst gegen Deutschland einen nur zu lebhaften Wiederhall gefunden haben. Die deutschen Truppen werden mit Attilas Horden verglichen und man macht sich ein Vergnügen aus der Behauptung, daß die deutsche Kriegführung der rohen, barbarischen Zeiten des Mittelalters würdig sei, während man doch höchstens dieser Kriegführung den Vorwurf machen kann, daß sie mit zuviel Milde und Schonung gegen die fanatisirten Banden aufgetreten ist. Herr Fitz James kann sich allerdings über den Erfolg seiner Verläumdungen freuen, die öffentliche Meinung hat sie durchaus für baare Münze angenommen und gehörig für ihre Verbreitung gesorgt.

Nach dieser unerquicklichen, aber unserer Meinung nach nothwendigen Abschweifung — denn unseres Wissens ist den unberufenen Calumniatoren der deutschen Kriegführung bis jetzt nicht die gebührende Abweisung zu Theil geworden — kehren wir zu dem Kampf um Bazeilles zurück. Erst gegen 10 Uhr nach sechsstündigem, erbittertem Ringen, an dem sich auch ein Bataillon vom IV. preußischen Corps betheiligt hatte, waren die Baiern im unbestrittenen Besitze dieses Ortes.

Verstärkt durch die 2. bairische Division und die Avantgardebrigade des IV. Corps wendete sich das 1. bairische Corps jetzt gegen die östlich von Balan gelegenen, vom Feinde sehr stark besetzten Höhen. Die Artillerie fuhr nördlich von Bazeilles auf und hatte hier einen harten Stand, da sie von der Infanterie und den Mitrailleusenbatterien der Franzosen mit Geschossen förmlich überschüttet wurde. Die deutsche Infanterie rückte herzhaft vor gegen die feuersprühenden Höhen, allein sie kam nur bis auf 600 Schritt heran, die furchtbaren Wirkungen der Mitraillesen hemmten hier ihre Fortschritte. Nun machten die Franzosen ihrerseits einen Vorstoß und die Baiern konnten demselben nicht widerstehen. Die schwererrungenen Erfolge schienen gefährdet, die ganze blutige Arbeit umsonst gethan, jedoch die Hülfe war nahe. Theile des IV. und XII. Corps namentlich Artillerie griffen den vordringenden Feind in der Flanke an und auch die Baiern drangen jetzt wieder vor, so daß die Franzosen nicht nur zurück- sondern auch aus ihren Stellungen hinausgeworfen wurden. Damit fiel auch Balan den Deutschen in die Hände. Zwar erfolgte noch einmal gegen 4 Uhr ein Angriff der Franzosen auf diesen Ort, allein auch hier wurden sie abgewiesen und nach Sedan zurückgeworfen. Damit war der eigentliche Kampf im Centrum beendet.

Etwas später als die Baiern kamen die Sachsen ins Gefecht. Gegen 5 Uhr Morgens ging das XII. Corps von Douzy auf Camecourt vor, schwenkte dann links und wendete sich gegen den von uns beschriebenen Höhenzug, während das Gardecorps, den äußersten rechten Flügel bildend, vorläufig auf Villers-Cernay seinen Marsch richtete.

Um 6½ Uhr griff die 24. Division la Moncelle an, das Regiment Nr. 107 drang in das Dorf ein, konnte sich hier aber nur mit Mühe behaupten. Verstärkungen wurden zwar geschickt, allein gegen das furchtbare Infanterie- und Mitrailleusenfeuer war kein Terrain zu gewinnen. Mit heldenmüthiger Aufopferung hielt die sächsische Artillerie in dem dichten Geschoßhagel aus und ermöglichte dadurch auch ihrer Infanterie in den eingenommenen Stellungen Stand zu halten.

Auch nach Daigny hin hatte sich der Kampf ausgedehnt, jedoch ohne entscheidende Erfolge für die Deutschen. Da traf um 9½ Uhr die 23. Division ein und sofort ward die 46. Inf.-Brigade gegen la Moncelle abgeschickt, welches nunmehr vollständig von den Sachsen in Besitz genommen ward. Dann wandten sie sich gegen Daigny, wobei ihnen durch 100 sächsische Kanonen gut vorgearbeitet wurde. Die 8. preußische Division füllte bei dem Vorrücken der Sachsen die Lücke zwischen ihnen und den Baiern aus.

Schon ließen sich jetzt, als die Sachsen gegen Daigny vorgingen, die Spitzen des auf Hoybes und Givonne marschirenden Gardecorps sehen und seine Batterien hatten bereits geraume Zeit die Thätigkeit der sächsischen unterstützt. Gegen Mittag nahmen die Sachsen Daigny und die preußischen Garden drangen in Givonne ein, den äußersten linken Flügel der Franzosen zurücktreibend. Dann gingen sie weiter gegen Westen auf Illy zu, um den Ring, der sich um die Franzosen immer enger zusammenzog, abzuschließen. Die Sachsen aber wandten sich von Daigny auch westlich gegen die jenseitigen Höhen, welche sie gegen 3 Uhr dem Feind in einem heißen Kampf abrangen. Dann flohen die Franzosen nach Sedan.

Wir müssen uns jetzt den Operationen des linken Flügels der deutschen Armee zuwenden. Wir verließen das XI. und V. Corps im Vormarsche beziehentlich auf St. Menges und Fleigneux. Um 9 Uhr stieß das XI. Corps auf den Feind, der nach kurzem aber heißem Kampfe in seine Hauptstellung zwischen Floing und Illy zurückging.

Es entspann sich nun ein wahrhaft furchtbarer Artilleriekampf, an dem deutscherseits sämmtliche Batterien des XI. und V. Corps, welches letztere beim Vorrücken seine Artillerie an die Tete genommen hatte, sowie auch die Divisions-Artillerie der 4. bairischen Artillerie, die auf dem linken Maasufer bei Frenois stand, sich betheiligten. Es waren auf diese Weise jetzt gegen 500 deutsche Geschütze gegen die Franzosen in Thätigkeit. Um 12½ Uhr war die französische Artillerie, die gegen den deutschen linken Flügel kämpfte, zum Schweigen gebracht.

Jetzt ging die Infanterie zum entscheidenden Angriff auf die starke feindliche Stellung vor. Es waren dieselben Truppen, die am 6. August zusammen das hartnäckig vertheidigte Elsaßhausen dem Feinde entrissen hatten. Auch jetzt wieder wollten es die Soldaten des V. und XI. Armeecorps einander zuvor thun und ihrer unwiderstehlichen Tapferkeit gelang es, die Franzosen aus ihren festen Stellungen zu vertreiben. Auf das Wirksamste wurden sie dabei von der Artillerie unterstützt.

Und ganz wie bei Wörth stürmten auch jetzt auf die siegreich vorgedrungenen Preußen französische Kavallerieregimenter, dießmal Chasseurs d'Afrique und Ulanen, ein. Mit noch glänzenderem Muth als in jener Schlacht sprengten die feindlichen Reiter an die preußische Infanterie, welche sie mit der größten Kaltblütigkeit empfing, heran und ihr wohlgezieltes Feuer streckte die eine der heranbrausenden Schwadronen nach der andern nieder. Nun hielt auch die französische Infanterie nicht mehr Stand, sondern zog sich in eiliger Flucht nach Sedan zurück.

Schon eine Stunde früher gegen 2 Uhr waren Truppen von der Garde und vom V. Corps, von den entgegengesetzten Seiten kommend in Illy zusammengetroffen. Südlich von diesem Dorfe hielt noch der Feind die waldigen Höhen besetzt, dann machte ein kräftiger Angriff des V. Corps auch hier seinem Widerstand ein Ende.

Um 3 Uhr war der Kampf um Sedan im Großen und Ganzen beendet und nur noch bei Balan hatten die Baiern einen letzten verzweifelten Angriff der Franzosen abzuschlagen. Dann erlahmte auch hier ihre Gegenwehr. Dichtgedrängt standen sie jetzt in und um Sedan, kein Ausweg war mehr für sie übrig, alle Höhen, die sich im Kreise um die Festung ziehen, waren in den Händen der Sieger und 500 Feuerschlünde waren auf die Franzosen gerichtet, bereit jeden verzweifelten Versuch des Durchschlagens im Keim zu unterdrücken.

Es trat eine Pause ein, die wohl eine halbe Stunde dauerte, dann begann die bairische Artillerie die Stadt zu beschießen. Um 5 Uhr ward dort die weiße Fahne aufgesteckt — die ganze französische Armee kapitulirte. Bald ward die Nachricht ins preußische Hauptquartier gebracht, daß auch der Kaiser Napoleon sich in der Stadt befinde und in der That erschien ein Adjutant desselben vor S. M. dem Könige von Preußen mit jenem denkwürdigsten aller Schreiben, in welchem der Kaiser der Franzosen dem König von Preußen seinen Degen anbot und ihm mittheilte, daß er in der Schlacht den Tod gesucht, ihn aber nicht habe finden können.

Ein Kaiser in einer Feldschlacht mit seinem ganzen Heere gefangen. Noch niemals hatte die Sonne ein solches Ereigniß beschienen, dem wunderbaren Jahre 1870, dem Weltumgestaltenden, war es vorbehalten der staunenden Menschheit es zu zeigen. Was für Folgen werden daraus entspringen! Mögen sie dazu beitragen, daß dem von Westen über Europa eindringenden Zug der Verwesung Einhalt gethan werde und ein frischer, kräftiger Hauch von Osten her unsern Welttheil durchdringe. Er hat an manchen Stellen gesiecht seit Anno 48. Die Ansprüche des Volkes auf Theilnahme an der Herrschaft, die nur mittelbar unter bestimmt begrenzten Formen und ohne Behinderung der festen Leitung der Obergewalt berechtigt sein können, sind durch die Machinationen ehrgeiziger Parteien oftmals auf ein ungebührliches Maß heraufgeschraubt worden und haben dadurch die

Grundfesten der Staaten erschüttert. Wir sehen eine große Mo=
narchie auf unserem Welttheil schwächer und schwächer werden,
weil das vielgestaltige Volk derselben die Regierung selbst in die
Hand nehmen will und nicht die kaiserliche Herrschaft war es, die
Frankreich zu Grunde gerichtet hat, sondern die parlamentarischen
und journalistischen Ausschweifungen, welche das Ansehen der
Obrigkeit untergruben und jenen Geist der Kritik und Indisziplin
erweckten, welcher alle Verhältnisse und nicht zum Wenigsten die
militairischen durchdrungen hat.

Mögen sich denn die Völker Europas aus dem großartigen
Drama, das vor ihren Augen abgespielt wird, eine ernste Lehre
ziehen. Ohne eine feste, in vollem Ansehen stehende Regierung
kann kein Staat gedeihen, und wenn auch seine Oberfläche noch
so glänzend ist, so werden die Folgen systematischer Streitigkeiten
und Anfeindungen, angezettelt von gewissenlosen oder bornirten
Parteihäuptern gegen die Regierung, bald als unheilbarer Krebs=
schaden zu Tage treten. Hätten nicht Preußens hochbegabte
Staatsmänner, unbekümmert um die Gehässigkeit, die sie sich da=
durch in vollem Maße zuzogen, mit unbeugsamer Hand die um=
wälzenden Bestrebungen der sogenannten freisinnigen und aufge=
klärten Männer niedergehalten, so wäre das Geschick, das Frank=
reich erlitten hat, Preußen zu Theil geworden. Freilich die scharfe
Zucht sagt den meisten Leuten nicht zu, es ist angenehmer mit=
zuschwatzen und durch die zeitraubende Theilnahme am öffentlichen
Leben erlaubte Abhaltung vom Arbeiter zu erreichen, und deßhalb
ist auch das stramme preußische Wesen und sind die Staatsmän=
ner, die es dem zersetzenden Andrang selbstsüchtiger Politiker ge=
genüber aufrecht erhalten haben, so sehr vielen Leuten ein Dorn
im Auge.

Hoffentlich aber wird doch die derbe Lehre, welche Frankreich
hat erhalten müssen, den Völkern nicht verloren gehen!

Das ganze französische Heer ward kriegsgefangen bei Sedan.
Nur 3000 M. entkamen zu Anfang des Kampfes über die bel=
gische Grenze. Es legten 83,000 M. in Folge der Kapitulation

die Waffen nieder, gegen 25,000 waren in der Schlacht selbst gefangen, während 14,000 französische Verwundete in und bei Sedan gefunden wurden. Rechnet man dazu die Gefallenen in einer Anzahl von ca. 5000, so erhalten wir als Gesammtziffer der französischen Armee am Morgen des Schlachttages von Sedan nicht 100,000 M., wie das deutsche Oberkommando beim Entwerfen seiner Pläne sie nach unserer obigen Annahme wohl annähernd geschätzt haben wird, sondern 130,000 Mann. Die von den deutschen Truppen ausgeführte That erscheint dadurch in einem nur um so glänzenderen Lichte und die bis zum Ekel wiederholten Erzählungen von der ungeheuren numerischen Ueberlegenheit der Deutschen auch bei dieser Gelegenheit erweisen sich daher als in hohem Grade übertrieben, denn die Deutschen hatten nur 180,000 M. im Gefecht. Dieser Unterschied zwischen der Zahl der auf beiden Seiten Kämpfenden wird aber vollständig durch die bessere Bewaffnung und durch die festen Stellungen aufgewogen, deren die Franzosen sich erfreuten. Doch muß wiederum als ein Vortheil auf deutscher Seite die größere Anzahl der Geschütze hervorgehoben werden. Dafür hatten die Franzosen dann aber ihre Mitrailleusen, welche besonders unter den bairischen Truppen große Verheerungen anrichteten.

Die Baiern hatten überhaupt den schwierigsten Theil der Aufgabe und sie haben denselben in ganz ausgezeichneter Weise gelöst. Zwölf Stunden waren manche ihrer braven Bataillone im Feuer. Ebenso kühn und energisch beim Vorrücken, wie ausdauernd und zähe bei der Vertheidigung, haben die Baiern sich bei Sedan ein Denkmal des Ruhmes gesetzt, das nicht die falschen Anklagen fanatischer Feinde und neidischer Neutralen verunglimpfen sollen. Der Name des bairischen Feldherrn aber wird mit den besten preußischen Namen der spätesten Nachwelt überliefert werden.

Dem ungestümen Vordringen der Baiern und der Zähigkeit, womit sie an den eroberten Positionen festhielten, hatten die anderen Truppen es zu danken, daß fast nirgends französische Re-

ferven gegen sie austreten konnten, weßhalb auch wenig von französischen Offensivstößen gegen die von Preußen und Sachsen errungenen Stellungen zu berichten ist. Die Wegnahme dieser von
dem Feinde mit verzweifelter Hartnäckigkeit vertheidigten Stellungen war freilich an und für sich ein höchst schwieriges, ruhmvolles
Werk.

Vorzugsweise aber tritt uns in der Schlacht die Thätigkeit
der Artillerie entgegen, wir könnten sie als eine Artillerie-
schlacht bezeichnen. Diese Waffe, auf das Vorzüglichste gebraucht
und geleitet, erschütterte den hinter seinen Deckungen sonst uner-
reichbaren Feind, vereitelte seine Angriffsversuche, vernichtete seine
Geschütze und nahm ihm jede Aussicht sich durchzuschlagen oder
zu entkommen. Dabei hielt sie, und dieß gilt in gleichem Maße
von der sächsischen, der bairischen, der preußischen, in vollster Hingebung und nur auf die Erreichung ihres Zwecks bedacht, stunden-
lang im stärksten feindlichen Feuer aus und sie darf daher mit
Stolz auf den Tag von Sedan zurückblicken.

Die Franzosen haben bei Sedan wacker Stand gehalten, und
das, was wir über ihr Benehmen bei Beaumont gesagt haben,
dürfen wir hier bei Sedan nicht wiederholen. Sie gaben ihre
Stellungen nicht auf, ehe sie vom Artilleriefeuer des Feindes de-
zimirt waren und seine Bajonnette ihnen entgegenblickten. Nur
Schritt vor Schritt ließen sie sich ihre Positionen entreißen und
der Widerstand der Franzosen erlahmte erst nach achtstündigem,
heißem Ringen. Darum folgt auch keine Schande den braven
Truppen, welche das harte Loos der Kapitulation traf.

Um so bewundernswerther aber ist die Tapferkeit der französischen Soldaten bei Sedan, wenn man bedenkt, daß die größte
Mehrzahl derselben erst vor Kurzem zur Fahne gerufen war, daß
Manche von ihnen eine höchst dürftige militairische Ausbildung
erhalten und daß die älteren Soldaten kurz zuvor schwere Prü-
fungen durchzumachen gehabt hatten. Das erste Corps, das bei
Wörth geschlagen war, hatte die furchtbare Niederlage noch nicht
verwunden; diese hatte die Disziplin der Soldaten geschwächt, sie

gleichgültig und ungehorsam gemacht. Das fünfte Corps hatte sich von den Gewaltmärschen, die es nach dem 6. August machen mußte, um den in Frankreich vordringenden deutschen Armeen zu entgehen, noch nicht erholt, es hatte seine Bagage, es hatten die Truppen viele ihrer Ausrüstungsgegenstände verloren oder weggeworfen und die Leute litten noch an den Folgen der ausgestandenen Strapazen. Das jüngst erst formirte siebente Corps hatte durch das übereilte Heranziehen nach Chalons von Belfort fast jeden Halt verloren, während das zwölfte Corps großentheils aus ungeübten, namentlich nicht marschtüchtigen Truppen bestand.

Da ist es denn zum Verwundern, daß diese Truppen bei Sedan so brav anstellten und einleuchtend ist es andererseits, daß der Marschall Mac Mahon nicht daran denken konnte, mit solchen Soldaten, nach dem Gefecht bei Beaumont, einen Gewaltmarsch zum Entkommen in westlicher Richtung zu machen.

Dahingegen können wir bei genauer und vorurtheilsfreier Prüfung aller in Betracht kommenden Umstände nicht umhin, dem Marschall Mac Mahon den Vorwurf zu machen, daß er den Zug zur Befreiung Bazaine's nicht mit gehöriger Umsicht und Ueberlegung geleitet hat. Denn er konnte allerdings gelingen. Es mag sein, daß Mac Mahon die ihm von Paris auferlegte Expedition für unausführbar hielt und sie mit Widerstreben antrat. Allein wenn dieß seine Ueberzeugung war, so mußte er sich weigern, den Befehl auszuführen, was die pariser Regierung auch dazu sagen mochte. Er that dieß aber nicht, er trat den Marsch an und die Unlust, mit welcher er ihn in's Werk setzte, geht aus den von ihm getroffenen Maßregeln hervor. Er verläßt Rheims den 23. und kommt bis Bethniville an der Suippe. Da nöthigen ihn Verpflegungsrücksichten wieder umzukehren und sich der Eisenbahn zu nähern. Den 25. wendet er zur Verproviantirung der Truppen an und geht dann in kleinen Tagemärschen ostwärts. Dieß sieht fast so aus, als habe er nicht gewollt, daß das Unternehmen glücken sollte. Er mag gehofft haben, die deutschen Truppen würden ihm einen Damm an der Maas entgegensetzen und daß er sich dann frei und mit beruhigtem Gewissen nach Paris werde zurückziehen können. Es wäre nicht das einzige Mal, daß sich französische Heerführer die bevorstehenden Maßregeln ihrer deutschen Gegner nach ihrem eignen Kopfe zurecht legten und sich nachher der Wirklichkeit gegenüber bitter getäuscht sahen.

Es ist nicht abzusehen, warum Mac Mahon nicht seine Truppen ebenso gut am 23. und 24., als am 24. und 25. verproviantiren konnte. Ein Tag würde überhaupt wohl dazu hingereicht haben und so konnte er am 24. früh vollkommen marschfertig sein. Wenn er seinen Soldaten Lebensmittel für 5 Tage mitgab, so bedurfte er überdies keiner großen Wagenkolonne. Die Truppen hätten außer dem Proviant und ihrer Munition kein Gepäck zu tragen brauchen. Die Franzosen trennen sich freilich ungern von ihren Schutzzelten, allein mitten im August hätten sie dieselben wohl einige Tage entbehren können. Die am wenigsten geübten und an das Marschiren gewöhnten Truppen wären dann nicht mitzunehmen gewesen, sondern man hätte diese zwischen Vouzieres und Dun aufstellen müssen, um die Operationen zu maskiren. Dazu hätte auch der größte Theil der Kavallerie gebraucht werden müssen. Die Mißmuthigkeit und Aufsätzigkeit, die bei einigen Truppentheilen geherrscht haben soll, wäre durch ein standrechtliches Vorgehen gegen einige Dutzend Unzufriedene leicht zu dämpfen gewesen. Aber an Energie scheint es dem Marschall vor allen Dingen gefehlt zu haben.

Mit 100—120,000 Mann konnte Mac Mahon dann am 24. aufbrechen und am 27. die Maas erreicht haben, ohne daß die Preußen eine Ahnung davon hatten. Und wenn wir auch annehmen wollten, es wäre den Franzosen auch in diesem Fall unmöglich gewesen, länger das Geheimniß der Expedition für sich zu behalten, als dieß bei dem wirklich vorgenommenen Zuge geschah, so hatten die Preußen doch vor diesem erst am dritten Tage, nachdem er angetreten war, Kunde und wenn wir also auch

für den von uns gedachten Fall diesen Zeitpunkt für die Benach-
richtigung der Preußen annehmen, so waren dann die Franzosen
schon so weit vorgerückt, daß sie vor den Preußen bei Metz an-
kommen mußten. Ein gleichzeitiger Ausfall Bazaine's könnte
dann allerdings die Belagerer in eine mißliche Stellung gebracht
haben.

Die Regierung in Paris wußte daher sehr wohl, was sie
that, als sie Mac Mahon den Befehl gab, den Versuch zu machen, Bazaine zu entsetzen und wenn der Herzog von Magenta
etwas mehr Thatkraft entwickelt hätte, so wäre die Expedition
auch gelungen, jedenfalls aber dem Heere nicht so verderblich geworden, als Mac Mahons Zug von Rheims nach Monzon, zu
welchem er nicht weniger als acht Tage gebrauchte. Soll Jemand
für die Katastrophe bei Sedan verantwortlich gemacht werden,
so muß die Schuld auf das Haupt Mac Mahons und keines
Andern fallen.

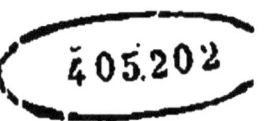

Der Krieg

des Jahres 1870.

Vom militairischen Standpunkt dargestellt.

Von * * *

(Verfasser der „Heeresmacht Rußlands".)

2

Zweite Hälfte.

(Von der Kapitulation von Sedan bis zum Frieden.)

Berlin.

Carl Duncker's Verlag.

C. Heymons

1871.

Der Krieg

des Jahres 1870.

~~~~~~~~

Vom militärischen Standpunkt dargestellt.

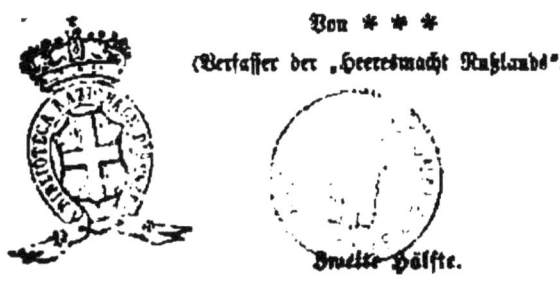

Von * * *
(Verfasser der „Heeresmacht Rußlands".)

Zweite Hälfte.

(Von der Kapitulation von Sedan bis zum Frieden)

Berlin.

Carl Duncker's Verlag.

C. Heymons.

1871.

Der Tag von Sedan war das Signal zum Ausbruch der Revolution in Frankreich. Immer heftiger war in der letzten Zeit die Opposition gegen das Kaiserthum aufgetreten, jetzt konnte dieses dem gewaltigen Andrang der von einigen ehrgeizigen Advocaten geleiteten Masse nicht widerstehen. Ohne eigentlichen Kampf zogen sich die Anhänger des Throns zurück und am 4. September ward die Republik erklärt, ohne daß es zu einem Blutvergießen gekommen wäre. Der pariser Pöbel ließ seine Wuth nicht an Personen aus, sondern nur an todten Gegenständen, namentlich den Insignien der kaiserlichen Macht. An die Spitze der neuen Regierung traten zwei Advocaten, Jules Favre und Gambetta, beide begabt mit einer gewissen Energie, die auf Ein Ziel gerichtet war, zu dessen Erreichung alle ihre Kräfte angestrengt wurden, mit vollkommener Rücksichtslosigkeit gegen das Wohl des Landes. Dieses Ziel war: Die Erhaltung und Befestigung der eigenen Macht. Favre übernahm die Leitung der auswärtigen, Gambetta die der inneren Angelegenheiten, die übrigen Mitglieder der Regierung waren ganz unbedeutend und kommen mit Ausnahme des nominellen Präsidenten, General Trochu, weiter nicht in Betracht, während die beiden genannten Herren faktisch die Diktatur ausübten — der Eine in Paris, der Andere in Tours, wohin er sich nach der Einschließung der französischen Hauptstadt durch die deutschen Heere mittelst eines Luftballons begeben hatte.

Unter den Persönlichkeiten, die in dem zweiten Hauptabschnitt des Krieges eine mehr hervorragende Rolle spielten, ist General Trochu zu nennen. Er war schon Anfangs August zum Gouverneur von Paris ernannt worden und ist einer der sehr Wenigen, welche unter der Advokatendiktatur ihren Posten bis zum Schluß des Krieges behalten konnten. Er muß jedenfalls eine sehr schmiegsame Persönlichkeit sein. Ueber seine Begabung zu der wichtigen Rolle, die er zu spielen hatte, könnte man im Zweifel sein. Vor dem Kriege machte er sich sehr bekannt durch eine Schrift über die französische Armee, deren mannichfache Gebrechen, die überall mit Ausnahme von Frankreich durchaus kein Geheimniß waren, er schonungslos aufdeckte, wodurch er sich eine Menge Feinde und besonders die Ungunst des Hofes zuzog. Trochu galt überdies für einen warmen Anhänger der Orleans. Jedenfalls hat er gezeigt, daß er ein denkender Kopf und daß sein Urtheil nicht durch die Alles färbende französische Eitelkeit getrübt ist. Als praktischer Soldat hatte er sich vor dem Kriege aber nirgends bedeutend hervorgethan, weder bei der Administration noch bei der Truppenführung. Jetzt wurde ihm in beiden Richtungen auf Einmal der größte Wirkungskreis zugewiesen. Er sollte aus einer chaotischen Masse von Nationalgardisten, Freischützen, Mobilgardisten und Bruchstücken von Truppentheilen des stehenden Heeres in kurzer Zeit eine brauchbare Armee schaffen und sie dann zur Vertheidigung von Paris erfolgreich verwenden. Wir werden weiter unten sehen, in wie fern ihm dies gelungen ist.

Dies waren die Männer, denen Frankreichs Geschicke nach dem Sturz des Kaiserthrons anvertraut waren und man kann wohl sagen, daß Frankreich niemals, so lange es eine Geschichte gehabt hat, also seit einem Jahrtausend, in so großes Unglück gestürzt und solcher Erniedrigung ausgesetzt worden ist, als wie jetzt unter der Diktatur von Gambetta und Jules Favre. Wäre die vorige Regierung nur noch kurze Zeit am Ruder geblieben, kein Zweifel, daß sie mit Deutschland nach der Kapitulation von Sedan ein Abkommen getroffen hätte, wodurch die berechtigten Forderungen der Deutschen befriedigt und dem Kriege ein Ende gemacht worden wäre. Die Truppen Bazaines und

Mac Mahons freigelassene Schaaren hätten den pariser Pöbel schon in Ordnung gehalten und unendlicher Jammer, namenloses Unglück, das Frankreich nicht sobald verwinden wird, wäre dem Lande erspart worden.

Die Herren Favre und Gambetta aber, so eben in den Besitz der langersehnten Macht gekommen, konnten friedlichen Anschauungen nicht Raum geben. Sie waren nicht im Stande die zuchtlosen Massen zu zügeln, wenn ein Wort ausgesprochen wäre, das die Eitelkeit der Franzosen gekränkt hätte. Ihre Machte konnte nur bestehen, so lange der Widerstand gegen die Horden der fremden Eindringlinge, welche Frankreichs geheiligten Boden besudelten, fortgesetzt ward. Daher jene krampfhaften, den Wohlstand des Landes auf Jahrzehnte vernichtenden Anstrengungen, jener Widerstand à l'outrance, das heißt, bis die ganze Bevölkerung blutend und erschöpft am Boden liegt, daher jenes blödsinnige Geschrei: Keinen Stein von den Festungen geschleift, keinen Fußbreit Landes abgetreten. Die Herren Diktatoren wußten gar wohl, daß wenn die Besinnung der über alles Maß erhitzten Bevölkerung zurückkehrt, wenn die Kräfte derselben gänzlich erschöpft waren, wenn erst die Rufe laut wurden: „Frieden um jeden Preis!" — daß dann ihres Bleibens nicht länger war, daß sie mit dem Fluch des Volkes beladen abtreten mußten von den hohen Posten, mit denen sie sich selber belehnt, und es war daher zu erwarten, daß sie nicht eher nachgeben würden, als bis factisch jeder Widerstand aufhören mußte. Das sind die Folgen einer Regierung, die durch den Einfluß der Massen ans Ruder gekommen ist. Kein Band, keine Rücksicht hielt sie davon ab die Fortdauer ihrer Macht bis an die äußerste Grenze der Möglichkeit zu verlängern und das einzige Bedauern, das ihre Träger dem Ruin des Landes gegenüber empfinden werden, ist, daß er zu früh eingetreten ist.

Die ungeheuren Ereignisse, die wir am Schluß unseres ersten Heftes geschildert haben, machten den tiefsten Eindruck in ganz Europa. Der weitaus größte Theil der europäischen Staaten hielt es insgeheim mit Frankreich und hatte mit Gewißheit dessen

Sieg erwartet. Es waren diese Sympathien zum Theil ziemlich materieller Natur und namentlich eine Großmacht hoffte
bei der bevorstehenden Niederlage Preußens das wieder zu erwerben, welches es diesem hatte opfern müssen. Es klingt recht
spaßhaft, wenn der österreichische Reichskanzler zur Rechtfertigung
der in Oesterreich im August so fieberhaft betriebenen Rüstungen
anführt, die kleinen an den Kriegsschauplatz stoßenden neutralen
Staaten hätten das Beispiel davon gegeben und dieses sei als
so nachahmungswerth erschienen, daß Oesterreich dasselbe durchaus
habe befolgen müssen. Schade nur, daß keine österreichische Be-
sitzungen, die irgendwie hätten gefährdet werden können, an den
Kriegsschauplatz stießen und daß Oesterreich also keinerlei Ver-
pflichtung auferlegt war für die Sicherung seiner Grenzen zu
sorgen. Wir glauben daher kaum, daß man den Versicherungen
des Herrn Reichskanzlers, es wären mit jenen Rüstungen durchaus gar keine feindselige Hintergedanken verbunden gewesen, so
ganz unbedingt Glauben schenken darf. Man könnte allenfalls
wohl dazu berechtigt sein die neutralen Gesinnungen des Herrn
Grafen etwas in Zweifel zu ziehen, wenn man sein Benehmen
in der ungarischen Delegation an einem der ersten Dezembertage
betrachtet. Hier verkündete er nämlich den darüber höchst ent-
zückten Magyaren die frohe Botschaft, daß die Franzosen am
1. Dezember nach Nogent durchgebrochen seien. Obgleich Nogent westlich von der Marne liegt und die Franzosen an gedach-
tem Tage doch ein gutes Stück weiter nach Osten standen, nahmen die magyarischen Freunde des Reichskanzlers die Mittheilung desselben doch für gute Waare, ganz in derselben Weise wie
die Mitglieder des gesetzgebenden Körpers in Paris durch Pali-
kaos grausenhafte Erzählungen von der Vernichtung der weißen
Kürassiere des Grafen Bismarck und die Schauderscenen der
Steinbrüche von Jaumont angenehm gekitzelt wurden. Der Herr
Graf scheint die geographischen Kenntnisse der Auserwählten des
ungarischen Volkes nicht eben hoch tarirt zu haben. Bei ihm
selber glauben wir doch eine bessere Einsicht voraussetzen zu dür-

sen, müssen aber zugleich gestehen, daß es für einen hochgestell-
ten Staatsmann, der eine neutrale Rolle spielen will, ziemlich
gefährlich ist, so unzweideutig seine Sympathien für die eine der
beiden kriegführenden Mächte an den Tag zu legen. Man könnte
dadurch so leicht zu dem Glauben verleitet werden, daß am Ende
doch etwas Wahres an der Behauptung des Herzogs von
Gramont ist, Oesterreich habe Frankreich aktiven Beistand zu-
gesagt.

Wie dem nun auch sein möge, so vernichtete der rauhe
Sturm des Tages von Sedan all' die schönen Sympathieblü-
then, die so reichlich ringsumher in Europa ausgebrochen waren.
Die, welche bisher am lautesten das Eintreten für Frankreich mit
gewaffneter Hand gepredigt hatten, wurden plötzlich mäuschen-
still. Man fing an für den eigenen Pelz besorgt zu werden.
In Oesterreich und an anderen Orten, wo man Vorbereitungen
zur Mobilisirung getroffen hatte, rüstete man ganz gemüthlich
wieder ab. Es war jetzt tiefer Frieden in Europa mit Ausnahme von Frankreich. Dies Alles hatte der Eine Schlag am
1. September bewirkt. Ueber die Bedeutung der bewaffneten
Neutralität hat man aber in diesem Sommer ganz merkwürdige Erfahrungen gemacht und man wird gut thun in Zukunft
an dem Grundsatz festzuhalten, daß Wer nicht für uns ist, gegen uns sei.

Ziemlich allgemein war nach der Kapitulation von Sedan in
Europa die Anschauung verbreitet, daß es jetzt vorbei sei mit dem
Widerstande der Franzosen. Der eine ihrer Feldherren war gefangen, der andere eingeschlossen in Metz, von dem man glaubte,
daß es schlecht verproviantirt sei und sich nur wenige Tage halten könne. In Paris war nur eine Anzahl Depots der Linientruppen, die übrigen Depots waren zerstreut ringsumher im
Lande und in Algier standen nur noch wenige Regimenter. Wohl
hatte man das Institut der Mobilgarde, es war aber nie zur
That geworden und hatte bisher mit wenigen Ausnahmen nur
auf dem Papier figurirt. Man hielt es für eine Unmöglichkeit,

daß Frankreich den Krieg fortsetzen könne. Man hatte dabei die Rechnung ohne die Herren Faore und Gambetta gemacht. Ihnen galt es gleich, ob Frankreich nun überschwemmt würde und furchtbares Unglück dadurch erlitte, wenn nur sie ihre Macht einige Tage verlängerten. Es wurden daher alle Kräfte angespannt und die größten Anstrengungen gemacht, um neue Streitkräfte auf die Beine zu bringen und sie mit dem Nöthigen zu versehen.

Man hat in dem halsstarrigen Auftreten der französischen Diktatoren, in ihrem Verwerfen jeder Nachgiebigkeit etwas von Römergröße erblicken wollen und geglaubt, man könne ihr Benehmen den deutschen Eindringlingen gegenüber mit dem des römischen Senats bei Hannibals Erscheinen vor Rom vergleichen, ohne dabei zu bedenken, daß die Senatoren Roms sich ihre Macht nicht angemaßt hatten und sich, da sie derselben unter allen Umständen sicher waren, nicht durch Rücksichten auf sie brauchten leiten zu lassen. Ganz anders mit den französischen Fratzenbildern des Römerthums. Sie wußten recht gut, daß jeder Schritt zum friedlichen Ausgleich mit dem furchtbaren Feinde das Ende ihrer Herrschaft bedeutete und deshalb boten sie Alles auf, um den Widerstand so kräftig zu organisiren wie nur immer möglich, mochte auch das Land selbst darüber zu Grunde gehen.

Ein Land wie Frankreich, das 38 Millionen Einwohner hat, kann natürlich eine ungeheure Menge waffenfähiger Männer aufstellen. Wir können ihre Zahl zu 5 Prozent der Volksmenge, also zu fast 2 Millionen anschlagen. Von diesen war nun fast der fünfte Theil schon verschwunden, theils gefangen, theils gefallen, verwundet und versprengt oder eingeschlossen. Und dieser Theil war die ganze waffengeübte Jugend Frankreichs. Wir legen dabei einen ganz besonderen Nachdruck auf das Wort waffengeübt, denn von der waffenfähigen Jugend war allerdings noch ein sehr großer und zwar ohne Frage der beste Theil intakt. Bei dem im französischen Heere so sehr

ausgebreiteten Stellvertretersystem und dem erst vor Kurzem ab-
geschafften Recht des Freikaufs, von welchem der ausgedehnteste
Gebrauch gemacht worden, war der größte Theil des jährlich dem
französischen Heere zufließenden Truppencontingents aus den un-
tersten Schichten des Volkes hervorgegangen und bei der Annahme
von Stellvertretern hatte man sich durchaus nicht wählerisch gezeigt. In Folge dessen war das französische Heer keineswegs
ein Ausdruck für die Kraft und Blüthe des Volkes. Der Kern
desselben war daheim geblieben.

Nun aber sorgte die Regierung dafür, daß Alles, was Waffen tragen konnte, vorerst die im Alter von 25—35 Jahren stehenden unverheiratheten Leute, dann aber überhaupt alle waffenfähigen Männer zum Dienst und zwar in die verschiedenen
Kategorien der Mobilgardisten, Nationalgardisten und Freischützen
herangezogen wurden.

An Menschenmaterial war also der größte Ueberfluß vorhanden, es galt nur die Organisation, die Aufstellung von Kadres
und die Ausrüstung. Was den ersten Punkt betrifft, so begann
man die Bildung von Armeen im östlichen, westlichen und nördlichen Frankreich, wozu dann noch die Armee von Paris zu nennen ist, später kamen dazu noch selbstständige Korps in der
Normandie und Bretagne.

Indessen ordneten sich doch bei weitem nicht alle Departements den Befehlen der Regierung so ohne Weiteres unter, im
Gegentheil traten die größten Städte des Südens, wie Lyon,
Toulouse und Marseille gegen die Diktatur auf, ernannten selbständige Regierungen und betrieben Truppenaufstellungen auf
eigne Hand. Die Diktatoren waren sogar genöthigt, mit bewaff-
neter Macht gegen Lyon und Marseille aufzutreten, ohne daß es
dabei doch zu blutigen Zusammenstößen kam und nach und nach
dehnte die Regierung vom 4. September ihre Autorität über
ganz Frankreich aus, soweit es nicht in den Händen der Deutschen war.

Um die nöthigen Befehlshaber herbeizuschaffen, wurden alle in

den Ruhestand verseßten Offiziere zum Wiedereintritt in den
Dienst aufgefordert und sie kamen dem Ruf der Regierung auch
in großer Masse nach. Die aus den Nationalgarden und Franc-
tireurs gebildeten Truppentheile wählten sich ihre Offiziere selber.

Nun fehlte noch die Ausrüstung, in erster Reihe die Waffen. Hier half mit größter Bereitwilligkeit das Ausland und
ganz besonders das auf Brauch und Recht und auf die Heilig-
keit der Verträge so gewaltig pochende England. Massenweise
durchzogen französische Emissaire diesen neutralen Staat und
kauften Gewehre nebst Zubehör zu Hunderttausenden an. Besonders ergiebig für diese Transaktionen war den Franzosen die
große Fabrikstadt Birmingham. Doch auch aus Belgien,
dessen Neutralität bekanntlich ganz besonders garantirt ist, aus
Oesterreich und aus Italien bezogen die Franzosen ungeheure
Lieferungen von Waffen, wobei England noch dazu den Transport aus dem zuletzt genannten Lande höchst dienstfertig übernahm. Nordamerika blieb im Punkt der Waffenlieferung nicht
zurück. Die einzigen Staaten, die sich von diesem schmählichen
Eingriff ins Völkerrecht vollkommen frei erhielten, waren Rußland
und die skandinavischen Staaten.

Die preußische Regierung hat es nicht an Vorstellungen
über diese völkerrechtswidrige Handlungsweise bei den in Frage
kommenden Regierungen, speziell der englischen, fehlen lassen. Hier
erhielt man die Antwort, man sehe sich nicht im Stande die
Ausfuhr von Kriegskontrebande zu hemmen, weil die englischen
Gesetze kein Verbot dagegen enthielten. Dennoch waren die be-
kannten Punkte des pariser Traktats von 1856, wonach Kriegskontrebande von dem freien Verkehr auf der See ausgeschlossen
ist, hauptsächlich mit auf Englands Antrieb angenommen worden.
Was hat sich England denn eigentlich dabei gedacht? Da Frankreich und England eine bei weitem größere Kriegsflotte haben,
als die übrigen europäischen Länder, so ist es doch ganz klar,
daß wenn jene Bestimmung über die Kriegskontrebande lediglich
auf den Seetransport Anwendung finden soll, dieselbe einzig

und allein den beiden genannten Seemächten zu Gute kommen
kann, denn sie haben es vollkommen in ihrer Hand, wenn sie
mit einem der anderen Staaten im Kriege begriffen sind, alle
Schiffe, die mit Kriegskontrebande beladen sind, nach Gutdünken
entweder zu konfiszieren, wenn sie für den Feind bestimmt waren,
oder eben ihren Kurs segeln zu lassen, wenn sie die Waffen,
Munition u. s. w. der kriegführenden Seemacht zuführen sollen.
Wir fragen: ist das Recht, ist das Gegenseitigkeit, ist das die
Meinung des so hochgepriesenen Traktats? Wenn dem so ist,
dann wäre es doch gewiß nicht mehr als billig, daß der erste
Punkt, wonach die Kaperei abgeschafft worden ist, wieder aufgehoben würde, denn dann könnte der kriegführende Staat, der
seine Seemacht ist, durch Ausstellung von Kaperbriefen doch wenigstens sich die Macht schaffen, die für den Feind bestimmte
Kriegskontrebande wegzunehmen. Nur so könnte Gegenseitigkeit
erreicht werden. Wir müssen gestehen, daß wir die preußische
Regierung ob ihrer hohen Mäßigung und ungemeiner Achtung
vor völkerrechtlichen Bestimmungen bewundern, es wäre nicht
zuviel gewesen, wenn Preußen in Folge der Erklärung der briti-
schen Regierung, sie könne die Ausfuhr von Kriegskontrebande
nicht verbieten, seinerseits die Erklärung abgelegt, daß es sich
nicht länger an einen so nichtsnutzigen Traktat gebunden erachten könne und seine Maßregeln darnach ergriffen hätte.

Aber nicht allein einer Uebertretung des pariser Traktats
machte England sich schuldig dadurch, daß es die Waffenlieferun-
gen nach Frankreich gestattete, sondern es stellte sich dadurch ganz
offenbar auf Frankreichs Seite und bestärkte es in seinem Widerstande, der ohne diese Hülfe ganz unmöglich gewesen wäre.
John Bull freilich brachte Meetings zusammen und lamentirte
gewaltig über die Fortsetzung des Krieges, wofür er die Preußen
verantwortlich machte, während er selbst es war, der seinem
treuen Alliirten vom Krimkriege her, die Mittel dazu in die
Hände gegeben hatte.

Wir wollen hoffen, daß dem guten England diese perfide

Handlungsweise, deren es schon von Napoleon I. bezüchtigt ward, jetzt ein für alle Mal gelegt wird, denn auch Nordamerika scheint nicht Englands pseudo-neutrales Benehmen im nordameri-kanischen Kriege und die Verletzung eingegangener Traktate (in der Fischereisache) auf sich beruhen lassen zu wollen. Es wäre zu wünschen, daß dem jetzigen Kriege ein feste-res öffentliches Recht und eine bessere Befolgung seiner Grundsätze entwachsen möge, als dies unter der Herrschaft der Westmächte in den letzten zwanzig Jahren in Europa der Fall gewesen ist.

Durch die von uns angedeuteten Hülfsmittel wurde nun die französische Regierung vollkommen in den Stand gesetzt, eine ganz bedeutende bewaffnete Macht auf die Beine zu bringen. Man hat in Folge dessen Gambetta, der bald auch die Verwaltung des Kriegsministeriums übernahm, ein großes organisatorisches Ta-lent genannt und ihn ob der bei der Aufstellung neuer Heeres-massen gezeigten Energie und Weisheit höchlich bewundert. Wir theilen diese Bewunderung nicht und sehen eben nichts Erstaun-liches darin, daß man waffenfähige Männer an verschiedenen Punkten des Reichs zusammenberuft, ihnen die Offiziere giebt, welche man auftreiben kann, und Ausrüstungsgegenstände auf einem ganz in der Nähe liegenden, unerschöpflichen Markt, wo-hin man eine durchaus ungestörte Kommunikation hat, zusammen-kauft. Wir würden unsere Anerkennung dem französischen Dikta-tor sicher nicht versagt haben, wenn er nun aus der bewaffneten Masse, die er wirklich auf die Beine brachte, auch ein Heer ge-schaffen hätte. Das hat er aber eben nicht gethan. Auf 5—6 Punkten des Landes wurden wehrfähige Leute gesammelt und es ward nur der Fürsorge des auf jedem Platz zum Höchstkomman-direnden ernannten General überlassen, was er aus dem ihm über-gebenen Material machen könne. An einigen Orten gelang die Bildung eines Heeres, wie an der Loire und im Norden Frank-reichs, an andern Orten mißlang dieselbe oder kam nur fragmen-tarisch zu Stande, wie in der Bretagne, im Osten und Süden des

Landes. Nirgends merkt man Einen kräftigen Willen, der die einzelnen Theile zu Einem Ganzen zu gestalten sucht, nirgends den
frischen Hauch des Genies, der den Impuls zum vereinten Handeln auf Ein bestimmtes Ziel erweckt. Die neuformirten Heertheile bleiben ohne Verbindung, ohne gemeinsames Streben, jeder
tritt für sich auf und handelt für sich. Wenn die Loirearmee
vorrückt, verhalten sich die Detachements des Westens und Nordens ruhig, wenn umgekehrt diese sich zu einer Angriffsbewegung
aufraffen, sieht die Loirearmee nun gemüthlich zu, mit dem Gewehr beim Fuß, und nicht einmal die in derselben Gegend stehenden Corps unterstützen einander. Und es war doch Gambetta selbst, der von Tours alle Kriegsoperationen leitete, d. h.
leiten wollte, denn in der Wirklichkeit überstieg dies bei Weitem
seine Kräfte. Wir finden dies auch durchaus nicht sonderbar,
denn wie hätte er dies können, da er von seiner früheren Stellung her höchstens sich etwas Rednertalent erworben hatte. Das
ist aber doch zu wenig, um einen ziemlich mittelmäßigen Kopf
zur Organisation und zur Leitung von Truppen, deren Anzahl
bis an die Million heranreicht, zu befähigen. Die Früchte seiner
bisherigen Laufbahn treten in einer gewandten Gruppirung der
Thatsachen und in der Erlassung einer Reihe von Proklamationen hervor. Wenn wir dazu ein beständiges Einmischen in die
Kommandoverhältnisse bei den verschiedenen Armeen rechnen, wodurch ein chronischer Wechsel der Obergenerale erzeugt ward und
ein höchst inopportunes, durchaus planloses Anordnen gewisser
Operationen, so haben wir damit die Hauptzüge seiner allerdings
fieberhaften Thätigkeit, wozu man dann noch Luftballon- und
andere Reisen zählen kann, gezeichnet.

Es wird nicht fehlen, daß die ächten Demokraten aller Län-
der, die kosmopolitischen Fortschrittsmänner, die französische
Kriegführung in der zweiten Periode des Feldzuges, nach der
Kapitulation von Sedan, in ihrem Sinne ausbeuten werden.
Wir wollen doch hier sogleich das Unsrige dazu thun, die Argu-
mente dieser Herren im Voraus zu vernichten. Sie werden sa-

gen, nachdem die französischen Feldarmeen, die stolzen Legionen
des stehenden Heeres, das man als eins der besten Muster eines
solchen anzusehen gewohnt war, wie Spreu vor dem Winde zer-
stoben waren vor den eisernen Schlachthaufen der Deutschen, da
appellirte der französische Diktator an das Volk und siehe da,
wie durch Zauber erstanden unermeßliche Schaaren, stellten sich
den deutschen Heeren überall auf ihrem Weitermarsch entgegen,
vertheidigten den vaterländischen Boden Schritt vor Schritt und
trieben oftmals, sie, die jungen ungeschulten, aber von Vater-
landsliebe und Haß gegen die Eindringlinge aufs Aeußerste be-
geisterten Soldaten die schlachterprobten, siegesgewohnten, von
den besten Feldherren des Jahrhunderts geführten deutschen Krieger, denen Mac Mahons und Bazaines abgehärtete Truppen
nicht gewachsen waren, zurück und wichen nur vor der Uebermacht,
fügten aber auch da noch dem Feinde ungeheure Verluste zu und
Frankreich unterlag zuletzt nur, weil es den Führern an Muth
fehlte den Kampf fortzusetzen. Man sieht also, daß die wahre
Kraft eines Volkes eben nur im Volke selbst liegt und daß es
keiner Soldateska bedarf, um seine Grenzen zu schützen und den
etwa eindringenden Feind mit blutigen Köpfen heim zu schicken.
Darum fort mit den stehenden Heeren und höchstens eine allgemeine Volksbewaffnung á la Schweiz. Wir fragen, werden
nicht Stimmen laut werden, die sich in solchen Raisonnements
gefallen und gegen die immer mehr und mehr anschwellenden
Kriegsbudgets unter Hinweisung auf die zweite Kampfperiode in
Frankreich eifern werden?

Wie nimmt sich die Sache aber in der Wirklichkeit aus,
wenn wir die Uebertreibungen der Schwärmer und interessirten
Fortschrittsmänner bei Seite schieben. Es ist wahr, große
Truppenmassen sind in Frankreich aufgestellt worden seit Sedan
und sie haben auch theilweise ganz brav Widerstand geleistet. Wo
aber haben sie irgendwelche Erfolge errungen, als bei unbedeutenden Vorpostengefechten und sonstigen Zusammenstößen, wo ihre
Zahl mindestens fünf war gegen eins? Haben sie in größeren

Gefechten Stand gehalten, wo die Zahl der Kämpfenden auf beiden Seiten ungefähr gleich war und entzogen sie sich nicht durch eiliges Zurückgehen einem Geschick, dem die Truppen des stehenden Heeres durch festes Aushalten in den eingenommenen Stellungen verfielen? Wie wenn General Aurelles am 5. December bei Orleans stehen geblieben wäre, hätte er dem Geschick Mac Mahons trotz seiner großen numerischen Uebermacht über die Deutschen entgehen können? Wir können diese Art der Kriegführung in gewisser Beziehung richtig finden, weil sie die Entscheidung hinauszieht. Aber etwas Großartiges oder gar Bewunderungswerthes können wir wahrhaftig darin nicht sehen. Die ganze französische Nation steht in Waffen, ganz Frankreich ist Ein Kriegsschauplatz und da ist es allerdings auch für ein Heer wie das deutsche keine leichte Aufgabe, die französischen Banden Stück für Stück zu schlagen und ihre Reste bis in die äußersten Schlupfwinkel zu verfolgen. Die deutsche Armee hat auch diese Aufgabe gelöst. Mag sein, daß sie schwieriger war und mehr Zeit in Anspruch nahm, als die Niederwerfung des stehenden französischen Heeres, aber was ist dann auch die Folge? Die Vernichtung der regulairen Streitmacht war ein furchtbarer Schlag für Frankreich, es war der Beweis dafür, daß es Deutschland nicht gewachsen sei, es war die gerechte Strafe für den unerträglichen Uebermuth den Frankreich zur Schau getragen hatte und er enthielt die ernsteste Mahnung jetzt den Frieden zu schließen. Dies würde in jedem anderen Lande, außer in Frankreich geschehen sein. Das eitle hochmüthige Volk der Franzosen aber hatte an der erhaltenen furchtbaren Lehre noch nicht genug. Voll Verblendung glaubt es die Schuld an den erlittenen Niederlagen einzelnen Persönlichkeiten, vielleicht einem System, das es selbst kurz zuvor angebetet hatte, aufbürden zu können und es setzte daher unter der Willkürherrschaft zweier Männer, welche der ächteste Typus des Franzosenthums sind, seinen Widerstand fort. Wir erlebten das Schauspiel, wohin die äußersten Konsequenzen desselben, das aus Leichtsinn, Selbstanbetung und völligem Verkennen thatsächlicher Verhältnisse besteht, führen müssen. Die Niederlage der Armee war eben nichts anderes als die Vernichtung der Streitmacht, das Land selbst stand davon unberührt. Was aber werden die Folgen sein von dem darauf begonnenen Volkskriege? Der Ruin des ganzen Landes! Wenn darin eine Größe liegen soll, dies gewollt, dies veranlaßt zu haben, dann allerdings sind Leute wie Gambetta und Jules Favre große Leute. Die Geschichte aber wird ihnen einen Platz unter den Neronen und Herostraten anweisen. —

Die Anspannung aller Kräfte der französischen Nation mußte für die Preußen eine bedeutende Ausbreitung ihrer Streitmacht zur Folge haben und es zeigte sich eine Verstärkung der schon nach Frankreich gesendeten Truppen nothwendig. Inzwischen hatte sich jede Besorgniß wegen eines Angriffs auf die Küsten Seitens der französischen Flotte als unnöthig erwiesen und Alles, was an Linientruppen in den Küstenlanden gestanden hatte, war schon von dort weg nach dem Kriegsschauplatz gesendet worden. Man griff nunmehr aber auch auf die Landwehr zurück und es wurden vorläufig drei zum Theil aus Linien- zum Theil aus Landwehrtruppen zusammengesetzte Divisionen zum Einrücken nach Frankreich bestimmt und zwar die Gardelandwehrdivision und die erste Reservedivision (2 Infanterieregimenter, 12 Landwehrbataillone, 2 Reservekavallerieregimenter und 6 Reservebatterien) zur Verstärkung des Belagerungskorps vor Straßburg und die 3. Reservedivision (2 Infanterieregimenter 12 Landwehrbataillone, 4 Reservekavallerieregimenter und 6 Reservebatterien) zur Verstärkung des Cernirungsheeres vor Metz. Außerdem wurden drei Reservearmeen, nämlich bei Berlin, Glonau und Trier zusammengezogen. Es standen jetzt zwischen 5—600,000 M. deutsche Truppen in Frankreich.

Ehe wir in unserer Darstellung der kriegerischen Ereignisse weitergehen, müssen wir mit einigen Worten der französischen Flotte und der zur Abwehr derselben in Deutschland getroffenen Maßregeln gedenken.

Die französische Flotte ist der Größe nach die zweite von der Welt und steht mit Rücksicht auf die Anzahl der Schiffe und die Stärke des Personals nur hinter der englischen zurück, während ihr Material noch über dem der letzteren stehen dürfte. Es war eben gar nicht daran zu denken, daß die nur aus wenigen Panzerschiffen bestehende norddeutsche Flotte sich auf einen Kampf mit der französischen sollte einlassen können. Auf ihre aktive Mitwirkung zum Schutz der deutschen Küsten konnte daher nicht gerechnet werden und man mußte dafür Sorge tragen, diesen Schutz durch passive Deckungsmittel herzustellen. Einiges war in dieser Richtung schon während des Friedens geschehen, aber bei weitem nicht in dem nöthigen Umfang. Auf das Kräftigste wurde nun, wie bei allen anderen Zweigen der Rüstungen, diesem Mangel abgeholfen. Schanzen wurden auf den wichtigsten Punkten angelegt, die schwersten Geschütze wurden in die Uferbatterien eingeführt, das Fahrwasser der bedeutendsten Ströme und Häfen wurde gesperrt und namentlich eine große Menge von Torpedos hier niedergelegt. Man zog die Seezeichen ein, löschte die Leuchtfeuer, organisirte freiwillige Küstenwehre, errichtete ein ausgedehntes Signalsystem längs der Küsten und machte so das Herrannahen feindlicher Flotten an die großen See- und Flußstädte fast zur Unmöglichkeit, jedenfalls aber sehr schwierig. Für den Fall feindlicher Landungen und um dieselben abzuweisen wurden sehr bedeutende Truppenmassen, der Linie und Landwehr angehörig, in den Küstengegenden konzentrirt und diese selbst wurden dem Oberbefehl des höchst energischen und einsichtsvollen Generals Vogel v. Falkenstein übergeben. Dieser General soll, wie dem Verfasser aus glaubwürdiger Quelle mitgetheilt worden, die charakteristische Aeußerung gethan haben, er erwarte nichts sehnlicher als eine Landung der Franzosen, er werde sie aber nicht mit Regimentern oder Brigaden, sondern gleich mit Divisionen anfallen. Wir sind davon überzeugt, der tapfere General werde Wort gehalten haben. Die Franzosen aber unterließen wie wir unten sehen werden, wohlweislich jeden Landungsversuch.

Mit großer Spannung blickte ganz Europa in den letzten Tagen des Julimonat auf die französische Flotte. Man erwartete ebensowohl von ihr, wie von dem Landheer der Franzosen ein rasches, energisches Vorgehn, man träumte schon von dem Bombardement Danzigs und Hamburgs, von der Forcirung des Kieler Hafens und der Bedrohung Berlins und machte sich auf Raubzüge nach Art der chinesischen gefaßt mit obligaten Palastplünderungen, da man in Erfahrung gebracht hatte, daß General Cousin de Montauban, Graf von Palikao, zum Oberbefehlshaber der französischen Landungstruppen ernannt worden war.

Doch ganz wie beim französischen Heere verstrich Tag für Tag, ohne daß die gefürchtete Armada sich bemerkbar machte. Endlich erschienen ihre Vorläufer in den dänischen Gewässern und nach und nach sammelte sich dort die französische Ostseeeskadre. Man glaubte allgemein, daß dies geschähe, um die dänische Regierung zum aktiven Vorgehn auf Seiten Frankreichs zu bewegen und zu diesem Ende ein Truppencorps den Franzosen zur Verstärkung der Landungstruppen zur Verfügung zu stellen. Ob Dänemark dies wirklich im Sinne gehabt hat, ist nicht leicht zu erhärten, weil nichts Thatsächliches dafür in die Oeffentlichkeit gedrungen ist, jedenfalls aber wurde die dänische Regierung von jeder Betheiligung an einem offensiven Auftreten gegen Deutschland zurückgeschreckt durch die jämmerliche Verfassung, in welcher sich die französischen Kriegsschiffe befanden, die im Sunde ankerten. Es ging in dieser Beziehung soweit, daß nicht einmal die Kanonen der Schiffe auf ihrem Platze aufgestellt waren, sondern wohlversorgt unten im Raum lagen. Dazu mangelte es an allen möglichen Ausrüstungsgegenständen, hauptsächlich aber an geübter Mannschaft. Die Franzosen benutzten nun ihren Aufenthalt in den neutralen Gewässern dazu die Schiffe in den gehörigen Stand zu setzen und sich mit allem Nöthigen zu versehen. Von einem baldigen Angriff auf die deutschen Küsten war nicht die Rede. Freilich sprach man von Ansammlungen von Transportschiffen in Cherbourg und von der

Konzentrirung von Landungstruppen daselbst, wir haben aber guten Grund zu der Annahme, daß dies überhaupt niemals der Fall gewesen ist.

Nun kamen die betäubenden Ereignisse des 6. August, woraus sich für die Franzosen die Nothwendigkeit ergab, alle ihre Streitkräfte in dem eigenen Lande zusammen zu halten und Diversionen gegen die norddeutschen Küsten — wenn sie überall je ernstlich beabsichtigt waren — vollständig aufzugeben. Man glaubte daher auch deutscherseits, die kolossale Machtentfaltung im Norden Deutschlands nicht mehr nöthig zu haben und ließ vorläufig wenigstens die größte Mehrzahl der Linientruppen zur Verstärkung der in Frankreich vordringenden deutschen Heere abgehn. - -

Was that nun die französische Flotte? Sie that das Einzige, was Flotten überhaupt jetzt in Zukunft noch thun können im Kriege, wenn der Gegner keine Kriegsschiffe gegen sie aussendet und zur Sicherung seiner Küsten ausreichende Maßregeln ergreift. Durch die Erfindung der Torpedos hat im Seekrieg die Defensive enorme Vortheile über den Angriff mittels Kriegsschiffen gewonnen. Die französische Flotte nahm also, da Deutschland in dieser Beziehung vollkommen gerüstet war, ihre Zuflucht zur Blokade und zur Ausbringung von Handelsschiffen.

Die erstere erstreckte sich über den weitaus größten Theil der norddeutschen Ost- und Nordseeküsten, konnte aber niemals genügend aufrecht erhalten werden und war also nach dem vierten Punkt der seekriegsrechtlichen Bestimmungen des pariser Traktats hinfällig, auch wurde sie nach kurzer Frist faktisch aufgehoben. Mehrere Male verschwand die französische Flotte sogar gänzlich aus den deutschen Gewässern und in diesen Zwischenzeiten gingen Handel und Schiffahrt ihren gewohnten Gang, wie im tiefsten Frieden. Plötzlich kehrten dann feindliche Kriegsschiffe zurück, die Seezeichen wurden wieder entfernt, die Leuchtthürme nicht angezündet und es war wieder Kriegszustand. Wir hoffen in der That, daß diese läppischen Ueberbleibsel des mittelalterlichen Piratenthums im Jahre 1870 zum letzten Mal in Scene gesetzt sind.

Wenigstens hoffen wir dies ganz entschieden von dem Kapern friedlicher Handelsschiffe durch die Kriegsfahrzeuge der kriegführenden Mächte. Wenn das Privateigenthum im Landkriege nach völkerrechtlichen Begriffen nicht angetastet werden darf, so ist es nicht abzusehen, warum unsere aufgeklärte Zeit sich in die blödsinnige Bestimmung länger finden soll, daß einige Seemächte faktisch das Recht haben sollen, Privateigenthum, welches sich auf der See befindet, wegnehmen und die Führer der Schiffe, auf denen sich dies Gut befindet, als Missethäter behandeln zu dürfen. Ein solch horrender Unsinn wird und kann einen Kongreß, wie ein solcher hoffentlich nach völlig geschlichtetem Streit zwischen Frankreich und Deutschland zusammentreten wird, nicht überdauern. Norddeutschland, Rußland, Oesterreich, Italien, selbst die Türkei haben in neuerer Zeit nicht von diesem schimpflichsten aller Rechte Gebrauch gemacht, nur den beiden Staaten, welche die Zierde der Civilisation sind, war es vorbehalten, sich auch dadurch auszuzeichnen — wir denken zum letzten Male.

Wenn nun aber das Seekriegsrecht auf vernünftige Grundsätze basirt wird, dann wird auch die Bedeutung der Kriegsflotten in noch weit höherem Maße abnehmen, als dies schon jetzt geschehen ist. Sie werden dann nur bei etwaigen Landungen an ungesicherten Küsten noch in Betracht kommen. Den Mächten, welche ungeheure Kapitalien in ihre Flotte gesteckt haben, die jetzt zu keinem wesentlichen Nutzen, wenigstens in Europa, mehr sind, wäre anzurathen. sie gegen die in den asiatischen Gewässern hausenden Seeräuber zur Verwerthung zu bringen. Das wäre gewiß eine dankenswerthe, den Vorkämpfern der Civilisation würdige Anwendung des kostbaren Materials. Diejenigen Staaten aber, welche bis jetzt kein überwiegendes Gewicht auf die Entwickelung ihrer Marine gelegt haben, mögen bedenken, ob die fernerhin zu diesem Zweck zu verwendenden

Mittel auch mit dem daraus zu erwartenden Nutzen in Einklang stehen.

Wir nehmen jetzt den Faden unserer Erzählung der kriegerischen Ereignisse wieder auf.

Rastlos, wie immer in diesem ganzen Kriege, nahm die deutsche Heeresleitung sofort nach der Kapitulation von Sedan die Operationen gegen Paris, welche durch Mac Mahons Zug gegen Osten abgebrochen waren, wieder auf. In Folge des Aufmarsches gegen die französische Armee und die sich daran reihenden Kämpfe waren bei den deutschen Armeen verschiedene Frontveränderungen nöthig gewesen. Sollte jetzt die ursprüngliche Ordre de Bataille, wonach die Maasarmee den rechten, die III. Armee den linken Flügel bildete, bei dem Weitermarsch gegen Westen beibehalten werden, so mußte die Letztere an der Ersteren vorbeimarschiren und sich also zuerst in südlicher Richtung bewegen, um dann eine westliche Direktion zu nehmen.

Diese Bewegungen führte die III. Armee vom 4. September an aus, und erreichte am 10. September mit ihren Spitzen das in gerader Linie ungefähr 10 Meilen von Paris entfernte Chateau-Thierry, ohne auf bedeutende Hindernisse zu stoßen.

Die Maasarmee brach ihrerseits am 5. September auf und marschirte in zwei Colonnen, die rechte aus dem IV. und dem Gardekorps bestehend, in der Richtung auf Laon, die linke, das XII. Korps, auf Neuschatel und Cormicy. Um einen Tagemarsch voraus marschirte rechts die 6., links die 5. Kavalleriedivision.

Vor dem Abmarsch machte das Gardekorps noch einen Versuch die auf einem Felsen gelegene Festung Montmedy zu nehmen. Nachdem der Kommandant die Uebergabe verweigert hatte, begann die Beschießung des Platzes am 5. September Morgens 10 Uhr, und ward mit kurzen Unterbrechungen bis 2 Uhr fortgesetzt. Die Stadt brannte an mehreren Stellen, als aber der Kommandant dennoch Nichts von einer Uebergabe hören wollte und da die preußischen Truppen an dem Tage noch einen weiten Marsch zu machen hatten, gab man den Versuch gegen die Festung auf.

Am 8. September langte der Lieutenant v. Behr vom Ulanenregiment Nr. 15 vor Laon an, dessen Citadelle noch von Franzosen besetzt war, und forderte den Kommandanten der Citadelle, General Theremin d'Hame zur Kapitulation auf. Dieser bat sich einige Stunden Bedenkzeit aus, welche auf sein Ersuchen noch bis zum 9. September Morgens 9 Uhr verlängert ward. Mittlerweile war die 15. Kavalleriebrigade mit einer reitenden Batterie und dem 4. Jägerbataillon bei Laon angelangt. Nun erfolgte die Uebergabe der Citadelle, in welche eine Jägerkompagnie einrückte. Gegen 2 Uhr, während des Ausmarsches der größtentheils aus Mobilgardisten bestehenden kriegsgefangenen französischen Besatzung, flog das in der Citadelle befindliche Pulvermagazin, das 26,000 Kilogramme Pulver enthalten haben soll, in die Luft, wobei ein großer Theil der Jägerkompagnie und der Mobilgardisten ums Leben kam oder verstümmelt ward. Auch der Kommandant ward schwer verwundet.

Die später über diesen traurigen Vorfall angestellte kriegsrechtliche Untersuchung erwies, daß der Kommandant durchaus Nichts damit gemein gehabt hatte. Ein fanatischer französischer Unteroffizier soll die Frevelthat, welche in weit höherem Grade seinen Landsleuten als den Preußen verderblich ward, ausgeführt haben. Wenn ein derartiges Verbrechen ganz vereinzelt in diesem Kriege bastände, würde man es, als die Handlung eines einzelnen wahnsinnigen Menschen der französischen Nation sicher nicht zur Last legen können. Allein wenn dazu die vielfachen Treubrüche französischer Offiziere kommen, von den Generalen Ducrot und Barral an bis herab zu den Lieutenants, die trotz ihres gegebenen Ehrenworts entweder sich der Kriegsgefangenschaft durch die Flucht entzogen, oder auf Ehrenwort entlassen wiederum gegen die Preußen die Waffen ergriffen haben, und wenn man dazu das Schießen auf Parlamentaire rechnet, welches eine Zeit lang förmlich epidemisch war in der französischen Armee und von

der Preſſe als eine gegen die Preußen ſelbſtverſtändliche Handlung höchlich belobt ward — wobei man ſich ſehr paſſend auf
das von den Taipings gegen die Engländer angewendete Verfahren, die Parlamentaire an die Mündung einer Kanone zu binden und ſo mit der Kugel den Engländern zuzuſchiden, berief
— wenn man ſich endlich des berüchtigten Briefes des Herzogs
von Nemours erinnert, worin er ſeine Freude über die Theilnahme der Civilbevölkerung am Kampfe ausſpricht und ſie zur
Fortſetzung ſolcher Schändlichkeit anfeuert, ſo kann man allerdings
zu dem Schluß kommen, daß die Frevelthat bei Laon nur das Glied
einer ganzen Kette nichtswürdiger Handlungen iſt, welche die
ſittliche Verkommenheit der franzöſiſchen Nation und ſolglich auch
ihren verderblichen Einfluß auf die Moralität anderer Völker auf
das Klarſte darthun.

Am 17. September hatten die beiden deutſchen Armeen, die
in ſtetem Vorrücken gegen Paris geblieben waren, die Linie Nan-
teuil-Affy-Etzy-La Ferté ſons Jouarre erreicht, während die Vortruppen der III. Armee ſchon Meaux und ſogar Lagny beſetzt
hatten. Die Maasarmee ſchob ſich nun längs dem rechten
Marneufer auf Paris, in deſſen Nähe es am 19. anlangte.
Das IV. Corps hatte dabei ein leichtes Geſecht bei Mont-
magny nördlich von St. Denis zu beſtehen, indem es ein Detachement Franzoſen, welches auf den dortigen Höhen Schanz-
arbeiten ausführte, zurücktrieb. Ihren linken Flügel ſtützte die
Armee an die Marne und breitete ſich im Halbkreiſe um die
Nordoſt- und Nordſeite von Paris aus, mit dem rechten Flügel
die Seine bei Argenteuil berührend. Die Kavallerie ſtreifte bis
Conflans und Pierrelaye.

Die III. Armee ging von Lagny größtentheils in ſüdlicher
Richtung, um die Seine zu erreichen, welche bei Villeneuve,
St. Georges und Choiſy überſchritten ward. Beim Weitermarſch
ſtießen die Baiern und das V. Corps auf einen Theil der pariſer Garniſon, welche unter General Vinoy's Kommando, in
einer Stärke von 4 Diviſionen eine Stellung ſüdlich von Paris

auf den Höhen von Bitry und Villejuif, sowie auf den Hügeln bei Sceaux und Clamart eingenommen hatten. Die Stellung war nicht glücklich gewählt, weil sie vom Bièvrebache in zwei Theile getheilt ward, so daß die Truppen sich nicht gegenseitig unterstützen konnten. Trotz der Vortheile, die das Terrain bot, das noch dazu durch einige Schanzen verstärkt war, schlugen sich die Franzosen nur mäßig und sie wurden mit großem Verlust nach Paris zurückgetrieben. Ein neuerrichtetes Zouavenbataillon floh ohne einen Schuß gethan zu haben. Die Schanzen, welche noch nicht ganz vollendet waren, wurden von den deutschen Truppen mit großer Bravour erstürmt.

Nach dem Kampfe setzten die Deutschen ihren Marsch nach den ihnen angewiesenen Punkten fort, welche am Abend des 19. so eingenommen wurden, daß Paris von allen Seiten vollkommen eingeschlossen war.

Die Nachricht von der vollzogenen Cernirung von Paris setzte ganz Europa in Erstaunen, denn man hatte sie für durchaus unmöglich gehalten. Hoch angeschlagen mochten die 8½ deutschen Armeekorps, welche rund um Paris in einer Ausdehnung von 8 Meilen aufgestellt waren, 250,000 Mann betragen, und nach französischen Angaben belief die pariser Garnison sich auf das Doppelte. Nach allen Erfahrungen, welche man im Festungskriege gemacht hatte, nahm man das umgekehrte Verhältniß, wonach also die Anzahl der Belagerer die der Belagerten um das Doppelte übersteigen würde als das einzig Zulässige an, und wirklich wurde auch hie und da die Größe des Heeres, welche zur genügenden Einschließung von Paris erforderlich schien, zu 1 Million angegeben. Man fand daher das Unternehmen der Deutschen, mit so geringen Streitkräften eine Stadt mit mehr als zwei Millionen Einwohnern vollkommen cerniren zu wollen, äußerst gewagt, fast wahnsinnig und prophezeite den deutschen Armeen vor Paris einen baldigen Untergang.

Bis zum jetzigen Kriege hatte Paris keinen besonders hohen Ruf als Festung, gewiß sehr mit Unrecht. Allerdings waren die Forts ziemlich nahe bei Paris angelegt und es lagen eben nicht weit von den Forts fast auf allen Seiten recht ansehnliche Hügel, welche jene bedeutend erhöhten. Es war auf diese Weise sowohl möglich mit den weit reichenden Geschützen der Neuzeit den größten Theil von Paris zu bombardiren, als auch eins oder mehrere der Forts zusammenzuschießen um dann zum Sturm der Enceinte zu schreiten.

Allein für den ersten Zweck, das Bombardement, mußte der Belagerer mit einer ungeheuren Anzahl der schwersten Geschütze versehen sein, weil eine nur theilweise Beschießung der Stadt sicher nicht zum Ziele führen konnte. Die Herbeischaffung aber so vieler Geschütze größten Kalibers, sowie der dazu nöthigen Munition mußte bei der großen Entfernung der Operationsbasis vom Belagerungskorps und bei der theilweise unterbrochenen Eisenbahnverbindung wenigstens eine eben so lange Zeit beanspruchen, als die durchschnittliche Dauer der Belagerung einer Festung ersten Ranges bis zu ihrer Uebergabe.

Wollte man andererseits die Zerstörung einiger Forts zum Ausgang einer regelmäßigen Belagerung benutzen, so war die ungeheuer große Besatzung bei der endlichen Erstürmung der Stadt ein so schwer zu überwindendes Hinderniß, daß an diesen Weg zur Bezwingung von Paris kaum gedacht werden konnte. Wir meinen also, daß aus den angeführten Gründen Paris sehr wohl als eine ungemein starke Festung bezeichnet werden könne; freilich nicht nach der Auffassung, die man von einer solchen im Allgemeinen hat, sondern wegen ganz besonderer Umstände, wozu in erster Reihe die kolossale Ausdehnung der Stadt, dann die große Zahl der Vertheidiger zu rechnen ist.

Die Zeit zwischen dem 9. August und dem 19. September war von dem Gouverneur von Paris, General Trochu, mit großem Eifer zur Verstärkung der Festungswerke verwandt worden. Außer den 15 Forts, welche ringsumher die Stadt umziehen, waren mehrere große Werke zur besseren Verbindung jener angelegt, jedoch nur zum Theil vollendet worden. Die alten

Außenwerke selbst wurden ausgebessert, mit den schwersten Schiffs-
geschützen vorzüglicher Konstruktion versehen, sowie ausreichend
verproviantirt und durch einen elektrischen Telegraphen mit einander verbunden. Tüchtige Marineartilleristen wurden zur Bedienung jener Geschütze bestimmt und zur Besatzung verläßliche
Leute genommen, die andererseits zum Kampf im offenen Felde
nicht besonders geeignet waren. Dann ward auch die Enceinte
ausgebessert, mit guten Geschützen armirt, sämmtliche Zugänge
zur Stadt gesperrt und an den Hauptzugängen Barrikaden angelegt, zu deren Vertheidigung der berüchtigte Graf Rochesort
bestimmt ward.

An Menschenmaterial stand dem General Trochu zur Vertheidigung der Stadt eine sehr bedeutende Menge zur Verfügung,
freilich von höchst verschiedener Brauchbarkeit. Von den 115
Depotbataillonen der französischen Armee befand sich ungefähr
die Hälfte in Paris. Aus ihnen und einer Auswahl der Mobilgardisten wurden drei Korps gebildet. Das eine derselben, der
Zahl nach das 13., war Ende August unter dem General Vinoy
dem Marschall Mac Mahon zur Verstärkung nachgeschickt
worden und hatte diesen zum eigenen Glück nicht erreicht. Als
Vinoy daher die Nachricht von der Katastrophe bei Sedan
erhielt, kehrte er sofort um und kam wohlbehalten am 9. September in Paris wieder an. Die beiden anderen Korps
wurden den Generalen Renault und Exea übergeben. Das
Kommando über das Ganze, welches nun den Namen der
zweiten pariser Armee erhielt, ward dem General Ducrot, der sich durch den eigenthümlichen Gebrauch seines Ehrenworts so bekannt gemacht hat, übertragen. Die 8 Infan-
teriedivisionen und 1 Kavalleriedivision, welche jene Armee
enthielt, mögen im Ganzen 80—90,000 Mann betragen haben.
Eine verhältnißmäßig recht zahlreiche Artillerie hatte man in
kurzer Zeit organisirt.

Die Mobilgardisten, soweit sie nicht in die zweite Armee
eingereiht oder in die Forts kommandirt waren, bildeten im Verein mit den in Korps organisirten Francttreurs und einer An-

zahl sogenannter mobilisirter Nationalgardisten die dritte pariser Armee. Sie bestand aus 7 Divisionen, zusammen etwa 70,000 Mann stark, und der General Trochu hatte sich selbst den Oberbefehl über dieselben vorbehalten.

Die erste pariser Armee endlich bestand aus der sedentairen Nationalgarde, die nicht weniger als 266 Bataillone, 1000—1200 M. stark, zählte und also, wenigstens nach französischen Angaben, über 300,000 M. ausmachte. Sie stand unter dem Oberbefehl des Generals Thomas, bildete aber kein geschlossenes Ganze und war zur Vertheidigung der Stadt Paris bestimmt.

Was man auch vom General Trochu und seinem Proklamationsgewäsch denken mag, so bleibt doch immer die Thatsache, daß er aus einer chaotischen Masse von 500,000 Menschen in einigen Monaten taktisch brauchbare Truppentheile geschaffen hat, die sich zum Theil sehr gut geschlagen haben, immer im höchsten Grade anerkennungswerth.

Die deutschen Truppen setzten sich schnell in der Umgegend von Paris fest. Wir sahen schon, daß die Maasarmee den nördlichen Halbkreis zwischen Seine und Marne einnahm, während die III. Armee im Süden Paris einschloß. Anfangs standen die deutschen Vorposten ziemlich dicht vor den Forts, und es wurden sogar Versuche gemacht, die von den Franzosen verlassenen Werke zu besetzen. Es erwies sich aber sehr bald als unthunlich, diese Stellungen zu halten, da dies nur zu ganz unnützen Verlusten geführt haben würde. Die Franzosen beschossen das ganze vor den Forts liegende Terrain, freilich ohne Plan und bedeutende Erfolge, und schonten dabei nicht die Ortschaften und Landhäuser, wo sie glaubten, daß die Preußen sich festsetzen würden. Besonders gegen Südwesten richtete sich ihre Zerstörungswuth, welcher die Schlösser von St. Cloud und Malmaison, sowie die Porzellanfabrik von Sevres als Opfer fielen.

Die Cernirungslinie der deutschen Heere zog sich in der Entfernung von ungefähr einer halben Meile von den Forts um

Paris. Gegenüber St. Denis, mit dem rechten Flügel an die Seine gelehnt, stand das IV. Armeekorps, namentlich bei den Ortschaften Stains und Pierrefitte. Daran reihten sich das Gardekorps, das Dugny und Aulnay besetzt hielt, während das XII. Corps links davon in Sevran, Livry, Clichy und Gagny stand. Den Winkel zwischen Seine und Marne hatten die Würtemberger eingenommen und an sie schloß sich wiederum das VI. Korps an. Hier im Südosten von Paris wechselte übrigens die Vertheilung der Truppen mehrfach, indem zuerst die 17. Division von Metz dorthin verlegt ward und als diese zur Verstärkung des Operationskorps gegen die Loirearmee abzing, das II. Korps ihren Platz einnahm. An das VI. Korps stießen die Baiern, an diese wiederum das XI. Korps. Auch hier wurden später Dislokationen vorgenommen, da das I. bairische Korps und die 22. Division an die Loire gesendet wurden. Den äußersten linken Flügel bildete das V. Korps, das nach dem Fall von Straßburg die Gardelandwehrdivision zur Verstärkung erhielt. Letztere wurde aber Mitte November nach dem Westen detachirt. Um diese Zeit bestand das ganze Cernirungskorps aus 14 Divisionen, zusammen höchstens 200,000 Mann.

Selbstverständlich hatten die Korps vor ihre Stellungen Vorposten vorgeschoben, welche dem Feuer der Forts vollständig ausgesetzt waren. Zur Deckung gegen dasselbe wurden aber die geeignetsten Maßregeln durch Anlagen von Traversen und bombensicheren Eindeckungen getroffen und die von den Vortruppen besetzten Ortschaften wurden durch Schützengräben, Barrieren und andere Vertheidigungsmittel gegen feindliche Ueberfälle sichergestellt.

Die eigentliche Vertheidigungslinie aber wurde in der großartigsten Weise nach einem bestimmten Plan befestigt. Die Bäume an den Lisieren der Wälder wurden gefällt und Verhaue daraus gemacht, in den Häusern und den vielfach sich vorfindenden Gartenmauern Schießscharten angebracht, die Eingänge wurden verbarrikadirt und überall die nothwendigen Kommunikationen hergestellt, was zum Theil durch Kolonnenwege geschehen mußte, wobei man an allen Orten die nöthigen Wegweiser anbrachte. Es wurden Dämme angelegt, um Anstauungen und Ueberschwemmungen herzustellen und endlich ward ein ganzes System von Feldschanzen, Geschützemplacements und Schützengräben eingerichtet. Eine doppelte Telegraphenleitung hielt die Verbindung zwischen allen Theilen der Cernirungslinie aufrecht.

So lange die Umgegend von Paris noch Vorräthe enthielt, ging die Verpflegung der Truppen ziemlich leicht von Statten, allein dies konnte nur kurze Zeit dauern und da wegen der unterbrochenen Eisenbahnverbindung mit Deutschland von daher keine regelmäßige Zufuhr herzustellen war, wurden größere Detachements in weitere Entfernung von Paris entsandt, um theils durch Requisition, theils durch Einkäufe die zur Verpflegung der Truppen nothwendigen Gegenstände herbeizuschaffen. Diese Aufgabe fiel namentlich den Kavalleriedivisionen zu und die Reiterei ist hierin, wie auch in vielen anderen Beziehungen, den deutschen Heeren von enormem Nutzen gewesen.

An eine regelmäßige Belagerung von Paris konnte aus den von uns oben angeführten Gründen kaum gedacht werden, auch ist kein Versuch dazu gemacht worden. Dahingegen wurde, namentlich nach dem Fall von Metz, eine sehr große Anzahl der schwersten Geschütze herbeigeschafft, um bei einer Beschießung von Paris verwendet zu werden. Der Transport dieser Kanonen war wegen der Zerstörung der Eisenbahn bis Nanteuil durch die Franzosen mit den größten Schwierigkeiten verbunden und konnte erst nach der theilweisen Herstellung der Bahn mit dem gehörigen Nachdruck betrieben werden. Man mußte daher hoffen, durch Aushungerung der Stadt dieselbe leichter und sicherer zur Uebergabe zwingen zu können, da alle Nachrichten über die Verproviantirung der Stadt dahin gingen, daß diese nur für zwei, höchstens drei Monate genügend gesichert sei. Und wirklich machte sich nach dem Ablauf der ersten beiden Monate nach der Einschließung der Stadt eine ganze Reihe der nutzträglichsten

Anzeichen geltend, daß in Paris großer Mangel zu herrschen anfange.

Die Deutschen verhielten sich also Paris gegenüber durchaus passiv; nicht so ihrerseits die Franzosen gegen das deutsche Cernirungsheer. Sie beunruhigten die Vorposten unaufhörlich und verfeuerten eine ungeheure Masse Munition, ohne großen Schaden damit anzurichten. Ueber die von ihnen gemachten Ausfälle, welche anfänglich auf die Zerstörung der von den Deutschen angelegten Batterien und auf eine Zurückdrängung der Cernirungslinie, zuletzt aber auf eine Durchbrechung derselben gerichtet waren, werden wir weiter unten im Zusammenhange berichten. Es herrschte bei ihnen eine fortwährende Thätigkeit zur Verstärkung ihrer Festungswerke, und hinter, sowie zwischen den Forts wurde ein ganzes System zusammenhängender Linien angelegt. Nur an einer Stelle, an der Südseite der Stadt, vor den Forts von Bicetre und Ivry nahmen die Franzosen eine vorgeschobene Stellung ein, indem sie ein bei Vitry liegendes halbvollendetes Werk, das sie am 19. September hatten aufgeben müssen, wiederum besetzten und dasselbe mittels Laufgräben mit den Ortschaften Vitry und Villejuif, welche von ihnen stark befestigt wurden, verbanden. In einer späteren Periode schoben die Franzosen auch an der Ostfront ihre verschanzten Stellungen über die Linie der Forts hinaus.

Von größter Wichtigkeit war für die Deutschen zuvörderst die Herstellung einer ununterbrochenen Kommunikation zwischen dem Belagerungsheere und seiner Operationsbasis. Die einzige Eisenbahnlinie aber, welche diese Verbindung vermitteln konnte, war noch durch die Festung Toul gesperrt. Obgleich der Platz nur klein und von den hohen Bergen, die ihn umgeben, vollständig dominirt ist, war er doch wegen seiner hohen Mauern und nassen Gräben nicht durch einen Handstreich zu nehmen, und es mußte daher die Ankunft schwerer Belagerungsgeschütze abgewartet werden, ehe Ernstliches gegen die Festung unternommen werden konnte. Indessen wurde sie doch schon vorgängig durch die vorhandene Feldartillerie beschossen. Namentlich geschah dies am 18. September, wo 4 mecklenburgische, 2 reitende preußische und eine schwere Reservebatterie zwei Stunden hindurch ein heftiges Feuer gegen den Platz unterhielten. Am 20. waren dann die nöthigen Belagerungsgeschütze, 10 gezogene 24 Pfünder und 16 gezogene 12 Pfünder von Cöln und Magdeburg eingetroffen. Am Abend des 22. begann der Batteriebau, der bei Tagesanbruch vollendet war, die Geschütze wurden hineingeführt und sofort begann das Bombardement gegen die Stadt und die Festungswerke, mit solchem Erfolge, daß um 4 Uhr Nachmittags, nachdem das Feuer ungefähr acht Stunden gedauert hatte, auf dem Thurme der Kathedrale die weiße Flagge aufgehißt ward. Nach kurzer Unterhandlung kapitulirte der Kommandant und noch an demselben Abend wurde die Festung von 6 mecklenburgischen Kompagnien besetzt Die Besatzung, die 109 Offiziere und 2240 Mann ausmachte, ward kriegsgefangen und 197 Geschütze, worunter 48 gezogene, wurden im Platz erbeutet.

Wir müssen uns jetzt einem anderen Theil des Kriegsschauplatzes zuwenden, wo seit mehr als einem Monat ein erbitterter Kampf um einen Punkt von größter Bedeutung stattgefunden hatte. Wir meinen Straßburg.

Belagerung von Straßburg.

Die höchst rationelle Art der deutschen Kriegführung tritt auch hier wieder aufs Klarste hervor. Sie hat stets nur den Kern der Sache vor Augen und behandelt das Nebensächliche durchaus nur als Solches. In früherer Zeit würde man es für eine Unmöglichkeit angesehen haben, ein Heer über den Rhein auf einem nur 6 Meilen von Straßburg entfernten Punkte, nach, Frankreich hineinzuführen, ohne sich zuvörderst gegen Straßburg selbst gewandt zu haben. Erst nach der Wegnahme dieses Platzes, zu dessen Deckung oder Entsetzung dann später die französischen Heere herangezogen wären, und nach Besiegung dieser Heere aber würde man haben weiter rücken können. Das wichtigste

Angriffsobjekt, welches unbedingt immer die feindliche Armee ist, wäre erst in zweiter Linie in Betracht gekommen, und man hätte dem Gegner Zeit gegeben, seine sehr mangelhaften Rüstungen zu vollenden und sich so selbst um den durch die beispiellos schnelle Mobilisirung erreichten Vortheil gebracht.

Wäre es den Deutschen in diesem Kriege nicht namentlich auch um die vollständige Eroberung des Elsaß zu thun gewesen, hätte Straßburg also nicht eine so hohe politische Bedeutung für die Deutschen gehabt, so ist es zu bezweifeln, ob überhaupt sogleich zu Anfang des Krieges so kräftige Anstalten zur Bezwingung des Platzes gemacht worden wären, und ob man nicht sich mit der Beobachtung desselben begnügt hätte, da Straßburg, mit einer nicht sehr großen Besatzung und nicht auf der Operationslinie der deutschen Heere belegen, den Unternehmungen derselben keinen Eintrag zu thun vermochte.

Aber gerade die Wichtigkeit Straßburgs, als Haupt von Elsaß, mußte es nothwendig erscheinen lassen für die Deutschen, dasselbe möglichst bald in Händen zu haben. Dies war auch schon für den Fall eines Mißlingens der begonnenen Unternehmungen von hoher Bedeutung, weil man dann in dem Besitz eines sehr werthvollen Pfandes war.

Es ward daher unmittelbar nach der Schlacht bei Wörth deutscherseits beschlossen, die Einnahme Straßburgs mit Kraft zu betreiben, und die badische Division unter Generallieutenant v. Beyer wurde schon am 7. August zur vorläufigen Cernirung des Platzes von der III. Armee detachirt.

Die Befestigung Straßburgs hatte mit der modernen Entwicklung der Befestigungskunst nicht gleichen Schritt gehalten und namentlich fehlten ihm ganz die detachirten Forts, welche jetzt für eine Festung, die als stark bezeichnet werden soll, unentbehrlich erscheinen, und die jedenfalls allein dazu im Stande sind, eine Beschießung des Platzes in den ersten Momenten der Belagerung zu verhindern. Auf dem die Stadt Straßburg umgebenden hochliegenden Terrain, wo eben vorgeschobene Werke hätten errichtet sein müssen, konnten nun die Belagerer ihre Batterien, ziemlich gedeckt vor dem Feuer des Platzes, aufstellen und namentlich von Nordwesten her zerstörend gegen die Stadt selber wirken. Es ist keine Frage, daß das furchtbare Bombardement Straßburgs, welches nur einige Tage hindurch mit vollem Nachdruck angestellt wurde, in kurzer Frist zur Uebergabe der Festung geführt haben müßte, wenn man sich nicht gescheut hätte, die alte ehrwürdige deutsche Stadt ganz in Asche zu legen. Die starken Werke, die sie umgeben, würden ihr dann wenig genützt haben.

Abgesehen von dem Mangel an detachirten Forts muß Straßburg nämlich als eine sehr starke Festung angesehen werden, wobei namentlich der Umstand in Betracht zu ziehen ist, daß das Vorterrain fast im ganzen Umkreise der Stadt unter Wasser gesetzt werden kann. Freilich war dies beim Ausbruch des Krieges verabsäumt worden und nicht einmal die Festungsgräben zeigten einen höheren Wasserstand als im tiefsten Frieden. Die Möglichkeit einer Belagerung des Platzes durch die Deutschen war vom französischen Oberkommando bei dem Entwurf der Kriegspläne gar nicht mit in Rechnung gebracht worden und es war daher Nichts geschehen, denselben in Vertheidigungsstand zu setzen. Es fehlte an manchen Stellen an Palisaden, die Geschütze waren nicht überall aufgestellt und das Terrain vor den Werken nicht schußfrei gemacht worden.

Dazu war die Besatzung Straßburgs kaum genügend. Im Frieden betrug die Garnison zwei Regimenter Artillerie, fast das ganze Pontonnierregiment, zwei Regimenter Linieninfanterie, 2 Bataillone Fußjäger und einige Traindetachements; aber alle diese Truppen hatte der Marschall Mac Mahon zu seinem Korps stoßen lassen oder sie waren nach anderen Punkten dirigirt worden. In Straßburg waren nur einige wenige Artilleristen und einige hundert Pontonniere, sowie die Depots der Linieninfanterie und die Jäger geblieben, und ganz zufällig befand sich hier das 87. Linienregiment, das auf dem Durchmarsch begriffen war und nach der Schlacht bei Wörth seinen Weg nicht fortsetzen konnte. Dazu kamen einige 1000 Mobilgardisten.

Diese sehr geringe Besatzung erhielt am 7. August eine Verstärkung ganz eigenthümlicher Art. Wir haben im 1. Heft S. 52 berichtet, wie in der Schlacht bei Wörth durch den Angriff des XI. Armeekorps gegen Mac Mahons rechten Flügel, dieser vollständig geschlagen wurde und noch ehe die Schlacht auf den anderen Punkten beendet war, in größter Unordnung zurückging. Dies artete dann später, obgleich deutscherseits keine Verfolgung stattfand, in wilde Flucht aus, wobei der Strom der Flüchtigen sich zunächst nach Hagenau und dann nach Straßburg wälzte, wo auch dort eine Art Panik erzeugt wurde. Man glaubte, die Deutschen würden unmittelbar hinterher folgen und verschloß die Thore der Stadt, so daß es selbst Bewohnern Straßburgs nur mit Mühe gelang, sich an jenem Tage Eingang zu verschaffen. Diese flüchtigen französischen Soldaten bildeten nun freilich ein sehr buntes Gemisch von Turcos, Zouaven, Linieninfanteristen, Jägern, Reitern aller Art u. s. w., allein da sich ihre Anzahl auf mehrere Tausend belief, so mußten sie nach vorgängiger Reorganisation und einer gehörigen Disciplin unterworfen, immerhin der Festung als ein sehr willkommener Zuwachs ihrer Garnison erscheinen. Die Stärke derselben stieg dadurch auf 11,000 M. Als später die seßhafte Nationalgarde zum Dienst in der Festung mit herangezogen wurde, machte die gesammte Besatzung gegen 20,000 M. aus.

Kommandant des Platzes war der Divisionsgeneral Uhrich, ein Mann von festem, energischem Charakter, der mit seltener Umsicht und großem Nachdruck die zur ausreichenden Vertheidigung der Stadt nöthigen Maßregeln ergriff. Seinen Entschluß Straßburg bis zum Aeußersten zu vertheidigen, gab er durch eine am 10. September ausgestellte Proklamation kund, die also lautete:

„Beunruhigende Gerüchte und Paniks sind in den letzten Tagen, unwillkührlich oder mit Absicht; in unserer braven Stadt verbreitet worden. Einige Personen haben sogar den Gedanken auszusprechen gewagt, die Stadt müsse sich ohne Schwertstreich ergeben. Wir protestiren energisch, im Namen der muthigen und französischen Einwohnerschaft, gegen diese feigen Kundgebungen und verbrecherischen Zeichen der Schwäche. Die Wälle sind mit 400 Kanonen armirt. Die Garnison besteht aus 11,000 M., ohne die seßhafte Nationalgarde zu rechnen. Wenn Straßburg angegriffen wird, wird Straßburg sich vertheidigen, so lange ein Soldat, ein Stück Brod, eine Patrone übrig ist. Die Guten mögen Muth fassen; was die Andern betrifft, so haben sie nichts Anderes zu thun, als sich zu entfernen.

Der Divisionsgeneral, Oberkommandant Uhrich.

Inzwischen erschienen schon am 8. August die Spitzen der badischen Truppen vor Straßburg und ein Parlamentair forderte die Stadt zur Uebergabe auf, erhielt aber vom Kommandanten einen sehr entschiedenen abschläglichen Bescheid, worauf sich die badischen Vortruppen wieder zurückzogen. Drei Tage darauf langte das Gros der badischen Division vor der Festung an und begann sich in der Umgegend festzusetzen, konnte aber, da sie nur 15,000 Mann stark war, den Platz nicht vollständig cerniren. Dies geschah erst nach dem Eintreffen der Garde-Landwehrdivision (12 Bataillone unter dem Generallieutenant v. Loën) und der 1. Reservedivision (30. und 34. Infanterieregiment und 6 Landwehrregimenter unter dem Generallieutenant v. Treskow) und am 17. August war Straßburg von allen Seiten eingeschlossen. Ueber das gesammte Belagerungscorps, das später noch durch drei Infanterieregimenter, sowie durch zahlreiche Pionier- und Festungsartilleriedetachements verstärkt ward, erhielt der preußische Generallieutenant v. Werder den Oberbefehl, während der Generallieutenant v. Decker zum Kommandeur über die gesammte Belagerungsartillerie und der Generalmajor v. Mertens zum höchstkommandirenden Ingenieuroffizier ernannt wurde.

Ein regelmäßiger Angriff gegen die Festung war schon der

10

Ueberschwemmung des Vorterrains wegen mit großen Schwierigkeiten verknüpft und es ward daher vom Oberkommando des
Belagerungskorps der Beschluß gefaßt, den Versuch zu machen,
die Stadt durch Beschießung zur Uebergabe zu zwingen. Es
wurde damit schon vor dem Eintreffen des Belagerungsgeschützes
der Anfang gemacht. Am 13. August fiel die erste Granate in
die Stadt und nun nahm das Feuer der Belagerer aus ihren
Feldgeschützen, die meistens im Westen und Osten der Stadt
aufgefahren wurden, täglich zu ohne daß dies jedoch einen nach-
haltigen Eindruck auf die Bewohner machte, obgleich auch schon
der Münster getroffen wurde.

Am 21. August endlich waren 40 schwere Geschütze angelangt und es erging nun noch einmal an den Kommandanten
der Festung deutscherseits die Aufforderung, dieselbe zu übergeben,
widrigenfalls ein regelmäßiges Bombardement gegen die Stadt
eröffnet werden würde. Auch hierauf erfolgte eine entschiedene
Abwehsung von Seiten des Generals Uhrich, und so begann
denn von den nördlich und westlich von Straßburg gelegenen
Höhen am 23. August ein sehr energisches Bombardement. Diese
Höhen, auf denen die deutschen Batterien aufgestellt waren, hatte
der General Ducrot im Jahre 1866 als diejenigen Punkte bezeichnet, wo detachirte Forts angelegt werden müßten. Wären
diese Forts zur Ausführung gekommen, so hätte der ganze Gang
des Krieges leicht eine andere Gestalt annehmen können, die Okku-
pation des Elsaß wäre nicht so rasch bewerkstelligt worden und
Straßburg wäre wohl noch später gefallen als Metz.

Nun standen die deutschen Batterien auf den Anhöhen,
welche die Werke der Stadt und diese selbst beherrschten und
ihre Wirkungen waren in hohem Grade verheerend. Gleichzeitig
ward die an der Ostseite der Stadt nach dem Rhein zu gelegenen Citadelle, von Kehl aus, wo 32 badische Festungsgeschütze
und 8 Mörser aufgestellt waren, sehr heftig beschossen. Nachdem
das Bombardement so drei Tage hindurch gedauert hatte, gab der Befehlshaber des Belagerungscorps der eindringlichen Bitte des

Erzbischofs von Straßburg nach, das Feuer vorläufig einzustellen. Der Erzbischof hatte die Hoffnung ausgesprochen, daß es ihm gelingen werde, die Bürgerschaft zu überreden, mit kräftigen Vorstellungen auf den Kommandanten einzuwirken, daß er um die Stadt vor dem drohenden Verderben zu bewahren, sich mit den Belagerern in Unterhandlungen einlassen möge.

Allein die Einwohner hatten noch zu wenig gelitten, als daß schon jetzt die durch politischen Fanatismus aufgeregten Gemüther ruhiger Ueberlegung zugänglich gewesen wären und die Bemühungen des Erzbischofs erwiesen sich erfolglos. Es wurde daher am 26. August das Bombardement wieder aufgenommen und keinem Zweifel ist es unterworfen, daß bei unnachsichtiger Fortsetzung desselben, wenn der größte Theil der Stadt in Asche gelegt, wenn Kasernen und Magazine zerstört, wenn die Garnison und die halbe Einwohnerschaft ohne Obdach gewesen wäre und fühlbarer Mangel sich eingestellt hätte, dasselbe zum erwünschten Ziele geführt haben würde. Allein wie wir dies schon oben sagten, es war eine deutsche Stadt, um die es sich handelte, die man dem deutschen Reiche wiedergewinnen wollte und man durfte sie daher nicht in einen Schutthaufen verwandeln.

Das Feuer der Belagerungsgeschütze wurde daher jetzt nur ausnahmsweise gegen die Stadt, mit desto größerem Nachdruck aber gegen die Festungswerke gerichtet, und nun in den letzten Tagen des August zugleich der Anfang mit dem förmlichen Angriff gemacht.

Die Wahl der Angriffsfront hatte ihre großen Schwierigkeiten, denn die Inundation erstreckte sich fast um das ganze Vorterrain der Festung. Nur im Nordwesten hatte sie das hier höher liegende Gelände nicht erreichen können, allein gerade an diesem Punkte waren die Festungswerke, wohl mit Rücksicht auf diesen Umstand, besonders stark und zahlreich, und es war vorauszusehen, daß man nur langsam und mit großer Anstrengung hier zum Ziele gelangen könne. Dennoch entschloß man sich, den Angriff auf diesen Theil der Enceinte zu richten, weil die Annäherung sich doch wohl hier am leichtesten effektuiren ließ.

Der nordwestliche Theil der Enceinte Straßburgs wird von den Bastionen 11 und 12 — letztere ist die Nordwestecke der Umfassung — gebildet. Durch die zwischen beiden Bastionen liegende Courtine führt das Steinthor. Vor der Courtine liegt das Ravelin 50 und wiederum vor dieser, sowie vor den genannten Bastionen die Contregarde 51, durch einen Wassergraben von jenen Werken getrennt. Vor der Contregarde liegt noch ein niedrigeres Werk, davor ein zweiter Wassergraben und nun kommt erst das Glacis mit dem bedeckten Wege. Vor der Bastion 12 bildet das Glacis selbst wiederum eine Contregarde mit nassem Graben und davor liegt als äußerstes Werk die Lünette 54, gleichfalls von einem Graben umgeben. Die Inundation erstreckte sich nun bis zu dieser Stelle und die Angriffsarbeiten mußten daher auf einen mehr in südwestlicher Richtung liegenden Punkt gerichtet werden. Dies war die Bastion 11, aber auch vor dieser, oder eigentlich vor dem Ravelin 50 liegen über das Glacis hinaus zwei von Gräben umgebene Lünetten, welche die Nummern 52 und 53 führen. Die Lünette 52 ist die nördlichere, welche durch einen über 100 Fuß breiten Graben vom Vorterrain getrennt war, während die Lünette 53 bei etwas mehr südwestlicher Lage, zugleich etwas vorspringt und nur gegen 60 Fuß vom Vorterrain entfernt liegt. Nach rückwärts, nach dem Glacis zu, führten aus diesen Werken schmale Dämme, die theils von der Enceinte, theils von den davor liegenden Werken flankirt wurden.

. In der Nacht vom 29. auf den 30. August wurde von dem Dorfe Schiltigheim aus die erste Parallele in einer Entfernung von 7—800 Schritt von der Festung und in einer Länge von 4500 Schritt angelegt. In der Nacht vom 31. August auf den 1. September wurden die Communikationen bis zur zweiten Parallele vorgetrieben und in der darauf folgenden Nacht diese

Parallele selbst mittels der flüchtigen Sappe in einer Länge von 2000 Schritt ausgehoben.

Die Belagerten suchten ihrerseits diese Arbeiten nach Kräften zu hindern; sie brachten ihre schwersten Geschütze auf die angegriffene Seite und ersetzten die demontirten Kanonen sofort durch neue. Das Feuer aus Wallbüchsen und Chassepots ward immer wirksamer je näher die Arbeiter an die Festung heranrückten. Dabei ließen es die Belagerten nicht an Ausfällen fehlen. Schon am 16. August war ein solcher mit allen drei Waffen nach Renhof und Jülirch hin unternommen, von den Badensern aber, die sich namentlich in den hier liegenden Hölzungen aufgestellt hatten, abgewiesen worden.

Ein größerer Ausfall kam am 2. September zur Ausführung, die Belagerten hatten es dabei auf die immer näher an die Festung heranrückenden deutschen Batterien, welche den französischen Artilleristen auf den Wällen in hohem Grade lästig wurden, abgesehen. Ein äußerst heftiges Feuer von den Festungswerken unterstützte den Ausfall, allein es gelang den Franzosen nicht an die Batterien heranzukommen und sie mußten sich mit bedeutendem Verlust wieder zurückziehen.

Die Anlage der zweiten Parallele war im Dunkel der Nacht nicht völlig geglückt und sie mußte daher zum Theil umgelegt werden, so daß sie schließlich eine Länge von 2500 Schritt hatte. Es wurden dann auch die Approchen von der ersten nach der zweiten Parallele vollendet. Diese Arbeiten nahmen die Zeit vom 2. bis zum 9. September in Anspruch, während das Feuer der Belagerer, das jetzt aus 98 gezogenen Kanonen und 40 Mörsern gegen die Angriffsfront gerichtet wurde, die·feindlichen Geschütze fast ganz zum Schweigen brachte.

Am 9. September wurde aus der zweiten Parallele zur dritten, welche in einem Abstande von 2—300 Schritt von der Festung angelegt werden sollte, vorgegangen und in der Nacht vom 11. auf den 12. die dritte Parallele hergestellt, wodurch man bis an das vor den Außenwerken laufende Glacis gelangte.

In der Nacht vom 13. auf den 14. wurde dann noch eine Halbparallele angelegt, welche sich bis auf 40 Schritt der Crete des Glacis näherte. Man hatte dabei, da der Widerstand der Belagerten schwächer zu werden begann, meistens die flüchtige Sappe anwenden können.

Natürlich mußte bei der höchst intensiven Beschießung der Festungswerke Straßburgs auch die Stadt selbst in Mitleidenschaft gezogen werden und da die Lebensmittel nach und nach knapper wurden, konnte es nicht fehlen, daß sich der Aufenthalt in der Stadt für die Bewohner immer unerträglicher gestaltete, wenn dort auch nicht geradezu eigentliche Noth herrschte. Es legte daher die deutsche Kriegführung einen hübschen Beweis von ihrer Humanität ab, indem sie auf die Fürbitte einer schweizerischen Deputation, welche in ihrer Heimath den Auftrag erhalten hatte eine Anzahl der hülfslosesten Straßburger nach der Schweiz zu führen, dies gestattete, so daß in den Tagen vom 15. bis zum 17. September gegen 800 Einwohner, meistens Kranke oder Frauen und Kinder die Stadt verlassen durften. Ob wohl die Franzosen in einem ähnlichen Falle sich so benommen hätten? Wir möchten es bezweifeln, wenigstens hätte das berüchtigte „mémo los sommes" des Herzogs von Gramont es nicht erwarten lassen. Ein Abschlag auf die Bitte der schweizerischen Deputation und ein kräftiges Bombardement gegen die Stadt würde diese sicher jetzt bald zur Uebergabe gezwungen haben, allein das Oberkommando des Belagerungskorps zog es vor den militairischen Widerstand des Platzes zu überwinden, wodurch einerseits die Stadt möglichst geschont, die Leistungen der deutschen Artilleristen und Ingenieure aber in das glänzendste Licht gestellt wurden. Es kann in dieser Beziehung kaum irgend eine andere Belagerung, die je ausgeführt worden, der Belagerung von Staßburg an die Seite gestellt werden.

Am 14. September wurde mit der Krönung des Glacis begonnen, zu welchem Ende aus der Halbparallele mit der Schlangensappe, um dem enfilirenden Feuer der Belagerten zu

entgehen, vorgegangen wurde. Drei Tage nachher war die Krönung vollendet. Es gelang dabei dem Ingenieurhauptmann
Ledebour ein vor der Lünette 53 liegendes Minensystem zu
entdecken und zu entladen, wodurch möglicherweise großen Verlusten und einem langwierigen Minenkriege vorgebeugt wurde.
Aber auch zum eigenen Vortheil wendeten die deutschen Pioniere
die feindlichen Minengänge an. Es galt nämlich jetzt an den
Graben, der das Glacis von der Lünette trennte, zu gelangen;
da aber der äußere, nach der deutschen Seite liegende Grabenrand, die Kontreskarpe, aus Mauerwerk bestand, würde es mit
sehr großen Schwierigkeiten verbunden gewesen sein, den Graben-
niedergang auf andere Weise herzustellen als durch eine Minen-
sprengung. Für diese benutzte man nun die aufgefundenen
Minengänge, es wurde an der Kontreskarpe eine Ladung angebracht und diese am 20. September früh Morgens entzündet.
Durch die Explosion ward das Mauerwerk in einer Breite von
12 Fuß zusammengeworfen. Diese Bresche ward durch die Pioniere dann schnell erweitert und gangbar gemacht.

Schon am 17. aber war in der Lünette 53 selbst, und zwar
an ihrer rechten Face eine Bresche hergestellt worden. Man
hatte dazu zum ersten Male den indirekten Brescheschuß zur Anwendung gebracht, und zwar mit einer neuen Geschützart, den
kurzen gezogenen 15cm Kanonen, welche in einer Entfernung
von über 1000 Schritt von der Lünette aufgestellt waren. Der
erste Versuch, der auf diese Weise im Kriege mit dem indirekten
Brescheschuß gemacht wurde, fiel also aufs Glänzendste aus.

Man war nun an den Graben der Lünette gekommen und
auch zu dieser war der Zugang vermittels der Bresche offen, aber
es lag nun noch der 60 Fuß breite, gegen 8 Fuß tiefe Graben
dazwischen, der von den Belagerern zu überschreiten war. Zu
diesem Behuf mußte ein Damm angeschüttet werden, denn wenn
auch eine Brücke vielleicht schneller und leichter herzustellen war,
so konnte eine solche auch eher von den Belagerten zerstört werden und doch kam es jetzt, je weiter man vordrang, so sehr auf

eine gesicherte Kommunikation an. Zur Ausführung des Dammes wurden nun in dem Grabenniedergange bis zurück zum Glacis mehrere Reihen von Arbeitern angestellt und durch diese Reihen wurden Faschinen, Körbe mit Erde, Sandsäcke u. dergl. bis in den Graben befördert. Bald war das nächste Stück desselben zugeschüttet, ein Theil der Mannschaft stellte sich darauf und so ging es fort bis der Damm in einer Breite von 20 Fuß ganz vollendet war. Merkwürdigerweise wurde die Arbeit durchaus nicht vom Feinde beunruhigt und man kam daher noch während derselben auf den Gedanken, daß die Lünette möglicherweise schon von den Franzosen aufgegeben sei. Da gerade ein Kahn zur Stelle war, faßte man den Entschluß hinüberzufahren, um Gewißheit darüber zu erlangen. Nichts Feindliches ließ sich am andern Ufer sehen und man begann nun auch von dieser Seite am Damm zu arbeiten. Der Ingenieurlieutenant Frobenius aber kletterte dann an der Brustwehr der Lünette empor und sah, daß auch das Innere derselben vom Feinde verlassen sei, worauf er sofort seine Leute dazu anstellte, die Kehle zur Vertheidigung gegen die Enceinte einzurichten. Jetzt begann der Feind ein sehr heftiges Feuer gegen die Lünette, die inzwischen von einer Abtheilung des 3. Bataillons 2. Gardelandwehrregiments besetzt war, allein die Besatzung ließ sich nicht vertreiben und das Werk ward von nun an behauptet.

Jetzt ging man gegen die Lünette 52 vor. Bei dieser war die Kontreskarpe nicht gemauert und es brauchte daher Behufs der Herstellung des Grabenniedergangs keine Sprengung vorgenommen zu werden. Am Abend des 21. September war die Descente vollendet und es war jetzt ein Uebergang über den hier 120 Fuß breiten Graben herzustellen. Da es in diesem Fall zu viel Zeit gekostet haben würde einen festen Damm über den Graben zu führen, begnügte man sich damit mittels großer leerer Biertonnen eine schwimmende Brücke zu schlagen, welche in nur zwei Stunden fertig gemacht wurde. Auch diese Arbeit ward nicht vom Feinde beunruhigt, denn auch die Lünette 52 war verlaffen, so daß die Deutschen dieselbe, ohne Widerstand zu finden, besetzen und die Kehle zur Vertheidigung herrichten konnten. Als man nun aber auf der Brücke selbst eine Deckung herstellen wollte, ward plötzlich ein verheerendes Feuer von den seitwärts liegenden Werken auf diesen Punkt gerichtet, so daß die Arbeit nur unter schweren Opfern fortgesetzt werden konnte. Allein die deutschen Truppen ließen sich die eroberten Punkte nicht wieder wegnehmen und nachdem im Laufe des 21. September Geschütze in die beiden genommenen Limetten gebracht waren, richteten sie ihrerseits ein sehr wirksames Feuer auf die inneren Werke der Festung.

In der Nacht vom 22. auf den 23. ging man mit der Schlangensappe auf dem Damm vor, welcher die Limette 52 mit dem eigentlichen Festungsglacis verbindet, und in der nächsten Nacht erreichte man die Crete derselben, an der gerade vor dem Ravelin 50 liegenden Spitze der Contreface oder Contregarde 51, und ging nun längs derselben unmittelbar auf die in der rechten Face der Bastion 11 befindliche Bresche vor. Es galt nur noch den Grabenübergang herzustellen und es konnte dann gestürmt werden. Außer der schon von uns erwähnten Bresche in der Bastion 12 des Hauptwalles, hatte nämlich schon während des Angriffs gegen die Lünetten, die Belagerungsartillerie auf einer Entfernung von 1100 Schritt eine sehr bedeutende Bresche in die Bastion 11 geschossen, welche man eben zum Eindringen in die Festung benutzen wollte. Die Breite dieser Bresche betrug 30 Schritt und würde also einer sehr breiten Sturmkolonne den Eingang gestattet haben.

Es war unter so bewandten Umständen klar, daß die Festung sich nicht viele Tage mehr halten, daß wahrscheinlich noch im September die Uebergabe derselben erfolgen würde. Dennoch machte es einen überraschenden Eindruck auf die Belagerer als am 27. September Nachmittags 5 Uhr plötzlich weiße Fahnen auf dem Thurm des Münster und auf den Bastionen 11 und 12 erschienen. So früh hatte man bei der bisher vom Kom

maubauten bewiesenen Energie und dem hartnäckigen Widerstande der Besatzung den Fall Straßburgs und namentlich ohne
vorgängigen Sturm nicht erwartet. Allein es konnten die Belagerer auch keine genügende Vorstellung haben von der ungeheuren Zerstörungskraft ihrer Geschosse. Dies zeigte sich erst als
man die durch dieselben verursachte Verheerung in Augenschein
nehmen konnte.

Am 28. September, 8 Uhr Morgens besetzten die deutschen
Truppen die Thore und die Citadelle, während die Besatzung um
11 Uhr die Festung verließ und auf dem Glacis derselben die
Waffen niederlegte. Es streckten im Ganzen, die National-
garde miteingerechnet, 17,111 M., worunter 451 Offiziere, die
Waffen.

In den 30 Tagen des förmlichen Angriffs auf Straßburg
(seit dem 29. August) waren im Ganzen 193,722 Schuß gethan. Davon kommen auf die 15 Centimeterkanonen und die
21 Centimetermörser, welche beiden Geschützarten hier bei Straßburg zum ersten Mal gegen einen Feind in Thätigkeit kamen,
resp. 3000 Langgranatenschüsse und 600 Langgranatenwürfe. Da
die Geschosse der Belagerer namentlich die Zerstörung der Festungswerke und die Vernichtung des feindlichen Artilleriematerials bewirken sollten, so trat natürlich vorzugsweise der an diesen Gegenständen angerichtete Schaden hervor. Außer den Bastionen
11 und 12 war auch der übrige Theil der nordwestlichen Enceinte
namentlich das Ravelin 50 mit dem dahinterliegenden Steinthor
sehr stark mitgenommen, die Citadelle aber fast ganz in einen
Schutthaufen verwandelt. Von den zur Vertheidigung ange-
wandten Geschützen waren nicht weniger als 92 Stück demontirt, was gewiß von der Leistungsfähigkeit der deutschen Artillerie
ein ausgezeichnetes Zeugniß ablegt. Eine große Zahl der feindlichen Geschütze war gerade an der Mündung getroffen.

Von der gegen 80,000 Menschen ausmachenden städtischen
Bevölkerung wurden 261 während der Belagerung getödtet, während von der Garnison, die einschließlich der Nationalgarde

20,000 M. betrug, 661 M. fielen. Der Verlust an Menschen-
leben bei der Belagerung Straßburgs ist daher eben kein sehr
großer zu nennen, namentlich nicht was die Einwohnerschaft betrifft. Auch hatte diese noch keinen eigentlichen Mangel zu lei-
den gehabt. Die Erzählungen aber von der furchtbaren Zerstörung der Stadt selbst, die während der Belagerung in Umlauf
gesetzt wurden, erwiesen sich, als man die Sache näher untersuchen konnte, als im hohen Grade übertrieben. Einzelne Theile
der Stadt hatten allerdings sehr gelitten, namentlich die nach
der Angriffsseite zu liegenden und es war auch eine Reihe öffentlicher Gebäude theils ganz niedergebrannt, theils verwüstet, allein
der größte Theil Straßburgs war von dem Bombardement entweder gar nicht oder nur in sehr geringem Maße berührt.

Weder das Bombardement also, noch auch die Noth der
Einwohner konnte den General Uhrich bewogen haben, in dem
von ihm dazu gewählten Moment die Festung zu übergeben.
Auch der bei weitem größte Theil der Garnison war noch kampf-
tüchtig und an Munition kein Mangel. Wenn der sonst so energische und hartnäckige Mann es also nicht zum Aeußersten, zum
Sturm kommen ließ, wodurch das Geschick der Stadt kaum in
irgend einer Weise verschlimmert worden wäre — denn Straßburg würde, auch wenn die Deutschen es mit stürmender Hand
eingenommen hätten, nicht Magdeburgs Loos im dreißigjährigen
Kriege erlebt haben -- so konnte der Grund dazu nur der sein,
daß die Widerstandskraft der Garnison erschöpft war und daß
der Kommandant daran verzweifelte, die Bresche beim Sturm
durch seine Truppen in anständiger Weise vertheidigen zu können. Darum erfolgte die Uebergabe einige Tage vor dem Sturm
und man kann dem Kommandanten, der auf diese Weise ein
ganz unnützes Blutvergießen vermied, keinen Vorwurf daraus
machen, wenn wir auch nicht glauben, daß es Humanitätsrück-
sichten waren, die den General Uhrich dazu bewogen, etwas früher
als es ganz unumgänglich nothwendig gewesen wäre, zu kapituliren. Jedenfalls aber hat General Uhrich seiner Pflicht als

braver, ehrliebender Soldat völlig Genüge geleistet, und die er=
bärmlichen Beschuldigungen, welche aus allen Schichten des
französischen Volkes, aus dem Schooß der Regierung sowohl wie
aus den Clubs der Hauptstadt gegen ihn ausgestoßen wurden,
zeigen nur, daß diesem Volk das Vermögen fehlt, sich mit Re=
signation in das Unvermeidliche zu finden und daß es, wenn die
Nation ein — von ihr selbst verschuldetes — Unglück trifft, eines
Sündenbocks bedarf, den es als Verräther aufstellen kann, weil
es natürlich ganz unmöglich ist, daß ohne Verrath die Franzosen
je den Kürzeren ziehen können.

So war denn Straßburg, nach fast zwei Jahrhunderten
einer fremden Herrschaft, am 28. September 1870 wieder in den
Händen der Deutschen. Die Franzosen betrachteten es als ein
unbezwingliches Bollwerk ihrer Macht, die gegen Deutschland
gerichtet war, und sie verloren dieses Kleinod, dessen Abbild die
Pariser in kindischem Enthusiasmus während der Belagerung,
mit Kränzen bedeckten, nachdem es anderthalb Monate hindurch
von einem kleinen Bruchtheil des deutschen Heeres angegriffen
war. Allerdings, wenn detachirte Forts die Festung umgaben,
wenn diese eine tüchtige, gut geschulte Besatzung von 30—40,000
Mann gehabt hätte und Alles bei Zeiten wohl zur Vertheidigung
eingerichtet worden wäre, dann hätten noch Monate vergehen
können, bis die deutsche Fahne auf dem Thurm des Münsters
geweht hätte Straßburg in deutschen Händen wird ein wahres
Bollwerk sein, wenn je die Franzosen den Entschluß fassen soll=
ten, sich an Deutschland wegen 1870 zu rächen; und wenn die
deutsche Heerführung in jenem Jahre unmittelbar an der star=
ken Grenzveste vorüber ihre Massen nach Frankreich hinein=
führen konnte, ohne sich im allermindesten um sie zu kümmern,
so werden die Franzosen schwerlich ein solches Beispiel nachahmen
können, sondern sie werden ein wohlbefestigtes, wohlbesetztes und
gutausgerüstetes Straßburg, wenn sie je soweit gelangen sollten,
nicht ungestraft aus dem Bereich ihrer Operationen lassen dür=
fen, und wenn sie die Bedeutung des Platzes einer gehörigen

Würdigung unterziehen, sich mit einem erheblichen Theil ihrer Macht gegen denselben wenden müssen. Dann erst wird die Wichtigkeit Straßburgs, welche die Franzosen nicht erkannt zu haben scheinen, oder in unbegreiflicher Verblendung außer Acht gelassen hatten, zur vollen Geltung kommen.

Die Eroberung Straßburgs wurde von der deutschen Heeresleitung in der umfassendsten Weise und mit großer Energie ausgebeutet. Die Gemüther der Bevölkerung des Elsaß waren noch sehr erhitzt und es galt nun zuvörderst hier die Ruhe, die durch zahlreiche Franktireurbanden gestört wurde, wieder herzustellen. Das coupirte Terrain des Landes machte diese Aufgabe nicht zu einer leichten und mehrere Gegenden mußten zu wiederholten Malen pazifizirt werden. Außerdem galt es, die übrigen Festungen des Elsaß, Schlettstadt, Neu-Breisach und Belfort zu erobern.

Die Truppen, welche an der Belagerung Straßburgs Theil genommen hatten, konnten für die so verschiedenen Aufgaben nicht als ausreichend angesehen werden, zumal da jetzt auch den im südöstlichen Frankreich neugebildeten Truppenkörpern, welche die große deutsche Kommunikationslinie leicht beunruhigen konnten, größere Aufmerksamkeit geschenkt werden mußte. Zu diesem Ende erhielt der Chef des Belagerungskorps von Straßburg, Generallieutenant v. Werder den Befehl, längs dem Westabhange der Vogesen in der Richtung auf Besançon vorzugehen, das Land hier von den Freischärlerbanden zu säubern, und feindliche Vorstöße gegen die Verbindungslinien der deutschen Heere mit ihrer Operationsbasis zu verhindern. Wir kommen auf die vom General v. Werder zu diesem Behuf unternommenen Operationen weiter unten zurück. Die Pazifizirung des Elsaß selbst aber, der schon durch Detachements badischer Truppen vorgearbeitet war, wurde dem Generalmajor v. Schmeling, Chef der Ende September bei Freiburg im Breisgau neuerrichteten 4. Reservedivision übertragen.

General v. Schmeling ging mit seiner Division am 1. und 2. Oktober über den Rhein bei Neuenburg und wandte sich zu-

nächst gegen Neu-Breisach, welche Festung vergebens von ihm
zur Uebergabe aufgefordert wurde. Ein Bombardement aus
Feldgeschützen gegen den Platz erwies sich gleichfalls als erfolglos, und da die Einnahme Schlettstadts dem General Behufs
der Herstellung der Kommunikation mit Straßburg vorerst als
von größerer Wichtigkeit erscheinen mußte, als die Eroberung
Neu-Breisachs, so begnügte er sich vorläufig damit, den letzteren
Platz einschließen zu lassen, und zog dann mit seiner Hauptstärke
gegen Schlettstadt, das schon 9. Oktober cernirt wurde. Vom
20. Oktober an wurde die Festung mit schwerem Geschütz beschossen und in der Nacht vom 22. auf den 23. Oktober die
erste Parallele in einer Entfernung von 5—700 Schritt von den
Wällen eröffnet. Aus 6 dicht hinter der Parallele erbauten
Batterien die zusammen 32 Geschütze enthielten, wurden nun
mit Tagesanbruch die Festungswerke mit so großem Erfolg beschossen, daß schon am nächsten Morgen Seitens des Kommandanten, Grafen Reinach, die Bitte um einen 24stündigen
Waffenstillstand erfolgte. Es wurde von General v. Schmeling
ein solcher nur bis 2 Uhr Nachmittags bewilligt und die nun
eröffneten weiteren Unterhandlungen führten alsbald zum Abschluß
der Kapitulation, wonach die aus ungefähr 2000 M. mit gegen
100 Offiziere bestehende Besatzung in Kriegsgefangenschaft gerieth.

Trotz der kurzen Dauer des Bombardements hatte das
Feuer der preußischen Geschütze sehr bedeutende Beschädigungen
an den Festungswerken angerichtet und nicht weniger als 24 feindliche Geschütze unbrauchbar gemacht. Dennoch muß der schnelle
Fall der Festung wohl zum großen Theil der schlechten Beschaffenheit der französischen Besatzung zugeschrieben werden, bei der
die Bande der Disciplin und des Gehorsams sich äußerst gelockert zeigten.

General v. Schmeling begann darauf sofort die Belagerung von Neu-Breisach, dessen Beschießung am 2. November erfolgte. Fünf Tage nachher kapitulirte das Fort Mortier

und am 10. November die Festung selber, wobei gegen 5000 Gefangene gemacht wurden.

Nunmehr wurde zur Belagerung der höchst wichtigen, ungemein starken Festung Belfort geschritten und die zu General v. Werders Corps gehörige 1. Reservedivision (Generallieutenant v. Treskow) damit beauftragt, während die 4. Reservedivision (Generalmajor v. Schmeling) nunmehr die Weisung erhielt, General v. Werders Operationen zu sekundiren. Auch die an interessanten Episoden reiche, mit außerordentlichen Schwierigkeiten verbundene Belagerung der Festung Belfort, deren Uebergabe das letzte bedeutungsvolle Ereigniß des großartigsten aller Kriege bildet, wollen wir als ein Ganzes dem Leser vorführen und uns jetzt der mit dem 19. August abgebrochenen Darstellung des Kampfes um Metz zuwenden.

Am 19. August zog der Marschall Bazaine seine gesammte, aus dem 2. 3. 4. 6. Corps und der Garde bestehende, immer noch an die 150,000 M. starke Armee hinter die Forts von Metz. Seinen Entschluß, nach Westen zu marschiren hatte er ganz aufgeben müssen. Vorläufig kam es nun für ihn darauf an, seine stark erschütterten Truppen zu reorganisiren und ihnen etwas Ruhe zu gönnen. Dann wollte er den Versuch, die feindliche Armee zurückzuwerfen und sich einen Weg zu den übrigen Streitkräften Frankreichs zu bahnen, wieder aufnehmen. Noch trat der Gedanke kaum an ihn heran, daß er mit einem Heere von anderthalbhunderttausend der besten französischen Soldaten, welche, — wenn man von den bösen letztverflossenen Tagen absah — noch jeden Feind besiegt hatten, wirklich innerhalb der Festungswerke von Metz eingeschlossen sei. Er glaubte immer noch Herr seiner Handlungen zu sein und daß er nur den Zeitpunkt des Abmarsches zu bestimmen brauche. Ein solcher Abmarsch war auch in nicht gar zu ferner Frist geradezu eine Nothwendigkeit, denn Metz war durchaus nicht darauf vorbereitet, ein so zahlreiches Heer längere Zeit zu ernähren. Man hatte ebensowenig wie bei Straßburg vor dem Beginn des Krieges daran gedacht, daß Metz dem Angriff einer feindlichen Armee werde ausgesetzt, viel weniger aber daran, daß ein großes französisches Heer darin belagert werden könne. Man hatte deßhalb nur geringe, auf eine Besatzung von 20,000 M. berechnete Vorräthe in der Festung angesammelt und es war ein reiner Zufall, daß noch am 12 und 13. August einige Bahnzüge mit Proviant in Metz hineingelangten, wodurch jene Vorräthe ansehnlich erhöht wurden.

Die Frage der Verpflegung ward noch dadurch bedeutend erschwert, daß eine große Menge von den Bewohnern der Umgegend aus Furcht vor dem feindlichen Invasionsheer nach Metz mit einem Theil ihrer Habe geflüchtet war. Dadurch war die Zahl der Konsumenten von Bürgerstand in der Stadt von 80,000 auf 120,000 gestiegen und die von jenen Flüchtlingen mitgebrachten Vorräthen reichten natürlich nur für kurze Zeit aus, so daß die Verpflegung einer sehr großen Anzahl von Menschen sehr bald dem Kommandanten der Festung anheimfiel.

Unter solchen Umständen mußte der Marschall Bazaine sobald wie möglich sich von Metz zu entfernen suchen.

Wir sehen oben, daß behufs der weiteren Operationen der Deutschen gegen Paris und den Marschall Mac Mahon, von den Truppen die bei Metz theils gekämpft hatten, theils doch während der letzten Kämpfe anwesend gewesen waren, das IV. XII. und das Gardekorps als „Maasarmee" abgezweigt wurden, um im Verein mit der dritten Armee an den Operationen gegen Paris und den Marschall Mac Mahon Theil zu nehmen. Es blieben von der zweiten Armee vor Metz daher nur das III. IX. und X. Armeekorps, wozu dann noch das am 18. August gegen Ende der Schlacht bei Gravelotte eingetroffene II. Armeekorps zu rechnen ist. Die erste Armee, welche nach wie vor aus dem I. VII. und VIII. Armeekorps bestand, erhielt am 25. August noch durch Zutheilung der 3. Reservedivision (19. und 81. Infanterieregiment, 4 kombinirte Landwehrregimenter à 3 Bataillone, 4 Reserve-Reiterregimenter und 6 Reservebatterieen,

zusammen gegen 20,000 M. unter Generallieutenant Kummer)
eine erhebliche Verstärkung. Die um diese Zeit vor Metz versammelten deutschen Truppen beliefen sich also, wenn man die
Stärke der Armeekorps jetzt zu durchschnittlich 25,000 M. annimmt — höher darf man wohl nicht gehen, weil trotz der nun
zahlreich eintreffenden Ersatztruppen der Abgang durch Krankheiten sehr bedeutend war — auf ungefähr 200,000 M., und standen sämmtlich unter dem Oberbefehl des Prinzen Friedrich
Karl, wodurch also die jetzt unbedingt nothwendige Einheit im
Kommando erreicht ward.

Wenn es dem französischen Marschall nicht sofort nach den
großen Schlachten bei Metz klar wurde, daß das Resultat derselben die völlige Einschließung der französischen Armee sein
werde, so hatte dahingegen das Oberkommando der deutschen
Truppen gleich die richtige Einsicht von der Sache, und daß es
sich hier um eine Belagerung im größesten Maßstabe handele.
Es wurde daher der Platz schon in den ersten Tagen nach dem
19. August völlig cernirt, wobei die Gesammtausdehnung der
Einschlußlinie nicht weniger als 6 deutsche Meilen betrug. Die
Streitkräfte wurden ungefähr gleich vertheilt auf den beiden Ufern
der Mosel und zwar so, daß die der ersten Armee angehörigen
Truppen auf dem rechten, die Truppen der zweiten Armee aber
auf dem linken Ufer des Flusses aufgestellt wurden. Die Entfernung der Cernirungslinie von der Festung betrug durchschnittlich etwas weniger als eine Meile und selbstverständlich waren
die Vorposten näher nach der Stadt zu vorgeschoben, so daß sie
im Schußbereich der schweren Geschütze der Festung, namentlich
aber der detachirten Forts lagen. Mit großem Eifer begann
man auch sofort die Cernirungslinie zur Vertheidigung einzurichten, ganz so wie wir dies oben bei der Darstellung von der
Einschließung von Paris beschrieben haben, und durch die Er-
bauung von Brücken über die Mosel oberhalb und unterhalb
der Stadt wurde die Kommunikation zwischen beiden Ufern hergestellt.

Als Festung betrachtet ist Metz an und für sich wohl noch stärker als Straßburg; dazu kam nun aber noch, daß sich bei der ersteren detachirte Forts befanden, während sie bei Straßburg nicht vorhanden waren. Diese bei Metz liegenden Forts sind erst ganz neuen Ursprunges und sie wurden im Jahre 1869, als sich ein Konflikt zwischen Deutschland und Frankreich zu entwickeln schien, angelegt; indessen beeilten sich die Franzosen nicht bei der Arbeit, wovon sich der Verfasser damals zu überzeugen Gelegenheit hatte. Vielleicht wäre es für die Franzosen besser gewesen, wenn sie gar nicht vollendet worden wären, denn in diesem Fall ist es nicht wahrscheinlich, daß sich das französische Heer solange bei Metz aufgehalten hätte. Es wäre dann wohl schon vor dem 13. August nach dem Westen abmarschirt, würde seine Vereinigung mit Mac Mahon bewerkstelligt haben und der Gang des Krieges wäre ein ganz anderer geworden.

Nun aber, wie die Umstände einmal lagen, waren die Forts für den Marschall Bazaine nach dem 19. ein unermeßlicher Vortheil. Unter ihrem Schutz konnte er in vollkommener Ruhe die Ordnung in seinen erschütterten Schlachthaufen wieder herstellen; er konnte ferner durch dieselben gedeckt die umfassendsten Einleitungen zu seinen weiteren Operationen treffen, und wenn diese fehlschlugen, sich wieder unter den Schutz der Forts zurückziehen ohne sich großen Verlusten auszusetzen. Wie ganz anders wäre die Lage Bazaines gewesen, wenn die vorgeschobenen Werke bei Metz gefehlt hätten — vorausgesetzt freilich, daß er auch in diesem Fall gezwungen worden wäre, seine Zuflucht nach einigen verlorenen Schlachten in der Festung zu suchen. Sein großes Heer, zum Theil in Unordnung gegen dieselbe zurückgeworfen, würde schon dabei erhebliche Verluste erlitten haben, denen es nun dadurch entging, daß die Forts es in dem großen von ihnen beherrschten Raum aufnahmen; es würde ferner die Stadt nicht Platz zur Beherbergung· von 150,000 M. gehabt haben, da sie schon vorher überfüllt war. Die Truppen, die man auf dem Festungsglacis hätte unterbringen müssen, wären dem verheeren-

den Feuer der Belagerer ausgesetzt gewesen und es hätten diese
dann auch jede größere Bewegung der Franzosen nach Außen
hin sofort und ehe jene noch recht zur Entwickelung gekommen
wären, unter Feuer nehmen können.

Die ungenügende Verproviantirung von Metz, namentlich in
Hinblick auf die dabei nicht mit in Berechnung gezogenen Bazaine'schen Truppen, war dem Oberkommando des deutschen Belagerungskorps nicht unbekannt, und man mußte daher hoffen den
Platz bald zur Uebergabe zu zwingen, wenn man nur jeden
Durchbruchsversuch zu verhindern wußte. Darauf mußten
also vorläufig alle Anstrengungen des Generals en chef gerichtet
sein, und an eine regelmäßige Belagerung des Platzes, wozu
überdies das nöthige Material nicht zur Stelle war, konnte wenigstens vorläufig nicht gedacht werden. Als später Belagerungs-
geschütz vor Metz angelangt war, begann man allerdings mit
der Beschießung einzelner Forts, allein es geschah dies mehr in
der Absicht, das lästige Feuer derselben zum Schweigen zu bringen, als zur Einleitung einer förmlichen Belagerung.

Acht Tage nach der Schlacht bei Gravelotte hatte Marschall
Bazaine schon wieder soviel Festigkeit in seine Truppen gebracht,
daß er seine Operationen wieder aufnehmen konnte. Es war,
wie er dies selbst in seinem Bericht über die französische Rheinarmee sagt, am 26. August seine Absicht die Passage längs der
Mosel zu forciren und auf diese Weise vorläufig Didenhofen zu
erreichen. Zu diesem Ende zog er die Corps von Ladmirault
(4) und Canrobert (6) nebst der Garde auf das rechte Mosel=
ufer hinüber und ließ diese Truppen hinter dem Fort St.
Julien eine vorläufige Aufstellung nehmen. Das 2. Corps
(Frossard) und das 3. (Leboeuf) sollten längs dem linken Ufer
vorbringen.

Bazaine giebt nun einem heftigen Unwetter, das jetzt gerade
losbrach, die Schuld, daß jener Plan nicht zur Ausführung kam.
Dies wäre an und für sich nicht undenkbar gewesen, denn der
fette Boden in der Umgegend von Metz erschwert in ausgeweich-

tem Zustande das Manövriren von Truppen — und hier handelte es sich um ein großes Heer — in hohem Grade. Allein
das Unwetter hatte doch auch einmal ein Ende und an einem
Augusttage trocknet der Boden leicht. Es war daher kein Grund
vorhanden, weshalb man den Plan nicht am Abend, oder früh
Morgens am andern Tage zur Ausführung brachte.

Es scheint nun aber nach dem Rapport des Marschalls, als
ob es nicht das Wetter allein gewesen, das die unternommene
Operation verhindert, sondern daß sich gewichtige Bedenken anderer Art geltend gemacht hätten. Während des Unwetters wurden nämlich die Chefs der Armeekorps und der Spezialwaffen
vom Marschall Bazaine zu einem Kriegsrath nach dem Pachthofe von Grimont berufen und man kam dabei zu dem Beschluß,
daß die Armee bei Metz bleiben müsse, weil dadurch 200,000
Feinde festgehalten würden und Frankreich Zeit gewönne, in
die neu aufgestellten Armeen genügende Festigkeit hineinzu-
bringen, endlich aber weil Metz nach dem Fortgang der französischen Rheinarmee bei dem unvollendeten Zustande der Außenwerke, die nicht einmal ausreichend armirt seien, sich keine 14
Tage halten könne. Die Armee müsse daher davon absehen,
Durchbruchsversuche zu machen, dahingegen versuchen den Feind
durch Handstreiche zu beschäftigen und ihm keine Ruhe zu lassen.
Zugleich müsse man dabei, mit Rücksicht auf die höchst mangel-
hafte Verproviantirung der Festung Metz, durch zahlreiche kleine
Ausfälle Vorräthe in dieselbe aus der Umgegend zurückzubringen
suchen.

Dieser Beschluß des französischen Kriegsraths ist wiederum
ein Beweis dafür, wie schwer es den Franzosen wird, sich mit
der wirklichen Sachlage abzufinden. Das Selbstgeständniß, daß
sie in Metz eingeschlossen seien und also nicht die Freiheit der
Bewegungen bewahrt hätten, so daß sie nicht je nach Belieben bei
der Festung bleiben oder von derselben fortgehen könnten, mußten
die Mitglieder des Kriegsraths nicht über sich zu gewinnen,
und sie hielten sich daher an Gründe zur Bestimmung

ihrer Handlungsweise, welche vor der Kritik nicht bestehen können. Es war nämlich die Anwesenheit des französischen Heeres
von weit größerer Wichtigkeit anderswo, als gerade bei Metz,
nämlich bei jenen anderen Heeren, die jetzt neu errichtet wurden.
Unter dem Schutze der Rheinarmee hätten diese Neuformationen
mit der gehörigen Ruhe und ohne Ueberstürzung vorgenommen
und von den älteren Truppentheilen hätten die nöthigen Kadres
an die neuzubildenden abgegeben werden können, wodurch letztere
von vornherein größere Festigkeit erhalten hätten, deren sie ohne
jene Kadres entbehren mußten. Es war daher gewiß Grund
genug für die Rheinarmee, zu versuchen von Metz fortzukommen.
Daß sie die 200,000 M des Feindes festhielt, war wohl wahr,
allein ein großer Theil der deutschen Armee mußte unter allen
Umständen vor Metz bleiben, auch wenn die Rheinarmee oder
doch der größte Theil derselben abmarschirt wäre. Blieben z. B.
50,000 M. dieser letzteren Armee zurück in Metz, während die
übrigen 100,000 M. sich durchschlugen, so mußte zur Cernirung
der Festung und zur Deckung der deutschen Communications-
linie doch sicher die Hälfte der deutschen Truppen dort belassen
werden. Dann war die Stärke der französischen Rheinarmee
und der Armee des Prinzen Friedrich Carl gleich und erstere
konnte hoffen in einer guten Stellung etwa bei der Loire, die
deutsche Armee, wenn diese ihr dorthin gefolgt wäre, ebenso gut
„festzuhalten", wie bei Metz.

Wenn der im Pachthofe von Grimont abgehaltene Kriegsrath dann weiter zu dem Schluß kommt, daß „Metz sich ohne
den Schutz der Armee keine 14 Tage halten könne", und dafür
die ungenügende Armirung der Forts anführt, so ist darauf zu
erwidern, daß Straßburg sich ohne Forts und ohne Armee fast
zwei Monate hielt, und die Armirung seiner Festungswerke erst
unter den Augen des Feindes vollendete. Dies hätte mit den
Metzer Forts ebensogut geschehen können. Wenn aber der größte
Theil der französischen Rheinarmee abmarschirte, so hatte die
Festung Hunderttausend Menschen weniger zu ernähren und

konnte ich also aus diesem Grunde wenigstens einen Monat
länger halten, als dies nun in der That geschah.

Wie man nun auch die Sache ansieht, so ist soviel klar,
daß es entschieden am Richtigsten gewesen wäre, wenn die französische Rheinarmee Metz verlassen hätte, immer vorausgesetzt,
daß sie dies konnte. Die Mitglieder des erwähnten Kriegsraths
schienen dies indessen durchaus nicht in Zweifel zu ziehen und
auch der Marschall Bazaine spricht in seinem Rapport davon
wie von einer selbstverständlichen Sache. Indeß gab man dann
aus den angeführten Gründen den Durchbruchversuch vorläufig
auf. Freilich nur für wenige Tage. Denn am 31. August
machte der Marschall Bazaine allerdings einen sehr energischen
Versuch die deutsche Cernirungslinie zu durchbrechen.

Was konnte dem Marschall zu einer so plötzlichen Aenderung seines Beschlusses bewogen haben? Er selbst sagt darüber
folgendes:

„Am 30. August kehrte ein Bote, welchen ich Sr. Majestät dem
Kaiser nach Chatons geschickt hatte, mit folgender Botschaft zurück:
Ihre Depesche vom 19. in Rheims erhalten — rücke in
der Richtung von Montmedy vor — werde übermorgen
an der Aisne stehen — werde den Umständen nach handeln, um Ihnen zu Hülfe zu kommen.

Ich versammelte die Armee am 31. vor den Forts von
Queuleu und St. Julien, und bezeichnete das Plateau von St.
Barbe als denjenigen Punkt, dessen Erringung der Zweck des
heutigen Kampfes sein sollte, da ich die Absicht hatte, im Falle
des Gelingens Thionville mit dem 3. 4. und 6. Armeekorps
über Bettelainville und Kedange zu erreichen, während ich die
Garde und das 2. Armeekorps die Straße nach Matroy einschlagen ließ. Das rechte Ufer bot den Vortheil dar, daß wir nicht
nöthig hatten, über die Orne zu gehen; indem ich St. Barbe
als Ziel des Kampfes feststellte, blieb der Feind in der Ungewißheit, ob ich mich nach Osten wende würde, um ihm seine
Verbindungen abzuschneiden oder nach den nördlichen Festungen."

Hiernach ist es also ganz unzweifelhaft, daß es der Entschluß des Marschalls war, sich mit seiner ganzen Armee durch
die deutsche Cernirungslinie durchzuschlagen, um dann in der
Nähe der belgischen Grenze die Vereinigung mit dem vom Kaiser
oder Marschall Mac Mahon geführten Truppen zu suchen. Dies
ist, trotzdem daß von den französischen Heerführern 5 Tage vorher die Ueberzeugung ausgesprochen war, daß die Rheinarmee
Metz nicht verlassen dürfe, so klar, daß es uns Wunder nimmt,
wie die sonst so sachkundig abgefaßte Schrift: „Der Krieg um
Metz" S. 24 eine davon abweichende Anschauung hat aussprechen
können. Nach jener Schrift soll es die Absicht des Marschalls
gewesen sein, sich wenigstens auf einem Moselufer selbst zu entsetzen. Dies ist uns unverständlich, denn da die deutschen Cer-
nirungstruppen für genügende Kommunikationen zwischen beiden
Moselufern gesorgt hatten, so würden sie, falls Bazaine an
einem derselben durch Einsetzung aller seiner Kräfte bedeutende
Vortheile errungen hätte, auch sämmtlich nach jenem Ufer hin-
übergeführt worden sein. Dann konnte nur zweierlei passiren,
entweder schlug Bazaine das ganze deutsche Heer, und dann
hatte er beide Moselufer entsetzt, oder er wurde besiegt, und
dann mußte er wiederum nach der Festung zurück. Ein Ufer
allein konnte er nicht entsetzen.

Schlacht von Noisseville am 31. August und 1. September.

In den Morgenstunden des 31. August begann Marschall
Bazaine sein gesammtes Heer auf dem rechten Moselufer zu
versammeln. Diese Truppenkonzentrirung, welche während der
Nacht hätte vorgenommen werden müssen, begann um 6 Uhr
Morgens und war nicht vor 5 Uhr Nachmittags beendigt. Die
Kavallerie der Garde und die Hauptreserveartillerie nahm sogar
noch später die ihnen angewiesenen Plätze ein.

Die Truppen stellten sich nach und nach, wie sie ankamen, in die ihnen vorgeschriebenen Stellungen, das 3., 4. und 6. Korps in erster, das 2. und die Kaisergarde in zweiter Linie auf. Die Schlachtlinie erstreckte sich in einem weiten Bogen von der Straße nach Saarlouis bis an die Mosel. Das 3. Korps bildete den äußersten rechten Flügel und stand mit drei Divisionen — eine war in Metz zurückgelassen worden — hinter Noisseville, den rechten Flügel etwas zurückgebogen und an die Straße nach Saarlouis gelehnt, während der linke Flügel die zwischen Nouilly und Mey liegenden Höhen einnahm und sich an das nordöstlich von dem letztgenannten Orte liegende Gehölz stützte. Das 4. Korps reihte sich links an das dritte an, seinen linken Flügel an die Straße nach St. Barbe lehnend. Weiter links stand das 6. Korps bis an die Straße nach Bouzonville, den linken Flügel etwas zurückgezogen. Die Kavallerie beider Korps war etwas über diese Stellung hinaus vorgeschoben worden, während die Kavallerie des 3. Korps die Straße nach Saarlouis beobachtete. Fünfzehnhundert Schritt hinter dieser ersten stand fast parallel mit derselben die zweite Linie, das 2. Korps bei der Ferme Bellecroix, die Garde und die Reserveartillerie zwischen dem Fort St. Julien und dem Gehölz von Grimont, den linken Flügel fast bis an die Mosel ausdehnend. Vor der Ferme Grimont ließ der Marschall Bazaine zu beiden Seiten der Straße nach St. Barbe Emplacements zur Aufnahme von Geschützen anlegen. Gegen 4 Uhr waren hier 3 kurze Vierundzwanzigpfünder, welche man aus dem Fort St. Julien geholt hatte, ferner eine Zwölfpfünder- und eine Vierpfünderbatterie aufgestellt.

Schon um 9 Uhr waren zwei Bataillone von der Brigade Lapaffet*) des 5. Korps auf dem rechten Flügel nach Colombey

*) Diese Brigade war vom 5. Korps Anfangs August nach Saargemünd detachirt worden und konnte nach den Ereignissen des 6. August nicht mehr zum Korps stoßen, sondern schloß sich der gleichfalls in Saargemünd stehenden 1 Division des 3. Korps an.

vorgegangen und hatten dieses Dorf besetzt, nachdem sie die schwachen Vorposten der 4. Infanterie-Brigade daraus vertrieben hatten. Dann gingen die Franzosen gegen die Stellung Aubigny-Mercy le Haut vor, ohne daß es ihnen indessen gelang dieselbe zu nehmen. Der ohne große Kraft unternommene Angriff ward bald ganz aufgegeben, und es trat hier bis 5 Uhr Nachmittags eine Pause ein.

Auch auf dem linken Flügel gingen die Franzosen, gegen die von der Linien-Brigade (19. und 81. Infanterieregiment) der Reservedivision Kummer besetzte Linie Malroy-Charly vor, allein es war diese Bewegung nur von einem Kavallerie-Regiment und einer Batterie unternommen und sie wurde von den Preußen durch einige Granatschüsse abgewiesen. Dann begann das Fort Julien ein ziemlich schwaches Feuer gegen die Stellung Malroy-Charly, aber ohne jeden Erfolg. Alle diese verschiedenen, etwas schüchternen Maßregeln mögen vom Marschall Bazaine befohlen sein, um die Deutschen über seine wirklichen Absichten, welche wenn auch nicht auf einen Abzug von Metz, so doch auf ein Gewinnen des Plateaus von St. Barbe gerichtet waren, irre zu leiten.

Das Oberkommando der deutschen Truppen hatte aber schon den Plan des französischen Marschalls durchschaut, und seine Maßnahmen danach ergriffen. Von den vier auf dem linken Moselufer stehenden Armeekorps wurden das II. und III. angewiesen, sich auf beiden Seiten der Orne in der Linie Briey und St. Privat la Montagne zu konzentriren, so daß sie die auf dem linken Moselufer nach Diedenhofen und der belgischen Grenze führenden Straßen beherrschten Das IX. Armeekorps wurde auf dem Wege nach dem Moselübergange bei Haucourt so aufgestellt, daß es sofort nach dem rechten Moselufer hinübergezogen werden konnte, und zwar ward die 25. (Großherzoglich Hessische) Division vorläufig nach Pierrevillers, die 18. Division und die Korpsartillerie nach Roncourt dirigirt. Endlich erhielt das X. Armeekorps den Befehl, mit dem

disponibeln Theil des Korps sofort nach dem rechten Moselufer
hinüberzurücken. Um 11 Uhr erhielt dann die 25. Division
die Weisung auch dahin abzumarschiren.

Die französische Armee fuhr indessen fort sich auf diesem
Ufer des Flusses, namentlich im Terrain bei dem Fort St. Julien
zu verstärken, und es schien daraus hervorzugehen, daß der Haupt-
angriff von hier aus statt finden werde, weßhalb der General
von Manteuffel, dem außer dem I. Armeekorps auch die vom
General von Kummer befehligte 3. Reservedivision zugewiesen
war, die Landwehrdivision derselben nach St. Barbe, die bei
Courcelles sur Nied stehende 3. Infanteriebrigade aber nach
Retonfay abrücken ließ. In erster Linie stand St. Julien
gegenüber: die 1. Infanteriedivision, mit der 1. Infanteriebrigade in und hinter der Linie Failly-Servigny, 1. Bataillon in Noisseville, 2 Kompagnien Jäger in Bremy;
östlich dieses Orts die 2. Infanteriebrigade in Reserve. Die
Korpsartillerie befand sich bei St. Barbe. Es waren jetzt
also östlich und nordöstlich von St. Julien 5 preußische Brigaden
vereinigt.

Erst um 4 Uhr Nachmittags geschah nun der eigentliche
Angriff französischerseits. Er wurde mit einem heftigen, von den
zu beiden Seiten der Straße nach St. Barbe in den dort angebrachten Emplacements aufgestellten Geschützen gegen die in
der Linie Servigny-Failly stehenden preußischen Truppen eingeleitet. Die 4 hier befindlichen Batterien wurden aber mit 3
weiteren Batterien der Korpsartillerie verstärkt und die französische Artillerie dadurch zum Schweigen gebracht.

Gleichzeitig machte auch die französische Infanterie vom
3. Korps einen energischen Vorstoß und traf hierbei auf die
vorwärts Retonfay stehende 3. Infanteriebrigade, die in ein
sehr lebhaftes Gefecht verwickelt wurde, während das 1. Bataillon
des 1. Regiments (Grenadierregiment Kronprinz) welches das
Dorf Noisseville besetzt hielt, der Uebermacht weichen mußte
und auf Servigny zurückging. Dies geschah um 6½ Uhr.

Dadurch wurde die Stellung der vor dem Dorfe Servigny stehenden preußischen Batterien unhaltbar, da sie von Noisseville aus von den feindlichen Schützen im Rücken gefaßt wurden und sie gingen deßhalb nach Servigny zurück. Dort wurden sie von der inzwischen über Nouilly vorgegangenen französischen Artillerie auf's Heftigste beschossen, ohne daß sie dadurch zum Weichen gebracht werden konnten.

Nun erhält die 3. Division (Metman) des 3. französischen Korps den Befehl Servigny wegzunehmen, und die 1. Brigade (Potier) dringt auch wirklich in die nördliche Lisiere des Dorfes ein, bekommt aber aus den Häusern ein so intensives Feuer, daß sie sich wieder zurückziehen muß. Darauf rückt das 4. französische Korps vor, um im Anschluß an die Division Metman den Angriff zu erneuern. Die 1. Division (Cissey) vom 4. Korps schließt sich rechts an jene und die 2. Division (Grenier) wendet sich gegen Villers l'Orme; die 3. Division (Lorencez) folgt als Reserve.

Der ungeheuren Uebermacht, mit welcher der französische Angriff ausgeführt wird, gelingt es die preußischen Verschanzungen bei Villers l'Orme zu nehmen, und auch die vor Poix angelegten Schützengräben fallen in die Hände der Franzosen, welche sich jetzt gegen Servigny wenden. Aber auch der zweite Angriff gegen dieses Dorf mißlingt und erst, als zum dritten Mal der Sturm, an dem sich auch die 4. Division (Aymard) des 3. Korps betheiligt, erneuert wird, müssen sich die Preußen bis zum östlichen Ausgang des Dorfes zurückziehen. Hier aber stranden alle weiteren Versuche der Franzosen, und auch das Dorf Poix wird mehrere Male vergeblich angegriffen.

Unterdessen hatte der Marschall Canrobert durch die dem 6. Korps attachirten Freiwilligenkompagnien die schwach besetzten Orte Chienlles und Vann wegnehmen lassen und bereitete sich zum Angriff auf Charly vor. Die 1. Division (Tixier) stellte er rechts, die 3. Division (Lafont de Villiers) links am Wege von Chienlles nach Charly auf, und behielt die 4. Division

(Levaſſor-Sorval) nebſt der Kavallerie in Reſerve. Er ſtand eben im Begriff den Befehl zum Vorrücken zu geben, als ihm eine Weiſung des Marſchalls Bazaine zuging, ſich gegen Failly zu wenden. Der Marſchall hoffte nämlich, daß nach Eroberung dieſes Punktes auch Poir und Servigny in ſeine Hände fallen würden. Ehe jedoch Canrobert etwas Ernſtliches in der neuen Richtung vornehmen konnte, hatten ſich die Dinge im Centrum zu Ungunſten der Franzoſen geändert und Canrobert mußte von dem kaum begonnenen Verſuche abſtehen.

Wir ſahen oben, daß die preußiſchen Batterien, welche von Noiſſeville nach Servigny zurückgegangen waren, ſich dort trotz des heftigen feindlichen Infanteriefeuers hielten. Sie verließen auch dann ihre Stellung nicht, nachdem der größte Theil des Dorfes von den Franzoſen erobert war. Gedeckt durch das Feuer dieſer braven Artillerie ging nun die 3. Infanteriebrigade gegen die in das Dorf eingedrungenen Feinde vor, und es gelang ihr dieſelben trotz der enormen Uebermacht der Franzoſen, wieder aus Servigny hinauszuwerfen. Die rückgängige Bewegung der Franzoſen der Servigny theilte ſich der ganzen franzöſiſchen Schlachtlinie mit und die von ihnen errungenen Vortheile wurden aufgegeben.

So war die Nacht herangekommen und das Gefecht ſchien beendet. Allein es war nur das Vorſpiel zu einem weit ernſteren Kampfe geweſen. Als ſchon die preußiſchen Reſerven in die Biwaks abgerückt waren, erfolgte plötzlich ein heftiger Angriff auf der ganzen Linie und namentlich ein energiſcher Vorſtoß auf der Saarbrückener Chauſſee, welche nur durch das 1. und 10. Dragonerregiment gedeckt war, ſo daß der Feind bis gegen Puche vordringen konnte, worauf er ſich nördlich gegen das ſchwach beſetzte Flanville und nach der Einnahme deſſelben gegen Retonfav wandte, das ihm gleichfalls überlaſſen werden mußte.

Dadurch war die Beſatzung von Noiſſeville in drohende Gefahr gerathen, abgeſchnitten zu werden und ſie mußte es daher

vorziehen das Dorf zu räumen und in der Richtung auf
St. Barbe, wohin schon früher die Landwehrdivision Senden
dirigirt worden war, zurück zu gehen. Etwas südlich von jenem
Dorfe bei Chateau Gras sammelte sich die ganze 3. Infanteriebrigade.

Gleichzeitig richtete der Feind einen sehr heftigen Angriff
auf Servigny, welches er zwar einnahm, aber vor einem
wüthenden Gegenstoß durch Truppen der 1. Infanteriebrigade,
wobei es zu einem erbitterten Kampfe von Mann gegen Mann
kam, nicht behaupten konnte. Ein zweiter Versuch, den die
Franzosen zur Wegnahme des Dorfes machten, fiel noch unglück-
licher aus, denn sie kamen nicht einmal an die Lisiere, sondern
wurden durch das Feuer der Infanterie und Artillerie abgewiesen.

Auch bei Failly richteten die Franzosen Nichts aus durch
ihre Angriffe, sondern wurden hier durch Theile der 1. Infanteriebrigade und der Westpreußischen Landwehrbrigade zurückgedrängt.

Damit hatten diese nächtlichen Angriffe der Franzosen ihr
Ende erreicht. Andererseits konnte auch der General von Manteuffel, dessen Truppen bisher allein im Feuer gewesen waren,
auch nicht wünschen einen Kampf fortzusetzen, bei dem kein
Ueberblick möglich war, und er stand daher von weiteren Gegen-
angriffen bis zum nächsten Morgen ab.

Der nächtliche Angriff der Franzosen auf die preußischen
Linien war ohne Wissen und Willen des Marschalls Bazaine,
der um 9 Uhr nach St. Julien zurückkehrte, unternommen
worden. Man erzählt, daß der alte General Changarnier,
welcher sich dem 3. Korps als Freiwilliger angeschlossen hatte,
den ersten Impuls dazu gegeben, indem er einen Bataillons-
Kommandeur mit den Worten angeredet habe: „Zeigen Sie
einmal, daß Sie ein Mann sind," worauf dann vom General
Changarnier selbst der Befehl zum Angriff gegeben sei. Das
Bataillon habe sich darauf den Preußen entgegen geworfen, die

benachbarten Bataillone seien ihm gefolgt und die Bewegung
sei so eine allgemeine geworden. Servigny wurde auf diese
Weise wirklich auch wieder genommen, allein die Bataillone
wurden bei dem Nachtgefecht sehr durcheinander gemischt, die
Ordnung hörte auf, und als nun die Preußen ihrerseits vorgingen, mußten die Franzosen das Dorf wieder aufgeben.

Ob der General Changarnier wirklich ein solches Bravour-
stück aufgeführt hat, darüber dürfte es schwer sein, Gewißheit
zu erhalten. Wahrscheinlicher ist es jedenfalls, daß die Bewegung von einem Divisions- oder Brigadegeneral ausgegangen
ist, der die Gelegenheit für günstig erachtet hat, in der Dunkelheit einen Coup zu machen.

Um Mitternacht nahmen die Franzosen folgende Stellungen
ein: Auf dem äußersten rechten Flügel stand die 2. Division
des 3. Korps, zwischen dem Fort Queuleu und dem Dorfe
Colomby, Verbindung haltend mit der Brigade Lapasset (der
1. Brigade von der 2. Division des 5. Korps), welche sich in
Colombey und Corny festgesetzt hatte. Die 2. Division des
2. Korps hatte die Straße nach Saarbrücken besetzt, sich auf
Flanville stützend. Von der 1. Division des 2. Korps standen
3 Regimenter bei Bellecroix, während das 4. Regiment
(Nr. 32) Noisseville mit besetzt hielt. Die Hauptbesatzung
dieses Dorfes bildete die 2. Brigade der 1. Division vom 3.
Korps, während die 1. Brigade in Montoy stand. Die 3.
und 4. Division des 3. Korps und die 1. Division des 4. Korps
hielten das Terrain um Servigny besetzt. Die 2. Division
des 4. Korps stand Poix gegenüber und an dem Wege nach
Failly, die 3. Division bildete hinter den beiden anderen die
Reserve. Das 6. Korps stieß mit seinem rechten Flügel an die
2. Division des 4. Korps und dehnte sich mit seinem linken
Flügel bis an die Mosel aus, über Vany und Chieulles.
Auch die Garde war bedeutend vorgerückt; die Voltigeurdivision
stand zwischen Grimont und Servigny, hinter dem 4. Korps,
die Grenadierdivision wieder dahinter, östlich von Grimont.

Die Reserve-Artillerie und -Kavallerie war beim Fort St. Julien aufgestellt.

Es war also mit Ausnahme der Garde die ganze Armee Bazaines jetzt in die Schlachtlinie gezogen und ein nicht unbedeutender Theil derselben war nach Südosten vorgedrungen, wo die Preußen freilich nur geringen Widerstand geleistet hatten. Die Hauptkräfte der Franzosen standen im Centrum zwischen Failly und Servigny, und es war also ein Angriff in der Richtung auf St. Barbe mit Gewißheit zu erwarten.

Im Laufe des Nachmittags war die zum IX. Armeekorps gehörige 25. (Großherzoglich Hessische) Infanteriedivision auf dem rechten Moseluser angelangt und hatte gegen 5 Uhr eine Stellung beim Gehölz von Failly eingenommen, ohne daß sie doch ins Gefecht hineingezogen worden wäre. Gegen Abend bezog sie dann ein Biwak bei Antilly.

Die andere Infanteriedivision des IX. Armeekorps nebst der Korpsartillerie erhielt um 7½ Uhr von dem Oberbefehlshaber der deutschen Truppen bei Metz, dem Prinzen Friedrich Karl den Befehl sofort von Roncourt aufzubrechen und sich über Hauconcourt nach St. Barbe zu begeben, da schon damals die Absicht des Feindes zu erkennen war, das am Nachmittag abgebrochene Gefecht wieder zu erneuen. Um 4 Uhr Morgens den 1. September traf die Division bei St. Barbe ein.

Dem General von Manteuffel standen also früh Morgens am 1. September zur Erneuerung des Kampfes 5 Infanterie-Divisionen und 34 Batterien zu Gebote, und gegen 4 Uhr Morgens gab er der 3. Infanteriebrigade den Befehl das Tags zuvor vom Feinde eroberte Noisseville diesem wieder abzunehmen. Allein der Feind stand hier in großer Stärke (Brigade Clinchant und 32. Regiment) und es gelang den Preußen nicht an Noisseville heranzukommen, wohingegen die von den Franzosen gemachten Vorstöße abgewiesen wurden. Ehe die Preußen nun ihren Angriff wiederholten, wurde der Ort stark beschossen und dann warf sich das 43. Infanterieregiment von der 2. In-

fanteriebrigade mit großem Ungestüm auf das Dorf. Die tapferen Ostpreußen drangen trotz der Uebermacht des Feindes und
seiner Mitrailleusen in dasselbe ein, allein sie vermochten es nicht
zu halten, und selbst als das zweite Regiment der Brigade
(Grenadierregiment Nr. 3) und auch noch die Posensche Landwehrbrigade zu ihrer Unterstützung herankamen, konnte Noisseville, das mehrere Mal genommen und wieder verloren wurde,
nicht auf die Dauer festgehalten werden.

Es mußte daher wieder mit der Artillerie versucht werden,
und es erging deßhalb an die 25. Infanteriedivision der Befehl,
ihre Batterien auf Noisseville in Thätigkeit zu bringen.
Bald richteten 54 Geschütze ihr Feuer auf diesen Ort, und während 4 preußische und 2 hessische Batterien ihn in der Front beschossen, wurde derselbe von 3 hessischen in der Flanke bestrichen.
Bald gerieth Noisseville in Brand, und als darauf gegen 10.
Uhr die Preußen wieder gegen das Dorf vorgingen, fanden sie
es nur schwach besetzt, und es fiel ohne große Anstrengung ihrerseits endlich in ihre Hände.

Während so der Kampf auf dem rechten Moselufer hin-
und herschwankte, wurde im Hauptquartier in Malancourt
Kanonendonner von Norden her vernommen. In Folge dessen
erhielt die 5. Infanteriedivision Befehl nach dem an der großen
Straße von Metz nach Diedenhofen, in ungefähr gleicher Entfernung von beiden Festungen liegenden Ort Maizieres abzurücken, und es wurde das X. Armeekorps wiederum auf das
linke Moselufer zurückgezogen. Um aber den Kampf im Osten
von Metz jetzt zur Entscheidung zu bringen, ward das VII.
Armeekorps angewiesen, auf dem linken Flügel des Generals
von Manteuffel ins Gefecht einzugreifen und sollte zu diesem
Ende das VIII. Armeekorps, das auf dem Ostufer der Mosel
völlig disponibel als Reserve stand, hinter das VII. Armeekorps
rücken, um erforderlichen Falls die Cernirungslinie dieses Korps
abzulösen.

Schon um 6 Uhr Morgens, also bevor jener Befehl an das
VII. Armeekorps ergangen war, hatte der Kommandirende General v. Zastrow die 28. Infanteriebrigade von Puche aus gegen
Flanville vorgeschickt, und dieses Dorf ward, nachdem es nachdrücklich beschossen worden war, durch das 53. Regiment genommen. Dann rückte die Brigade gegen Coincy, das von der
2. Division des 2. französischen Korps besetzt war und nahm es,
nachdem die Artillerie tüchtig vorgearbeitet hatte, ein, worauf sie
auf beiden Seiten der großen Straße nach Saarbrücken, Montoy und Colombey gegenüber, eine Stellung einnahm und dieselbe gegen die feindlichen Vorstöße, welche namentlich von der
1. Division des 3. Korps ausgeführt wurden, vertheidigte.

Um die Anstrengungen des 3. französischen Korps im Centrum, die bisher vergeblich gewesen waren, zu unterstützen, schickte
der Marschall Bazaine sich jetzt an, seine Reservekavallerie gegen
die in dem ziemlich offenen Terrain bei Servigny stehenden
preußischen Truppen vorzuschicken. Die Garde sollte sich bei
dem Angriff betheiligen, um gleich bei der Hand zu sein
und die errungenen Vortheile zu benutzen. Der Marschall
hoffte, daß sich auch die hier in der Nähe stehenden Truppen des
3., 4. und 6. Korps der Offensivbewegung anschließen und
daß es ihm dann gelingen würde, St. Barbe wegzunehmen.
Allein der Reiterangriff unterblieb, und der Marschall schiebt die
Schuld auf das Zurückgehn der 2. Division des 2. Korps, wodurch auch die Stellung des 3. Korps unhaltbar geworden wäre
und er sich nun veranlaßt gesehen hätte, den Angriff aufzugeben.

Auch auf dem rechten Flügel wurde deutscherseits um 7 Uhr
Morgens gegen die hier zwischen Rupigny und Failly in star-
ker Stellung stehenden bedeutenden französischen Streitkräfte (die
1. Division des 6. Korps) durch die 18. Infanteriedivision ein
energischer Angriff unternommen, der mit Artilleriefeuer eingeleitet wurde. Als dieses seine Wirkung gethan zu haben schien,
ging der größte Theil der 18. Infanteriedivision, rechts die
35. Brigade gegen Rupigny, links 2 Bataillone des 85. Re-

giments gegen Failly vor. Letzteres Dorf ward zuerst genommen, dann auch Rupigny, gegen welches auch die Divisionsartillerie näher herangegangen war.

Mit großer Kraft suchten die Franzosen sich wieder in den Besitz der verlornen Dörfer zu setzen, allein es gelang ihnen dies nicht und sie begnügten sich endlich damit, die Linie Chieulles-Vaux zu halten. Gegen diese richtete nun die Artillerie ein sehr heftiges Feuer, worauf zuerst Vaux von den Franzosen aufgegeben wurde; dann vertrieb die Brigade Blankensee, die vom General v. Kummer aus ihrer Stellung auf dem äußersten rechten Flügel vorgeschickt wurde, die Franzosen aus Chieulles. Ein weiteres Vordringen deutscherseits war hier wegen des heftigen Feuers aus dem Fort St. Julien nicht möglich und man begnügte sich damit, die Stellung Rupigny-Failly, die übrigens nicht wieder angegriffen wurde, zu halten. Der Kampf beschränkte sich hier auf dem rechten Flügel fortan ausschließlich auf ein Artilleriegefecht, das bald nach 1 Uhr ganz aufhörte.

Während dieser Kämpfe auf beiden Flügeln war im Centrum nach der Einnahme von Noisseville eine kurze Pause eingetreten. Es standen aber sehr bedeutende feindliche Massen auf den Anhöhen östlich vom Fort St. Julien, und es war nicht zu erwarten, daß die Franzosen jetzt schon hier ganz vom Kampfe ablassen würden. Allein es hatte der General v. Manteuffel auf diesem Punkt die 1. Infanteriebrigade und die Niederschlesische Landwehrbrigade, sowie die noch völlig unberührte 25. Infanteriedivision zur Verfügung.

Um 10½ Uhr erfolgte nun im Centrum, gegen Poix und Servigny der letzte Vorstoß der Franzosen. Allein der Angriff entsprach keineswegs den sehr bedeutenden Kräften, welche dazu in Bewegung gesetzt waren, und er erlahmte sehr bald an der Wirkung der preußischen und hessischen Batterien; zu einem eigentlichen Kampf kam es gar nicht mehr. Die Franzosen gingen hinter das schützende Fort zurück und nach und nach erstarb auch das Artilleriefeuer. Der einzige Versuch, den Marschall Bazaine gemacht hat, die deutsche Cernirungslinie zu durchbrechen, hatte damit sein Ende erreicht.

Ob er ihn ernstlich gemeint hat? Wir können es trotz seines eigenen ausdrücklichen Zeugnisses dafür nicht glauben. War es ihm wirklich darum zu thun, seine Armee von 150,000 M. durch die feindliche Linie hindurch zu bringen, oder doch den größten Theil davon (was in dieser Periode der Einschließung von Metz noch immer möglich war, denn noch hatten die Deutschen nicht das Terrain so zur Vertheidigung einrichten können, wie dies später geschah, und wodurch dann allerdings einem Durchbruchsversuch fast unüberwindliche Schwierigkeiten in den Weg gelegt wurden), so mußte er gewiß nicht am hellen lichten Tage seine Truppen eben auf dem Punkte sammeln, wo er hinaus wollte und kleine Scharmützel dort beginnen, wodurch er eben den Feind auf diesen Punkt lockte. Es ist gar nicht möglich zu einem andern Schlusse zu kommen, als daß Bazaine Alles dies so einrichtete, um jede Aussicht zu verlieren, durch die deutsche Umschließung durchzudringen. Wir wollen einräumen, daß mehrere der von den Franzosen unternommenen Angriffe mit großer Energie ausgeführt wurden, daß namentlich der nächtliche Vorstoß auf der Saarbrückener Chaussee und von da in nördlicher Richtung mit Geschick eingeleitet und mit Nachdruck fortgesetzt wurde. Allein dieser Angriff war, wie es scheint, nicht vom Obergeneral befohlen, sondern von den Unterführern auf eigne Hand unternommen worden. Ueberhaupt sprechen alle Dispositionen des Marschalls für den Kampf am 31. August und 1. September dafür, daß er es nicht so sehr auf einen Durchbruch durch die Cernirungslinie als auf eine Beschäftigung des Cernirungsheeres abgesehen hatte. Er selbst giebt als nächstes Ziel seines Angriffs die Begnahme von St. Barbe an. Dies war gewiß ein wichtiger Punkt und auch von großer Bedeutung, wenn Bazaine wirklich versuchen wollte, mit seinem Heere abzuziehen. Allein er mußte in diesem Fall nicht fast die Hälfte seiner Truppen sich in südöstlicher Richtung so ernstlich engagiren lassen.

Hier mußte er demonstrirend auftreten und den Hauptnachdruck, außer dem Angriff auf St. Barbe, auf einen Vorstoß in nörd= licher Richtung legen.

Wollte Bazaine wirklich um jeden Preis durchdringen, um sich mit dem Kaiser und Mac Mahon zu vereinigen, so mußte er die Truppen, die er zur Ausführung seines Planes bestimmt hatte, in der Nacht auf dem zum Durchbruch erwählten Punkt konzentrirt haben und dann mit Tagesanbruch ans Werk gehen. Er mußte dann durch einen Theil seiner Truppen, etwa durch zwei Divisionen auf jeder Stelle, kräftige Ausfälle in südöstlicher und westlicher Richtung unternehmen lassen, wodurch die hier stehenden deutschen Truppen, nämlich einerseits das VII. und VIII. Armeekorps auf dem rechten, und andererseits das IX. und X. auf dem linken Moselufer, an ihre Plätze gebunden worden wären. Dann war ein energischer Vorstoß nach Osten hin gegen das I. Armeecorps zu richten, und nun mußte Bazaine mit dem Rest seiner Truppen den Vormarsch gegen Norden beginnen. So konnte er gegen 100,000 M. aus Metz herausbringen. Wurde dann auch seine Arrieregarde durch nachrückende deutsche Korps in ein Gefecht verwickelt, so konnte er doch darauf Rechnung machen, 75,000 M. dem Kaiser entgegenzuführen. Allerdings hätte Bazaine, wie die Sachen sich am 1. September für die Armee Mac Mahons gestalteten, derselben keine Hülfe mehr bringen können, und er selbst wäre schwerlich dem Geschick, das jene Armee bei Sedan ereilte, entgangen; allein Bazaine konnte doch von dem traurigen Ausgang der Mac Mahon'schen Expe= dition damals noch keine Kunde gehabt haben, sondern er mußte voraussetzen, daß sie zu ihm durchdringen würde, wie sie dies nach der von uns S. 106 ff. entwickelten Anschauung auch in der That wohl gekonnt hätte. Er mußte daher Alles daran setzen, mit jener Armee, die, wie der am Morgen des 1. Sep= tember gehörte starke Kanonendonner vermuthen ließ, mit dem Feinde heftig engagirt war, in Verbindung zu treten. Dieses Ziel mußte Bazaine sich setzen und der Vorwurf, der ihn dafür treffen muß, daß er nicht mit aller Kraft es zu erreichen gesucht hat, kann dadurch nicht abgeschwächt werden, daß die Begebenheiten thatsächlich eine solche Wendung nahmen, daß Bazaines Anstrengungen auch nach glücklicher Ausführung des Durchbruchs vergeblich gewesen wäre. Hätten die beiden französischen Marschälle mehr Energie an den Tag gelegt, wäre Mac Mahon zwei Tage früher an die Maas gelangt, und wäre Bazaine dann mit 75—100,000 M. ihm entgegengezogen — beide Fälle lagen durchaus im Bereich der Möglichkeit! — so wären wir Zeugen eines Riesenkampfes geworden, welcher selbst die kolossalen Begebenheiten des vorigen Jahres, die sich wirklich vor unseren Augen zugetragen haben, in den Schatten gestellt hätte. Freilich konnte der schließliche Ausgang des furchtbaren Ringens nicht zweifelhaft sein. Denn wenn auch die deutsche Armee bei Metz dem vereinten Andrang der beiden französischen Heere vielleicht nicht hätte widerstehen können, so hätte doch die III. und die Maasarmee sicher nicht lange auf sich warten lassen. Zweimalhundertfünfzigtausend Franzosen würden 400,000 deutschen Streitern gegenüber nicht das Feld haben halten können. Allein wurden die französischen Heere in diesem gigantischen Kampfe auch geschlagen und halb zu Grunde gerichtet, so war es doch wahrscheinlich, daß bedeutende Trümmer entkamen, und diese wären bei der Neubildung französischer Heere von unschätzbarem Werth gewesen. Auch solche Katastrophen wie die bei Sedan und Metz hätten dann kaum stattgefunden.

Was wollte denn Bazaine eigentlich, wenn er nicht die Cernirungslinie durchbrechen wollte? Wir sprachen oben die Anschauung aus, daß der französische Marschall an den beiden Schlachttagen die deutschen Truppen beschäftigen wollte. Er war selbst, und seine obersten Generale mit ihm, wenige Tage vorher zu dem Entschluß gekommen, keinen ernstlichen Durchbruchsversuch zu unternehmen, weil diese Aufgabe für die französische Armee zu schwierig war. Die vom Kaiser gesandte Nachricht, daß er mit Mac Mahon zum Entsatz des

in Metz eingeschlossenen Heeres unterwegs sei, konnte darin keine
Aenderung hervorbringen, solange nicht das heranziehende Hülfs-
heer seine Einwirkung auf die deutsche Cernirungsarmee geltend
machte. Die von Bazaines Truppen zu machenden Anstrengungen konnten vorläufig also nicht auf ein Durchbrechen der Ein-
schließungslinie gerichtet sein, sondern darauf, der anrückenden
französischen Armee das Vordringen zu erleichtern, und für
ein Zusammenwirken mit der derselben bereit zu stehen. Hält
man diesen Gesichtspunkt fest, so erklären sich alle von Bazaine
am 31. August und 1. September getroffenen Maßregeln aufs
Vollständigste, und es ist einleuchtend, weshalb er namentlich danach strebte, sich in den Besitz von St.
Barbe zu setzen. Hatte er diesen Punkt eingenommen, so be-
herrschte er alle auf dem rechten Moselufer nach Norden führenden Wege, und er konnte, wenn nun Mac Mahon wirklich herankam, entweder diesem entgegenziehen oder sich auch gegen die
noch am rechten Ufer des Flusses stehenden deutschen Truppen
wenden.

Ein Verrath an der Sache Frankreichs und am französischen Heere, dessen man hat Bazaine beschuldigen wollen, lag
also gewiß nicht vor, und die Handlungsweise des Marschalls
beweist nur, daß es ihm an der nöthigen Energie fehlte, das
Aeußerste zu wagen. Man hat behaupten wollen, der Zustand
der französischen Truppen vor Metz sei schon damals ein derar-
tiger gewesen, daß sich mit ihnen Nichts habe ausrichten lassen,
allein ihr Auftreten in der Schlacht bei Noisseville bewies, daß
es den Truppen weder an Muth, noch auch den Führern an
Thatkraft fehlte. Freilich hatten die Schlachten bei Metz am 14.,
16. und 18. August den taktischen Zusammenhang der Truppentheile arg erschüttert, allein es war in den darauf folgenden vierzehn Tagen mit großer Anstrengung darauf hingearbeitet worden die Truppentheile neu zu organisiren und aus der ganzen
Haltung des französischen Heeres bei Noisseville, namentlich am

31. August und in dem darauf folgenden Nachtgefecht geht hervor, daß dies sehr wohl gelungen war. —

Nach dem Rückzug der Franzosen am 1. September ließ Bazaine das 4. und 6. Korps und die Garde wieder auf das linke Moselufer hinübergehn, während das 2. und 3. Korps auf dem rechten Ufer verblieben. Es trat nun eine lange Zeit der Unthätigkeit ein für die französischen Truppen. Es hatte ja doch der Kriegsrath am 26. August beschlossen, um den Geist der Truppen aufrecht zu erhalten, „Handstreiche auszuführen, so dem Feinde keine Ruhe zu lassen und auf demselben Wege zu versuchen, die Hülfsquellen zu vermehren." Fast ein Monat aber verstrich, ehe das französische Heer wiederum ein Lebenszeichen von sich gab.

Inzwischen wurden die Vorräthe in Metz von Tage zu Tage knapper. Schon am 4. September begann die Vertheilung von Pferdefleisch und die Ration von demselben wurde zu 350 Gr. angesetzt. Trotzdem daß die Pferdezahl auf diese Weise täglich kleiner ward, machte sich schon jetzt ein bedenklicher Futtermangel geltend. Auch das Salz begann zu fehlen.

Die deutschen Truppen richteten mittlerweile das Terrain um Metz auf die zweckmäßigste Weise zur Vertheidigung ein. Ganze Linien von Schützengräben wurden angelegt, Brustwehren für die Geschütze aufgeworfen, Kolonnenwege eingerichtet und die Korps durch eine Telegraphenlinie mit einander und dem Hauptquartier in Verbindung gesetzt. Von den Observatorien, die auf verschiedenen Punkten etablirt waren, konnte man die Stellungen der Franzosen innerhalb der Forts vollständig übersehen und also von allen ihren Maßregeln genau unterrichtet sein.

Das ungünstige Wetter und die ziemlich ungenügende Verpflegung waren dem Gesundheitszustand der Truppen eine Zeit lang sehr schädlich. Namentlich verursachte der Genuß des jungen Weins, der in der Umgegend von Metz in großer Menge vorhanden war, böse Krankheiten. Einen eigentlich epidemischen Charakter, wie die Feinde Deutschlands dies hofften — man sprach dies öffentlich aus — zeigten dieselben jedoch nicht, und bei dem Eintritt beständigerer Witterung nahmen sie bald sehr ab.

Es konnte nicht in der Absicht des deutschen Oberkommandos liegen, etwas Ernstliches gegen die Festung Metz, oder richtiger gegen die Forts zu unternehmen. Man durfte annehmen, daß die hermetische Abschließung der Festung, wodurch sie auf die in ihr befindlichen Vorräthe allein angewiesen war, ebenso schnell und schneller zum Ziele führen würde, als ein gewaltsamer Angriff, der ungeheure Opfer kosten mußte, und zu dessen Durchführung es, wenigstens für den Augenblick, an geeigneten Mitteln gebrach. Man beschränkte sich also auf die vollständige Cernirung des Platzes, und bald gaben sich untrügliche Anzeichen zu erkennen, daß derselbe sich unmöglich sehr lange halten könne.

In Metz und dem Lager der Franzosen wurden wirklich die Zustände von Tag zu Tag schlimmer. Trotzdem daß von Mitte September an täglich 250 Pferde geschlachtet wurden, machte sich doch der Mangel an Pferdefutter sehr bald im hohen Grade geltend und man mußte zu allerhand Surrogaten seine Zuflucht nehmen. So wurde es der Kavallerie anempfohlen, den Pferden täglich 2—3 Kilogramm Baumblätter zu geben. Die tägliche Haferration war auf 2½ Kilogramm herabgesetzt. Heu und Stroh ward gar nicht mehr ausgegeben. Eine kräftige, durch Artillerie und Kavallerie unterstützte Offensive mußte sich also danach bald von selbst verbieten. Schon jetzt fielen die Pferde massenweise aus Mangel an genügender Nahrung — und sorgfältiger Pflege, denn die französischen Reiter wurden unter diesen Umständen wo möglich noch gleichgültiger gegen ihre Pferde, als sie dies für gewöhnlich sind.

Durch das Fallen und Schlachten so zahlreicher Pferde erwies es sich bald als nothwendig, die Kavallerie und Artillerie zu reduziren und es wurden demnach zunächst bei jedem Kavallerieregiment zwei Eskadronen aufgehoben. Die Leute, welche ihre Pferde abgegeben hatten, und ebenso die überflüssigen Artilleristen wurden im Gebrauch des Chassepotgewehrs geübt.

Selbstverständlich war die nächste Umgegend von Metz, die im Bereich der Franzosen lag, vollständig von ihnen ausfouragirt worden. Zwischen der deutschen Vorpostenlinie und derjenigen der Franzosen war aber an einigen Stellen ein ziemlich breiter Gürtel, der Ortschaften enthielt, wo sich noch Vorräthe verschiedener Art befanden. So z. B. im Osten von Metz an der Straße nach St. Barbe und Noisseville. Am 22. September unternahmen Theile des 3. französischen Korps eine Fouragirung in der zuletzt genannten Richtung und bemächtigten sich in den Dorfschaften von Lauvallier und Nouilly nicht unbedeutender Vorräthe von Stroh und Getreide. Am nächsten Tage sollte das 3. Korps ein ähnliches Unternehmen ausführen und es sollte durch das 6. Korps dabei unterstützt werden. Allein die Preußen waren nun bei der Hand, und als die Franzosen ihre Streitkräfte zur Sicherung ihres Unternehmens zu entwickeln begannen, wurden sie durch Artillerie von Charly her so in die Flanke genommen, daß sie von ihrem Vorhaben abstehen mußten.

Die Franzosen ließen sich aber durch diesen mißlungenen Versuch nicht abschrecken, sondern unternahmen am 27. September eine im größten Maßstabe ausgeführte Fouragirung, bei welcher sich das 3. und 6. Korps, sowie die Brigade Lapasset vom 5. Korps betheiligten. Die Sache wurde nicht ohne Geschick eingeleitet. Es war bei der Station Montigny, südlich von Metz, ein Eisenbahnzug bereit gehalten worden und mittels desselben gelangte ein Theil von Lapassets Truppen unbemerkt in die Nähe von Peltre, überraschte die dort befindliche preußische Feldwache und wandte sich dann gegen Mercy le Haut, wo die Franzosen, von Süden her vordringend, gleichfalls unbemerkt an die preußischen Vorposten herankamen. Mittlerweile hatten Abtheilungen des 3. Korps in Colombey und Abtheilungen des 6. Korps in Ladonchamps fouragirt. Die Preußen büßten bei dieser Gelegenheit gegen 150 Gefangene ein, und um gegen Wiederholungen dieser störenden Ueberfälle gesichert zu sein, wurde der Befehl gegeben, diese Ortschaften, aus denen die Franzosen

Vorräthe aller Art holen konnten, um so ihren Widerstand zu verlängern, den Flammen zu übergeben — eine Handlung der Nothwendigkeit, die den Franzosen Anlaß zu heftigen Ausfällen gegen die deutsche Kriegführung gegeben hat.

Die Franzosen benutzten inzwischen die ihnen reichlich zugestandene Muße, um die vor Metz liegenden Forts, die beim Ausbruch des Krieges noch nicht vollendet waren, völlig in Stand zu setzen; außerdem begannen sie mit dem Bau einiger neuen Werke, so bei St. Eloy im N., und bei St. Privat im S. der Festung; zwischen allen diesen Werken wurden Reihen zusammenhängender Laufgräben angelegt, deren an einigen Punkten sogar mehrere hinter einander lagen. So sicherten sich allerdings die Franzosen vor Ueberraschungen, indessen würde das deutsche Oberkommando kaum, auch wenn diese Anlagen nicht vorhanden gewesen, Unternehmungen gegen die Lager der französischen Truppen, welche durch jene fortifikatorischen Arbeiten zunächst gedeckt werden sollten, angestellt haben.

So verstrich der September und das jetzt eintretende herbstliche Wetter, mit anhaltendem Regen, übte auf die im Freien lagernden französischen Truppen einen höchst ungünstigen Einfluß aus. Der Zustand ward immer unerträglicher. Es scheint, daß der Marschall Bazaine in den ersten Tagen des Oktober wirklich eine kurze Zeit die Absicht gehabt habe, doch noch einen verzweifelten Durchbruchsversuch zu machen. Es wurde am 3. Oktober der Befehl gegeben, die Truppen mit Lebensmitteln für 7 Tage zu versehen und es wurden genaue Bestimmungen über die von den Armeekorps mitzuführende Bagage erlassen. Am 5. Oktober wurde dann vom Oberkommando bei allen Armeekorps angefragt, ob Alles zum Abmarsch bereit sei, so daß sich im ganzen Heere die Ueberzeugung verbreitete, es würde mit dem Ausrücken diesmal Ernst werden. Allein plötzlich änderte der Marschall wieder seinen Entschluß — wenn er einen solchen, was wir stark bezweifeln, je gehabt hat, denn nun in diesem Moment war die Armee schon kaum mehr im Stande dazu, ein

Durchbrechen der deutschen Linien auch nur zu versuchen; wenigstens zeugt das Gefecht vom 7. Oktober von seiner großen
Energie bei den französischen Truppen.

Ausfall der Franzosen aus dem Lager vor Metz am 7. Oktober.

Die Division Kummer, welche bisher auf dem rechten
Moseluser gestanden hatte, wechselte am 1. Oktober mit dem X.
Armeekorps die Plätze. Sie hatte demnach ihre äußersten Posten
in St. Agathe und Labonchamps, während die von zwei
Bataillonen besetzte Vorpostenlinie sich von Bellevue über St.
Remy, les Petites und les Grandes Tapes bis an die
Mosel erstreckte. Die eigentliche Vertheidigungsstellung lag eine
Viertelmeile weiter zurück, und zog sich von Amelange an der
Mosel, über Semicourt bis nach Feves hin, wo sie mit der
Stellung des III Armeekorps in Verbindung trat. Am 2. Oktober, gegen 2 Uhr Morgens, wurden die äußersten Posten der
Division Kummer durch einen überlegenen feindlichen Angriff zurückgeworfen, allein die Landwehrtruppen hielten sich wacker in
der eigentlichen Vorpostenstellung und gegen 11 Uhr Vormittags
zogen sich die Franzosen mit nicht unerheblichen Verlusten wieder
zurück. Es mag in der Absicht der Franzosen gelegen haben,
durch dies Gefecht die deutsche Stellung an diesem Punkte zu
rekognosziren, weil ihr Angriff am 7. Oktober gerade hier ausgeführt wurde

Am gedachten Tage erhielt das 6. Korps (Canrobert) den
Auftrag, in les Grandes und les Petites Tapes eine große Rekognoszirung vorzunehmen. Seine Flanken sollten durch das 4.
(Ladmirault) und 3. Korps (Lebœuf) gedeckt werden und eine
Division der Garde die Reserve bilden. Man muß es den Franzosen lassen, daß sie bei ihren Unternehmungen immer sehr bedeutende Streitkräfte zur Anwendung brachten.

Um 1 Uhr hatten die zu der Expedition bestimmten fran-

zöſiſchen Truppen folgende Stellungen eingenommen: Vom Walde
bei Woippy bis an die Moſel breitete ſich das 6. Korps aus
und hielt Ladonchamps und St Agathe, welche Oertlichkeiten ſeit dem 2. Oktober von den Preußen aufgegeben waren, beſetzt. In zweiter Linie ſtand die Voltigeurdiviſion der Garde,
rechts gedeckt durch das Jägerbataillon (vom 6. Korps), das
an der Moſel Malroy gegenüber aufgeſtellt war, um dem Feuer
feindlicher Abtheilungen von dieſer Seite her entgegentreten zu
können. Das Gehölz bei Woippy war von der Brigade Gibon
der 4. Diviſion Canroberts beſetzt. Am rechten Moſelufer ſtand
das 3. Korps beim Fort St. Julien, während das 4. Korps
zur Deckung des linken Flügels bei Woippy ſtand.

Etwa um 1½ Uhr rückten die franzöſiſchen Truppen auf der
ganzen Linie zum Angriff vor. Im Centrum ging die Garde-
voltigeurdiviſion durch Canroberts Truppen hindurch, trieb die
ſchwachen preußiſchen Vorpoſten zurück und beſetzte mit der 1.
Brigade das Terrain vor les Grandes Tapes, mit der 2.
Brigade St. Remy. Nun richteten die bei Agammy, Olgy und
Malroy auf dem rechten, ſowie bei Semiecourt und Feves auf
dem linken Moſelufer aufgeſtellten preußiſchen Batterien ein verheerendes Feuer auf dieſe Truppen, ohne ſie jedoch zum Zurückgehn zwingen zu können. Im Gegentheil gelang es der Garde-
voltigeurdiviſion, die beiden Tapes zu nehmen, während die
Gardejäger ſich des Weilers Bellevue bemächtigten. Um 3 Uhr
ſtanden die Franzoſen hier alſo in einer Linie, die von der Moſel, längs dem kleinen, les Petites Tapes durchfließenden Bach
bis zum bewaldeten Plateau von Bellevue lief.

Auf dem linken Flügel rückten die Brigade Gibon vom 6.
Korps und die Diviſion Grenier (2.) des 4. Korps durch das
Holz von Woippy vor. Die Brigade Gibon nahm St. Anne
mit großer Anſtrengung ein und konnte ſich hier nur mit Mühe
des von Front und Flanke kommenden feindlichen Feuers erwehren. Die 2. Brigade der Diviſion Grenier drang bis zur zer-
ſtörten Ziegelei und bis nahe an das Dorf Saulnay vor, wäh-

rend es scheint, daß sie den Auftrag hatte, sich in Villers le Ptesnois festzusetzen, um die Brigade Gibon zu unterstützen. Die 1. Brigade der Division Grenier wandte sich mehr nach links und begnügte sich mit der Wegnahme von Vigneulles und Lorry, von wo sie die schwachen preußischen Vorposten vertrieb. Doch auch in dieser wenig exponirten Stellung blieben Greniers Truppen nicht, sondern benußten eine momentan rückgängige Bewegung der Brigade Gibon, um sich nach Woippy zurückzuziehen und von hier aus „die Ausgänge aus den Waldungen" zu beobachten. Es war dies gewiß eine sehr schwache Leistung der Truppen des 4. Korps.

Mittlerweile wurden deutscherseits die geeigneten Maßregeln zur Führung eines kräftigen Gegenstoßes ergriffen. Gleich beim Beginn des Gefechts wurde vom General v. Voigts-Rheetz die 38. Infanteriebrigade (v. Wedell) auf das linke Moselufer nach Ametange gesendet, und gegen 4 Uhr ward nun ein umfassender Angriff gegen die vorgedrungenen französischen Truppen unternommen. Dieser Angriff geschah gleichzeitig in der Front und in der Flanke.

Der General v. Kummer stellte seine Landwehrdivision (v. Senden) in erster Linie, welche er rechts durch 2 Bataillone des Regiments Nr. 91 und links durch 2 Bataillone des Regiments Nr. 57 (von der Brigade Wedell) verstärken ließ; in zweiter Linie standen das Regiment Nr. 81 und 1 Bataillon des Regiments Nr. 91 (Brigade Blankensee), sowie das Regiment Nr. 16 und 1 Bataillon des Regiments Nr. 57 (Rest der Brigade Wedell). Diese Truppen griffen die vom Feinde besetzten Ortschaften Bellevue, St. Remy und die Tapes an.

Gleichzeitig ließ auch der kommandirende General des III. Armeekorps, das seine Aufstellung rechts von der Division Kummer hatte, durch die 9. Infanteriebrigade einen Angriff auf die linke Flanke des Feindes, also die Brigade Gibon vom 6. Korps ausführen. Die 9. Infanteriebrigade nahm das Gehöft St. Anne und trieb den Feind dann aus dem Walde von Woippy, troßdem daß noch das Gardezouavenregiment hier zur Unterstützung herangekommen war.

Der Marschall Bazaine hatte nämlich, als er das Anrücken der preußischen Massen gegen die von seinen Truppen eingenommene Stellung bemerkte, der 1. Brigade der Gardegredadierdivision (Picard) den Befehl gegeben vorzurücken, um den dort kämpfenden Truppen zur Unterstützung zu dienen, obgleich, wie der Marschall selbst in seinem Rapport bemerkt, noch ein Theil des 6. Korps in der zweiten Linie war. Die übrigen Theile dieses Korps waren zur Verstärkung der Gardevoltigeurdivision vorgegangen, so daß jetzt im Centrum eine sehr bedeutende französische Truppenmasse vereinigt war.

Dessenungeachtet wurden von den Landwehrbataillonen der Division Kummer die französischen Stellungen in der Front nach kurzem, heißem Kampfe genommen und auch trotz der heftigen Gegenstöße des Feindes behauptet. Um 5½ Uhr zogen sich die Franzosen zurück. Spät Abends noch unternahmen Theile der Brigade Blankensee einen Angriff auf Labonchamps; da der Ort aber sich als stark besetzt erwies (es stand hier die Brigade Chanabrilles vom 6. Korps), und die Franzosen ihn auf das Zweckmäßigste zur Vertheidigung eingerichtet hatten, erhielten die Truppen den Befehl vom Angriff abzustehen, da der Besitz von Labonchamps nicht von hervorragender Bedeutung war und die Einnahme des Orts also unverhältnißmäßige Opfer gekostet haben würde.

Es hatte der Frontangriff der Franzosen also unläugbar einen ganz ernsthaften Anstrich, was schon aus den preußischerseits hier erlittenen Verlusten hervorgeht. Anders war es dahingegen auf den beiden Flügeln. Wir sahen schon, wie lau sich die Division Grenier vom 4. Korps benahm, so daß der offizielle französische Rapport von ihr sagen mußte, daß „sie nicht lange genug in ihrer Stellung blieb". Nicht besser benahm sich das 3. Korps auf dem rechten Flügel. Es sollte allerdings nur eine Demonstration ausführen, allein eine solche darf doch, wie die russische bei Balaklara, nicht auf bloßen Schein hinauslaufen, sondern muß jedenfalls wie ein ernsthafter Angriff aussehn. Sonst verfehlt sie sicher ihren Zweck. Es war auch des Marschalls Meinung, daß das dritte Korps die bei Malroy von den Preußen angelegten Werke angreifen sollte, allein die Division Aymard (4.) konnte nicht einmal über die von der Mosel nach dem Dorfe Rupigny oder über die Straße nach Vonzenville gezogenen Schützengräben hinauskommen. Sie beschränkte sich auf die Besetzung einiger Ortschaften, die von den Preußen nicht weiter vertheidigt wurden. Zur Unterstützung der Division Aymard ging dann die Division Metman (3.) in der rechten Flanke vor, kam aber nur bis Lauvallier. Das ganze Gefecht beschränkte sich auf diesem Flügel auf ein heftiges Schützengefecht, woran namentlich Theile des I. Armeekorps Theil nahmen, und auf das Feuer der Batterien vom I. und X., sowie einiger Batterien vom VII. Korps, welche den Feind vollständig in Schach hielten.

Fast komisch klingt es, wenn der französische offizielle Rapport sagt, daß die Preußen sich hier mit einer Demonstration begnügt hätten; es konnte doch ihre Sache nicht sein, bis zum Feuerbereich der französischen Forts vorzudringen, sie waren ja nicht die Angreifenden, sondern die Abwehrenden. In dieser letzteren Eigenschaft aber traten sie allerdings nicht demonstrirend auf, sondern so handgreiflich, daß die Franzosen jeden Versuch zum weiteren Vorgehen aufgaben.

Der ausgesprochene Zweck des Marschalls Bazaine, eine große Fouragirung am 7. Oktober zu unternehmen, wurde nach seinem eigenen Eingeständniß „nicht realisirt". Es bestätigte ihm aber der Kampf an diesem Tage auch die Ueberzeugung, die er sicher schon lange im Stillen gehegt hatte, daß er sich auf seine Truppen zur Ausführung eines großartig angelegten Unternehmens nicht mehr verlassen könne. Der vielgeschmähte Marschall, der die Flucht des 2. Korps bei Vionville, das laue Verhalten des 3. und 6. Korps, sowie die geringe Offensivkraft der Garde und des 4. Korps ebendaselbst mit eignen Augen an-

geichaut hatte, mußte schon damals das volle Vertrauen zu seiner Armee verloren haben. Hatte dann auch bei Gravelotte das
3. Korps äußerst brav ausgehalten, so hatten sich doch wiederum
andere Theile des Heeres schwach gezeigt, und es ist daher, so
begreiflich, daß er nach Gravelotte, wo das Heer durch und durch
erschüttert wurde, jeden Gedanken aufgab, das deutsche Heer zu
durchbrechen. Die Unternehmung des 31. August und 1. September (wo allerdings ein Theil des Heeres sich sehr brav schlug,
das Heer im Ganzen aber keine genügende Offensivkraft entwickelte), mehr aber noch die des 7. Oktober zeigt, wie recht der
Marschall gehandelt hatte, keinen verzweifelten Versuch zum Durchschlagen zu machen; es wäre derselbe sicher auch nicht gelungen.

Die Verluste des preußischen Heeres am 7. Oktober waren
keineswegs unbedeutend; sie beliefen sich auf 65 Offiziere und
1665 M. und betrugen also ungefähr die Hälfte von den Opfern,
die das Gefecht am 14. August gekostet hatte. Die Franzosen
verloren 64 Offiziere und 1193 Mann, wovon etwa die Hälfte
auf die Garde kommt, während ein Viertel auf das 6. Korps,
und der Rest auf die beiden anderen Korps entfällt.

Der Zustand des französischen Heeres nahm jetzt Tag für
Tag eine bedenklichere Gestalt an, und der Marschall Bazaine
mußte sich endlich mit dem Gedanken vertraut machen, daß er
in Unterhandlungen mit dem Feinde treten müsse. Er trug sich
jedoch immer noch mit der Hoffnung, daß politische Kombinationen es ihm gestatten könnten, sein Heer und sich selbst vor Gefangenschaft zu bewahren. Nach seiner Berechnung würde das
deutsche Oberkommando willig sein, zu einem Vergleich die Hand
zu bieten, wonach dem in Metz eingeschlossenen Heere freier Abzug gewährt würde, wenn es sich dazu verpflichte, in einer gewissen Zeitfrist nicht gegen die deutschen Truppen aufzutreten.
Das deutsche Oberkommando würde dann das große Einschließungsheer bei Metz zu seiner freien Verfügung erhalten, ein so
großer Vortheil, der wohl als Aequivalent für den freien Abzug
der Bazaineschen Armee in Anschlag zu bringen wäre. Schon

am Schluß des vorigen Monats hatte Bazaine sich solchen Erwägungen hingegeben und geglaubt, die in England weilende
Kaiserin Eugenie dazu bewegen zu können, ein derartiges Arran-
gement im königlich preußischen Hauptquartier zu befürworten.
Bazaine hatte zu diesem Ende den General Bourbaki nach
England abgesandt, allein die Kaiserin erklärte entschieden, sich
auf nichts derartiges einlassen zu können.

Jetzt mußte der Marschall Bazaine sich dazu entschließen,
mit dem deutschen Hauptquartier selbst in direkte Verhandlungen
zu treten. Um aber nicht die Verantwortlichkeit für einen solchen Schritt allein tragen zu müssen, beschloß er am 10. Oktober
einen Kriegsrath, wozu er die Kommandanten der Armeecorps,
den Kommandanten von Metz und einige andere von den höchsten Offizieren und Militairbeamten berief, abzuhalten.

Aus den Verhandlungen des Kriegsraths geht unwiderleglich
hervor, daß sich sämmtliche Mitglieder desselben über die verzweifelte Lage, in welcher das Heer bei Metz sich befand, durchaus keinen Illusionen hingaben. Alle waren über die Unhaltbarkeit der Lage einig und einstimmig wurde beschlossen, daß
man mit dem Feinde über die Abschließung einer Konvention in
Verbindung treten müsse. Man hatte aber außer den Punkten,
in denen völlige Uebereinstimmung der Mitglieder des Kriegsraths erzielt wurde, noch einen anderen zur Abstimmung gebracht,
wobei die Ansichten der Mitglieder auseinander gingen. Dieser
Punkt enthielt die Frage, ob man das Waffenglück erproben und
die Linien des Feindes zu durchbrechen suchen solle. Nach der
einstimmigen Vereinbarung über die Nothwendigkeit, mit dem
Feind in Unterhandlungen zu treten, erscheint die Aufstellung des
ebengedachten Punktes etwas sonderbar. Denn wenn eben noch
eine Aussicht vorhanden war, die deutschen Linien zu durchbrechen, so konnte doch fürwahr von Unterhandlungen nicht die Rede
sein. Es scheint daher fast, als ob dieser Punkt nur des Schei-
nes halber von Bazaine aufgestellt sei, um dem französischen
Volk einzubilden, er habe sich noch ernstlich mit der Frage der

Möglichkeit eines Durchbruchs beschäftigt, wovon er dann durch den einhelligen Beschluß des Kriegsraths, den Bazaine auch in diesem Punkte als gewiß voraussetzte, zurückgekommen sei.

Wider alles Erwarten aber erfolgte bei der Abstimmung keine allgemeine Verneinung dieser Frage, sondern der Kommandant von Metz, General Coffinières de Nordeck, stellte die Gegenfrage, ob es nicht vorzuziehen sei, das Waffenglück zu versuchen, da im Fall des Gelingens dieses Versuchs die Unterhandlungen unnöthig sein würden; im Fall des Mißlingens aber die dem Feind beigebrachten Verluste bei den dann anzuknüpfenden Unterhandlungen in Anschlag gebracht werden könnten.

Es war für den General Coffinières allerdings leichter als für einen der Armeecorpskommandanten, eine solche Frage zu stellen; denn einmal kannte er den trostlosen Zustand der Truppen nicht so genau wie diese, und dann konnte er für seine Person immer nur bei einem derartigen Versuch gewinnen, ohne selbst Etwas dabei zu wagen. Es wäre daher wohl richtiger gewesen, wenn der General die Entscheidung, ob ein letzter verzweifelter Versuch mit den Waffen in der Hand überhaupt noch zu machen sei, den bei diesem Versuch Betheiligten überlassen hätte.

Der Vorschlag des Generals Coffinières wurde durch Stimmenmehrheit abgewiesen, wohingegen einstimmig beschlossen wurde, einen Durchbruchsversuch in dem Falle zu wagen, wenn der Feind bei den Unterhandlungen solche Bedingungen stellen sollte, die mit der militairischen Ehre unverträglich seien.

Der Marschall Bazaine sandte demnach den General Boyer in das königliche Hauptquartier zu Versailles. Hier ging man indessen von der gewiß durchaus korrekten Anschauung aus, daß das Geschick der bei Metz eingeschlossenen französischen Armee unmöglich aus der ganzen politischen und militairischen Lage, wie sie sich dermalen gestaltet hatte, herausgerissen und einseitig bestimmt werden könne. Es hätte vielmehr der Marschall Bazaine versuchen müssen, statt sich an die preußische Regierung zu wenden, auf die eigene, faktisch in Frankreich bestehende Regierung einen Druck auszuüben, um sie zu bestimmen, in ernstliche Unterhandlungen mit dem deutschen Hauptquartier zu treten und so möglicherweise die Armee Bazaines vor Gefangenschaft zu bewahren.

Das deutsche Oberkommando kannte den Zustand der französischen Armee bei Metz ganz genau und wußte, daß dieselbe in kurzer Frist gezwungen sei, sich zu übergeben. Es war daher gar kein Grund vorhanden, dieser Armee, die nicht Alles daran gesetzt hatte, sich durch die deutschen Linien durchzuschlagen, irgend ein Zugeständniß zu machen, das vielleicht später deutscherseits zu bereuen gewesen wäre. Denn gesetzt, es wäre dem Marschall der freie Abzug mit seiner Armee eingeräumt worden, so hatte das deutsche Oberkommando, wenn nicht mit einer gesetzlichen französischen Regierung darüber eine Vereinbarung getroffen war, nicht die mindeste Garantie dafür, daß der Marschall Bazaine seinerseits im Stande sei, nun auch die von ihm übernommenen Verpflichtungen, namentlich also nicht gegen die Deutschen in einer gewissen Frist kämpfen zu wollen, einzuhalten. Es war im Gegentheil, nach den Erfahrungen, welche das deutsche Oberkommando über die Heilighaltung gegebener Versprechungen französischerseits hatte machen müssen, mehr als wahrscheinlich, daß unter irgend einem Vorwand, als z. B. in Folge einer Aufforderung oder eines Gebots seitens der faktisch bestehenden Regierung, wenn auch nicht der Marschall Bazaine selber, so doch der größte Theil seines Heeres sich nicht um die mit den Deutschen getroffene Vereinbarung kümmern, sondern den neugebildeten französischen Heerabtheilungen zuströmen und diesen die ihnen allerdings mangelnde Festigkeit verleihen würde. Diese Perspektive lag dem königlichen Hauptquartier klar genug vor Augen, und der Marschall Bazaine durfte sich daher nicht wundern, als der General Boyer mit der Botschaft aus Versailles zurückkehrte, daß man im deutschen Hauptquartier sich auf eine einseitige Vereinbarung mit dem Marschall Bazaine nicht einlaffen könne, sondern die etwa einzuleitenden Verhandlungen von der Einberufung einer Konstituante durch die faktische Regierung abhängig machen müsse.

Der Marschall Bazaine glaubte aus diesem Bescheide schließen zu dürfen, daß das deutsche Hauptquartier dazu zu bewegen sein könne, mit der noch gesetzlich bestehenden Regierung, welche durch die Kaiserin-Regentin in England repräsentirt wurde, in Unterhandlungen zu treten, und sandte, nachdem ein am 18. Oktober zusammenberufener Kriegsrath sich mit 7 gegen 2 Stimmen dafür ausgesprochen hatte, den General Boyer wiederum nach Versailles, von wo er sich dann nach England begeben sollte. Diese Mission scheiterte aber zunächst an der Erklärung der Kaiserin, sich für den Augenblick jeder Einmischung in die Angelegenheiten Frankreichs fern halten zu müssen. Uebrigens erhielt der Marschall Bazaine vor der Kapitulation keine direkte Nachricht mehr von dem Ausfall der Mission, mit der er den General Boyer betraut hatte, sondern es wurde ihm am 24. Oktober durch den Oberbefehlshaber der deutschen Armee vor Metz, den Prinzen Friedrich Karl, die Mittheilung gemacht, daß man im königlichen Hauptquartier zu der Ueberzeugung gekommen wäre, die Anträge Bazaines nicht berücksichtigen zu können. Der Marschall theilte dies am folgenden Tage seinem Kriegsrath mit. Noch immer wollten die französischen Heerführer nicht recht daran glauben, daß ihnen jeder Ausweg zur Rettung abgeschnitten sei, und da sie in Versailles mit ihren Vorschlägen nicht durchdringen konnten, wollten sie es nun noch einmal im Hauptquartier des Prinzen Friedrich Karl damit versuchen. Der greise Changarnier, der die Rolle eines Rathgebers in Metz gespielt hatte, ward dazu ausersehen, dem Prinzen die Sache vorzutragen. Man wünschte französischerseits einen Waffenstillstand mit Proviantirung, oder die Erlaubniß für die Armee, nach Afrika abzumarschiren. Merkwürdige Verblendung! Als ob in diesem Augenblick die deutsche Heeresleitung die Früchte monatelanger unausgesetzter Anstrengung und Mühseligkeiten aus den Händen geben würde, um den Franzosen gefällig zu sein.

Am 25. Oktober begab sich General Changarnier in das Hauptquartier des Prinzen Friedrich Karl, wo ihm bedeutet wurde, daß von etwas Anderem als dem Abschluß einer Kapitulation die Rede nicht sein könne. Changarnier brachte diesen Bescheid zurück, und der am 26. Oktober berufene Kriegsrath beschloß nun einstimmig, daß der Chef des Generalstabes, General Jarras in das Hauptquartier des Prinzen geschickt werden solle, um wegen der Uebergabe des französischen Heeres, die jetzt bei vollständig eingetretener Hungersnoth nicht länger zu vermeiden war, die näheren Vereinbarungen zu treffen. Noch an demselben Abend traf der General Jarras im Schlosse von Frescaty ein, wohin sich auch der Chef des Generalstabes der deutschen Armee, General v. Stiehle begeben hatte, und in den ersten Morgenstunden des 27. Oktober war die Kapitulation abgeschlossen, nach welcher die Festung Metz den Preußen übergeben ward, und die gesammte französische Armee, 173,000 M. stark, sich kriegsgefangen gab.

In der That, es kann das deutsche, das preußische Heer stolz sein auf ein solches Ende der siebzigtägigen Einschließung von Metz. Niemals hat eine Armee vorher so Etwas erreicht. Man nahm bisher an, daß zur vollständigen Cernirung einer Festung wenigstens eine der eingeschlossenen zwiefach überlegene Truppenmacht erforderlich sei. Hier bei Metz aber war das Cernirungsheer nur wenig stärker als das blokirte; es waren die besten Armeecorps der einst so berühmten französischen Armee — selbst die Garde war darunter — die von den Preußen in Banden gehalten wurden.

Wir haben in unserer ganzen Darstellung, bei jedem hervortretenden Ereigniß zu zeigen gesucht, ob die Franzosen es in ihrer Hand gehabt hätten, mehr zu leisten, mehr zu erreichen, als dies in Wirklichkeit geschah. Wir haben gesehen, daß die Oberleitung des französischen Heeres allerdings selbst Manches ver-

schuldet hat, namentlich dadurch, daß sie verabsäumte, zur rechten
Zeit von Metz aufzubrechen und den Rückmarsch mit aller Energie
ins Werk zu setzen.   Wir haben zu zeigen versucht, wie unserer
Meinung nach der Marschall Bazaine am 31. August hätte operiren müssen, um den Durchbruch durch die deutschen Linien zu
erzwingen, wenn es ihm — was wir nicht glauben — überall
Ernst damit war.   Der Marschall ist deshalb allerdings nicht
von aller Schuld, daß die französische Armee das entsetz-
liche Unglück traf, freizusprechen, denn bei energischerem Auftreten der Oberleitung konnte ihr dasselbe wohl erspart bleiben; allein ohne eine ganz genügende, bis in das Detail gehende Kenntniß von dem Zustand des französischen Heeres läßt sich
darüber kein endgültiges Urtheil fällen.   Der Marschall allein
konnte die nöthige Einsicht in alle einschlagenden Verhältnisse
haben, und da mochten ihm gewichtige Bedenken aufsteigen über
die unbedingte Brauchbarkeit der Truppen zu einem so gefahrvollen Unternehmen, wie dies der Versuch, sich durch ein feindliches siegreiches Heer durchzuschlagen, doch immer ist.

Unserer Ansicht nach wurde das traurige Geschick des französischen Heeres bestimmt durch die Tage von Borny und Vionville, und der Schlüssel zum Verständniß, weshalb dieses Heer
sich der schrecklichen Umarmung der deutschen Krieger nicht zu
entziehen vermochte, liegt, wie wir glauben, in dem Umstand,
daß fünf französische Corps am 16. August nicht im Stande
waren, den Widerstand von zwei deutschen Armeecorps — dem
dritten und dem zehnten — zu überwinden.

In den fünf Wochen, die zwischen der Einschließung von
Paris und der Kapitulation von Metz lagen, bereiteten sich auf
verschiedenen Punkten des ungeheuren Kriegstheaters, das sich
vom Rhein bis an die Loire, ja bald bis an den Atlantischen
Ocean erstreckte, die Ereignisse vor, welche die zweite Periode des
gigantischen Ringens zwischen Deutschland und Frankreich — die
Kämpfe der deutschen Armeen mit den durch gewaltige Anstrengungen aufgestellten französischen Volksheeren — ausfüllen.

Schon lange waren an verschiedenen Stellen in Frankreich, namentlich an der Loire, in der Normandie, im Norden, endlich bei Lyon, die einleitenden Schritte geschehen, um den französischen Heeren den nöthigen Ersatz zuzuführen, und als das eine derselben vernichtet, das andere eingeschlossen war, ganz neue Heeresmassen aufzustellen. Es waren dabei ungeheure Schwierigkeiten zu überwinden, und wenn man davon absieht, daß die leitenden Persönlichkeiten in Frankreich — die faktischen Diktatoren — dadurch unsägliches Unglück über das arme Land gebracht haben, so muß man eingestehn, daß sehr Vieles, fast Unglaubliches von ihnen ausgerichtet ist. Es fehlte zur Bildung neuer Armeen eben an Allem, mit Ausnahme des rohen Menschenmaterials, das — darüber wird man sich jetzt wohl keine Illusion mehr machen — zum Kriegerhandwerk durchaus nicht besser geeignet ist, wie die meisten andern Nationen.

Am empfindlichsten machte sich der Mangel an Befehlshabern und Waffen geltend. Da muß es denn sehr anerkannt werden, daß sich alte verabschiedete Militärs in großer Anzahl auf die Aufforderung der Regierung hin sich derselben zur Verfügung stellten. Die Unteroffizierkadres mußten zum großen Theil aus alten Soldaten gebildet werden, und es lag hierin gewiß eine der Hauptschwächen der neuen Heere, denn es fehlte so der Kitt, der die lose organisirten Truppentheile, die von einer für französische Verhältnisse ganz ungewöhnlichen numerischen Stärke waren, hätte zusammen halten sollen.

Der Mangel an Waffen war leichter zu decken, es handelte sich hier nur um den Kostenpunkt. Als dieser genügend erledigt werden konnte, erwies sich das hochherzige England äußerst bereit, dem bedrängten Nachbarn und Kriegskameraden von der Krim her, beizuspringen. Auch das in der Alabamafrage so äußerst empfindliche Nordamerika glaubte hier eine Ausnahme machen zu dürfen, und die Zahl der über das Atlantische Meer nach Frankreich gesendeten Feuerwaffen machte viele Hunderttausende aus.

So wurden denn neue Truppentheile, neue Armeecorps, neue Armeen gebildet, von denen die Loirearmee, die Nordarmee und die Ostarmee sich hauptsächlich bemerkbar gemacht haben. Die großen Streitmassen, welche diese Armeen enthielten, waren allerdings eine Macht, die nicht leicht zu bezwingen war, und es gehörten dreimonatliche höchst bedeutende Anstrengungen dazu, um sie gründlich zu Boden zu werfen. Es kamen aber noch mancherlei andere Umstände hinzu, wodurch den Deutschen ihre Kriegführung jetzt in hohem Grade erschwert wurde. Wir werden dies an den geeigneten Orten genügend hervorzuheben suchen.

Je länger der Krieg dauerte, einen desto größeren Umfang nahm auch das Kriegstheater an, was ganz natürlich dadurch veranlaßt wurde, daß die deutschen Heere immer weiter in Frankreich vordrangen. Während zu Anfang des Krieges sich die Kämpfe nur auf zwei Punkten vollzogen, gab es abgesehen von den belagerten Festungen später drei, zuletzt sogar vier räumlich von einander getrennte Kriegsschauplätze, wo die Zahl der Kämpfenden oft nach Hunderttausenden zählte. Es waren eben zwei große Völker, die mit Aufbietung aller Kräfte um ihre höchsten Interessen stritten. Deutschland wollte sich ein für allemal eine solche Stellung dem westlichen Nachbarn gegenüber erkämpfen, daß es die fortwährenden Angriffe und Drohungen dieses unruhigen Nachbarn nicht mehr zu fürchten habe, daß es im Vollgenuß der Ruhe seine mannigfachen geistigen und materiellen Interessen zu ungehinderter Entwicklung bringen könne. Frankreich aber fühlte, daß Deutschlands stets wachsendes Ansehen unter den Staaten Europas ihm jene einflußreiche Stellung rauben würde, die es zu seiner Existenz für unerläßlich erachtet. Ehe Frankreich sich in den Gedanken finden konnte, zu einer Macht zweiten Ranges — seiner Anschauung nach — herabgedrückt zu werden, wollte es einen Kampf auf Leben und Tod wagen, und wir werden denn auch sehen, daß es seine letzten Kräfte bei diesem Kampfe einsetzte.

Außer den regulären Truppentheilen, welche die französische

Regierung mit großer Energie aufzustellen sich bemühte, trat in der zweiten Periode noch ein neues Element in den Kampf, von dem in Frankreich allerdings schon vor dem Kriege die Anfänge vorhanden waren — wir meinen die Franktireurs. Es hatten sich in den letzten Jahren in Frankreich, wie überall sonst, wo das Heerwesen nicht mit genügender Kraft geordnet ist, freiwillige Schützenvereine gebildet; indessen hier in Frankreich, wo die Bevölkerung, wie wir dies schon im Eingang unseres Buches hervorgehoben haben, nur wenig Lust und Neigung zu kriegerischer Uebung hat, in geringerem Maße als anderswo. Nur in den von etwas größerem militairischen Geist beseelten östlichen Departements gab es mehrere solcher Schützenkorps. Dieselben erfreuten sich einer gewissen Beachtung seitens des Kriegsministeriums, und ihre Mitglieder wären wohl von den spärlichen Uebungen der Mobilgarde verschont geblieben, wenn es mit diesen wirklicher Ernst geworden wäre. Man ging im Kriegsministerium sogar mit dem Gedanken um, den bestorganisirten Franktireurkorps die Theilnahme an den Uebungen im Lager bei Chalons zu gestatten.

Diese Schützenkorps nun traten beim Ausbruch des Krieges zusammen, und man muß einräumen, daß sie im östlichen Frankreich, namentlich im Elsaß, in Lothringen und Burgund, nicht ohne Bedeutung und den regulairen Truppen eine wesentliche Stütze waren. Sie waren dies aber eben dadurch, daß sie sich einer einigermaßen regelmäßigen Kriegführung befleißigten. Dahingegen haben alle andern Franktireurbanden, die bald hier bald dort auftauchten und namentlich an schwachen deutschen Kommandos oder einzelnen Personen, sowie an Transporten ihre Heldenthaten verübten, dem Lande selbst entschieden mehr geschadet als genützt. Diese Frevel forderten die Rache der Deutschen, die oftmals sehr nachdrücklich ausgeführt wurde, heraus und es ist dadurch für manches blühende Dorf, für manche friedliche Familie namenloses Unglück herbeigeführt worden. Und was wogen die paar Mordthaten auf, die von den Franktireurs im

Ganzen an deutschen Kriegern verübt sind? Sie zählten sicher nur nach Hunderten, und haben also zusammengenommen nicht die Bedeutung eines kleinen Gefechts. War es darum nöthig, einem ganzen Volk den Glauben einzuflößen, daß im Dienst des Vaterlandes das Banditenthum eine heilige Sache werden könne? — Wir können damit das Franktirenwesen für unsere Darstellung für abgethan erachten.

Nach dem Fall von Metz wurden die großen Heermassen, die durch die Einschließung dieses Platzes an denselben gebannt waren, wieder frei und konnten von der deutschen Heerleitung jetzt zum Niederwerfen der neugebildeten französischen Armeen, die mittlerweile mit ziemlicher Kühnheit aufgetreten waren, benutzt werden.

Ehe wir zur Schilderung der großartigen Kämpfe gelangen können, welche eine Folge waren von dem Vormarsch des deutschen Cernirungsheers bei Metz gegen die französischen Volksheere, müssen wir uns den Begebenheiten im östlichen Frankreich zuwenden, welche durch das Vorrücken des Werder'schen Korps nach der Einnahme von Straßburg veranlaßt wurden.

Operationen des Werder'schen Korps bis zur Räumung von Dijon am 27. Dezember 1870.

Während der Belagerung von Straßburg hatte ein Theil der durch politischen Fanatismus aufgestachelten Bevölkerung des Elsaß vielfach Unruhen erregt und es waren vom Belagerungsheer fliegende Kolonnen ausgesandt worden, um diesem Unwesen zu steuern. Eine vollständige Beruhigung des Landes wurde dadurch aber nicht erreicht, zumal da die aufständischen Banden eine sichere Zuflucht in den Vogesen hatten, von wo aus sie nicht allein die im Elsaß stehenden deutschen Truppen, sondern namentlich die Kommunikationslinie der bis Paris vorgedrungenen Heere mit ihrer Operationsbasis bedrohen konnten. Es wurde das Treiben dieser Banden um so gefahrvoller, als sie sich auf die regulairen Truppentheile, die seit Anfang des Krieges in

Lyon gebildet wurden, und die zum Theil jetzt schon feldtüchtig sein mußten, stützen konnten.

Es erging daher am 30. September aus dem deutschen Hauptquartier der Befehl zur Bildung des XIV. Armeekorps in Straßburg. Dasselbe sollte aus der badischen Division (General v. Beyer) und der 1. Reservedivision (General v. Treskow) zusammengesetzt und unter die Befehle des Generals v. Werder gestellt werden. Seine nächste Aufgabe sollte sein, die Vogesen zu durchschreiten, dieselben von den dort befindlichen Banden zu säubern und die südlich dieses Gebirges sich bildenden feindlichen Truppenmassen anzugreifen und zu zerstreuen. Dann sollte der General v. Werder mit seinem Korps eine solche Aufstellung nehmen, daß dadurch einerseits der Elsaß und die dort mit der Belagerung der Festungen beschäftigten deutschen Truppen, andererseits die Verbindungslinien der deutschen Armeen gedeckt würden.

Diese Aufgabe, welche dem General v. Werder und seinen 35,000 M. gestellt wurde, war gewiß keine leichte; sie ist aber in jeder Beziehung gut und zufriedenstellend gelöst worden, wie sie denn auch in der Vertheidigung der Lisainelinie vor Belfort einen glorreichen Abschluß fand.

Ehe diese Weisungen des Hauptquartiers noch in Straßburg angekommen waren, hatte schon der General v. Werder aus eigenem Antrieb den General v. Degenfeld mit 6 Bataillonen, 2 Batterien und 2½ Eskadronen von Straßburg ausgesandt, um die Vogesen zu durchstreifen und dieselben von den Freischärlerbanden zu säubern. Demzufolge theilte der General v. Degenfeld sein Detachement in drei Kolonnen, welche auf drei verschiedenen Wegen das Gebirge durchziehen und sich am 5. Oktober zwischen Raon l'Etape und Etival wieder vereinigen sollten. Die Kolonnen trafen nur auf einen höchst geringen Widerstand bei ihrem Vormarsch, als aber die nördliche und mittlere Kolonne bei Raon l'Etape ihre Vereinigung vollziehen wollten, fanden sie diesen Ort und das denselben umgebende Waldterrain durch Franktireurs besetzt. Nach kurzem Kampf wurde Raon l'Etape von den Badensern genommen und die Franktireurs mit einem Verlust von 30 Mann zerstreut. In Raon l'Etape erhielt der General v. Degenfeld die Nachricht von der Bildung des XIV. Korps und seiner Bestimmung. Es wurde ihm zugleich seitens des Generals v. Werder die Weisung, daß er sich mit seinem Detachement als Avantgarde des XIV. Korps zu betrachten habe, welches auf St. Dié, Etival und Raon l'Etape vorrücke.

Demgemäß trat der General v. Degenfeld am 6. Oktober den Vormarsch auf St. Dié an. Während des Marsches wurde er jedoch durch feindliche Truppenmassen, die von Westen her, von Brureres und Rambervilliers, vordrangen, in der rechten Flanke angegriffen und zu einem heftigen Kampfe genöthigt. In diesem drängte General v. Degenfeld seinen ihm an Zahl doppelt überlegenen Gegner bis hinter Etival zurück. Die französischen Truppen, die hier kämpften, bestanden zum Theil aus Marschregimentern, zum Theil aus Mobilgardenabtheilungen, und schlugen sich sehr wacker. Sie verloren gegen 1400 M. an Todten und Verwundeten und 589 M., worunter 6 Offiziere, an Gefangenen. Die Badenser hatten einen Verlust von 22 Offizieren und 382 M.

Hatten auch, wie gesagt, die Franzosen ganz ordentlich Stand gehalten, und waren sie auch erst nach siebenstündigem erbittertem Kampf vollständig geschlagen worden, so trat hier doch schon, in dem ersten größeren Gefecht, das mit den neugebildeten französischen Truppen geführt wurde, ein großer Unterschied zwischen diesen und den alten Soldaten des Kaiserreichs hervor. Die Badenser waren höchstens 4—5000 M., die Franzosen wenigstens doppelt so stark und mit ebensoviel Artillerie versehen, wie ihre Gegner. Dazu hatten sie den großen Vortheil, daß sie die deutschen Truppen auf dem Marsch überfielen und dann, als sie zurückgedrängt wurden, die eine starke Stellung nach der andern besetzen konnten. Dennoch verloren die Franzosen an Todten und

Verwundeten das Dreifache von dem, was die Deutschen einbüßten und außerdem eine große Zahl von Gefangenen, während
die Heere des Kaiserreichs — abgesehen von den Kapitulationen
— nur wenige Gefangene verloren hatten, was gewiß für die
in den Truppentheilen derselben herrschende Festigkeit ein sehr
gutes Zeugniß ablegt.

Am 7. Oktober blieb General v. Degenfeld bei Etival stehen,
sendete aber Rekognoscirungskommandos aus, welche auch nach
St. Dié vordrangen und diesen Ort unbesetzt fanden. Am nächsten Tage trafen die Spitzen der übrigen Theile des XIV. Korps
in Etival und St. Dié ein, und damit war die Aufgabe des
Generals v. Degenfeld gelöst. Am 9. Oktober nahm General
v. Werder sein Hauptquartier in Raon l'Etape und in den folgenden Tagen setzte das Korps seinen Vormarsch fort, wobei es
kleinere Gefechte zu bestehen hatte. Am 12. suchte der Feind
sich noch einmal bei Epinal zu stellen, wurde aber hier durch
Artilleriefeuer vertrieben.

Das Hauptquartier ward jetzt für einige Zeit in Epinal
etablirt und die Umgegend, namentlich nach Westen und Süden hin,
gründlich abgesucht. Auch die Verbindung mit Luneville wurde
hergestellt. Es wurde durch Rekognoscirungen ermittelt, daß der
Feind sich nach Vesoul zurückgezogen habe; als das Korps hier
aber anlangte, war der Feind schon weiter zurückgegangen und
zwar in der Richtung nach Besançon. Als man in Erfahrung
brachte, daß hier unter dem General Cambriels, welcher zum
Oberkommandanten der gesammten in dieser Gegend stehenden
Streitkräfte, der sogenannten „Ostarmee" ernannt war, sich bedeutende Truppenmassen angesammelt hätten, beschloß der General
v. Werder, auf Besançon vorzurücken und hier den Feind anzugreifen. Es konnte dabei natürlich nicht die Absicht des Generals
sein, die ziemlich starke Festung zu belagern, denn hierzu wäre
seine Truppenstärke, nachdem er die 1. Reservedivision, mit Ausnahme der kombinirten Linienbrigade, zu seiner Verbindung mit
dem Elsaß zurückgelassen hatte, bei Weitem nicht ausreichend ge-

wesen, und würde er auch seiner Hauptaufgabe, die deutsche Kom=
munikationslinie von Süden her zu sichern, nicht genügend ha=
ben nachkommen können. Dem General v. Werder konnte es
nur darum zu thun sein, die feindlichen Streitkräfte über den
Dignonfluß gegen Besançon zurückzuwerfen und sie dadurch für
einige Zeit unschädlich zu machen. Dann aber kam es für ihn
darauf an, sich einen Centralpunkt für seine ferneren Operatio=
nen zu sichern und als solchen hatte er Dijon ins Auge gefaßt.

Zum Angriff des Feindes, der nach den eingezogenen Nachrichten am Dignonfluß stehen sollte, wurden die badischen Brigaden in drei Kolonnen am 22. Oktober also vorgeschickt, daß
die 1. Brigade (Prinz Wilhelm) von Frasne le Chateau auf Pin
vorrücken sollte, während die 2. Brigade (General v. Degenfeld)
von Fratigny auf Etuz und Cussey und die 3. Brigade (General Keller) von Bellefanr über Rioz auf Voray gingen. Die
kombinirte preußische Brigade folgte als Hauptreserve in der Mitte,
und die Kavallerie (8 Eskadronen) unter General v. Laroche sollte
mit der reitenden Batterie und 2 auf Wagen gesetzten Infanteriekompagnien weit in südwestlicher Richtung nach Dole und
Auronne vorgehen, um die von Dijon und Lyon nach Besançon
führenden Eisenbahnen zu zerstören und also feindliche Zuzüge
auf diesen Wegen zu verhindern.

Am Vormittage des 22. Oktober trafen die mittlere und östliche Kolonne der vorrückenden Badenser auf den Feind und zwar
trieb der General Keller eine feindliche Abtheilung vor sich her,
nach Voray zu, während der General v. Degenfeld die am
Dignon liegenden Ortschaften Etuz und Cussey stark besetzt
fand. Die westliche Kolonne unter dem Prinzen Wilhelm hatte
dahingegen den Uebergang über den Dignon bei Pin unbesetzt
gefunden.

Es galt daher, den Feind in der Mitte zu beschäftigen, um
den beiden anderen Kolonnen, namentlich der westlichen Zeit zu
geben, ihn in Flanke und Rücken zu umfassen.

Aus dem nördlich vom Dignonfluß liegenden Etuz ward

der Feind nach kurzem Kampf geworfen, dann schickte sich die Brigade Degenfeld zum Angriff gegen Cussey an. Dieser Ort liegt hart am südlichen Ufer des Flusses, über den eine steinerne Brücke führt. Vom Dignon steigt das südliche Ufer in steilen Terrassen, auf denen Cussey gebaut ist, in die Höhe, und die Dertlichkeit bietet daher der Vertheidigung ganz bedeutende Vortheile. Der Angriff wurde durch Artilleriefeuer eingeleitet, indem die beiden der Brigade zugetheilten Batterien je auf einem Flügel eine günstige Stellung einnahmen. Anfangs feuerte nur die auf dem linken Flügel stehende Batterie, während zugleich die Kompagnien des 1. Bataillons vom 3. badischen Regiment ein lebhaftes Feuergefecht unterhielten. Als der Feind dadurch mürbe gemacht schien, gingen zwei Bataillone (jenes vom 3. und eins vom 4. Regiment), unterstützt durch das Feuer der zweiten Batterie auf die Brücke und das Dorf los. So wurde Cussey im ersten Anlauf genommen und der Feind dann durch Kavallerie verfolgt. Bei Chatillon le Duc, östlich von Cussey, setzte sich der Feind wieder, nachdem er bedeutende Verstärkungen und auch Artillerie an sich gezogen hatte. Zwei Bataillone des 30. preußischen Regiments wurden der Reserve entnommen und gegen Chatillon geschickt, während die Badenser weiter nach Süden gegen Auxon-dessus vordrangen. Nach hartem Kampf nahmen die Preußen Chatillon, worauf der Feind sich in Unordnung zurückzog.

Unterdessen hatte die 1. badische Brigade mit ihrer Spitze von Westen her Auxon-dessus erreicht und ward dort alsbald in ein heftiges Gefecht verwickelt. Als das vorderste Bataillon der 2. Brigade von der Front her sich dem Ort näherte, wurde ein konzentrischer Angriff, an dem zwei Bataillone der 1. und ein Bataillon der 1. Brigade sich betheiligten, gegen denselben unternommen. Der Feind konnte dem gewaltigen Andrang der Badenser nicht widerstehn und mit einbrechender Dunkelheit war der Ort in ihren Händen. Damit hatten die Kämpfe am 22. Oktober ihr Ende erreicht. Die dritte Brigade hatte den Feind

aus Voray vertrieben, konnte aber wegen schwieriger Terrainver-
hältnisse nicht weiter vordringen.

Die Badenser verloren an diesem Tage 46 M., darunter
4 Offiziere, die Preußen 2 Offiziere und 51 Mann. Dem
Feinde wurden gegen 300 unverwundete Gefangene abgenommen,
und an Todten und Verwundeten hatte er über 150 M. verloren. Die französischen Streitkräfte, die am 22. Oktober dem
XIV. Korps gegenüberstanden, betrugen wenigstens 12,000 M.,
die durch eine weit geringere Zahl deutscher Soldaten aus den
festesten Stellungen vertrieben wurden. Dieser Umstand, im Verein mit dem großen Unterschied zwischen den Verlusten auf deutscher und französischer Seite bestätigen zur Genüge unsere oben
aufgestellte Behauptung, daß diese neugebildeten französischen
Streitkräfte den Vergleich mit den alten Heeren Frankreichs nicht
aushalten können.

Nachdem der General v. Werder sich so nach dieser Seite
hin sichergestellt hatte, ließ er seine Truppen die Richtung nach
Dijon einschlagen. Es kam bei dem Vormarsch dahin wiederholt zu heftigen Zusammenstößen mit feindlichen Schaaren, die
der im Côte d'Or gebildeten Streitmacht angehörten, und die
namentlich durch die Brigade des Prinzen Wilhelm von Baden
zerstreut wurden. Am 24. Oktober ward das Hauptquartier nach
Gray verlegt und verblieb hier vorläufig. Am 29. Oktober ging
dem General v. Werder vom Oberkommando die Weisung zu,
den Rückmarsch auf Vesoul anzutreten, weil seine Stellung gegenüber den neugebildeten bedeutenden Heeresmassen des Feindes als
zu exponirt angesehen ward. Als der General aber die Nachricht erhielt, daß Dijon von den Franzosen verlassen sei, konnte
er es nicht über sich gewinnen, diesen wichtigen Ort, der seinen
Truppen reiche Hülfsmittel aller Art zu bieten vermochte, unbesetzt zu lassen. Er gab daher dem Kommandeur der badischen
Division, General v. Beyer, den Befehl, mit der 1. und 3. Brigade auf Dijon vorzurücken.

Als die badischen Truppen in die Nähe dieser Stadt kamen,

stießen sie auf kleinere feindliche Abtheilungen, die allerdings zu- rückgeworfen wurden, allein je näher die Badenser nach Dijon vordrangen, desto nachhaltiger ward der Widerstand der Fran- zosen, bis sich zuletzt bei den nördlich der Stadt liegenden Höhen von St. Apolinaire ein sehr heftiges Gefecht entwickelte.

Es stellte sich also die Nachricht, daß Dijon nicht vom Feinde besetzt sei, als unrichtig heraus, wenn die Franzosen auch wirklich eine kurze Zeit hindurch die Stadt aufgegeben hatten. Als nämlich das Gerücht von dem Vorrücken der „Preußen" sich nach Dijon verbreitet hatte, ergriff die Besatzung, die aus allen Truppengattungen bestand und zum Theil der Linie angehörte, ein panischer Schrecken und sie verließ Dijon in völliger Auf- lösung, den Weg nach Beaune einschlagend.

In der Nacht zum 30. Oktober aber wurden auf Veranlas- sung des von der Republik eingesetzten Präfekten, von Beaune, Auxonne und Langres her, mittels der Eisenbahnen bedeutende Truppenmassen nach Dijon zurückgeholt und diese waren es, mit denen die Badenser nun in Kampf gerathen waren.

Die Franzosen hatten vor Dijon eine äußerst günstige Po- sition eingenommen und überhaupt bietet das die Stadt umge- bende Terrain der Vertheidigung große Vortheile dar. Dennoch gelang es der ersten badischen Brigade nach und nach, den Feind aus seinen festen Stellungen zu verdrängen und gegen 3 Uhr Nachmittags konnten sämmtliche badischen Geschütze — 36 an der Zahl — von den Höhen, die Dijon im Norden und Osten umgeben, die Vorstädte, wo die Franzosen sich jetzt festgesetzt hatten, auf das Wirksamste beschießen. Den badischen Leib- grenadieren ward dadurch das Eindringen in die Vorstädte St. Nicolas und St. Michel erleichtert, allein in diesen Ort- schaften selber entbrannte nun der heftigste Kampf, und Haus für Haus mußte erstürmt werden.

Da es indeß zu dunkeln begann, befahl der General v. Beyer den Kampf einzustellen und ließ seine Truppen enge Kan- tonnements in den nächsten Ortschaften vor Dijon beziehen.

14

Allein noch an demselben Abend kapitulirte die Stadt, und am nächsten Morgen (31. Oktober) hielt der General v. Beyer seinen Einzug in dieselbe. Es wurde der Stadt eine Kontribution von 500,000 Franken auferlegt, welche ihr indeß bei friedlichem Verhalten der Bürger zurückerstattet werden sollte.

In dem sehr hartnäckigen Gefecht bei Dijon verloren die Badenser 245 M. an Todten und Verwundeten, die französischen Truppen, die theils der Linie (Marschbataillone), theils der Mobilgarde angehörten, ungefähr das Doppelte und außerdem über 100 Gefangene. Auch bei diesem Kampf waren die Franzosen wieder in bedeutender Uebermacht, wurden trotzdem aber aus den stärksten Stellungen hinausgeworfen.

Es blieb nun Dijon von einem Theile der Badenser besetzt, während die übrigen dem XIV. Korps angehörigen Linientruppen am 2. November vorläufig bei Besoul Stellung nahmen. In der Zusammensetzung des Korps trat um diese Zeit (nach der Einnahme von Neubreisach) die Veränderung ein, daß die 1. Reservedivision (General v. Tresckow) aus dem Verbande derselben ausschied, um die Belagerung von Belfort zu übernehmen, und statt dessen die 4. Reservedivision (General v. Schmeling) dem Korps einverleibt ward. Im Verlauf des Monats November ward das Gros dieser Division in Gray und Umgegend konzentrirt, wobei ihr namentlich die Aufgabe gestellt war, die Verbindung des inzwischen nach Dijon vorgeschobenen XIV. Korps mit dem Elsaß und nach Epinal hin zu decken, während ein Theil der Division der 1. Reservedivision bei der Belagerung Belforts zur Unterstützung überwiesen ward.

Die große Bedeutung von Dijon hatte sich nun doch so sehr geltend gemacht, daß trotz der exponirten Stellung, in die der General v. Werder dadurch gerieth, es für nothwendig angesehen wurde, diese Stadt mit dem Gros des XIV. Korps zu besetzen. In mehr als einem Monat behaupteten sich die Werderschen Truppen hier, indem kleinere Kommandos von ihnen fortwährend Gefechte mit den in der ganzen Umgegend hausenden zahlreichen Franktireurbanden zu bestehen hatten. Auch einige größere Expeditionen wurden vom XIV. Korps in dieser Zeit vorgenommen, und zwar zunächst gegen die von Garibaldi angesammelten Streitkräfte.

Der alte italienische Abenteurer hatte sich nach dem Sturz des Kaiserreichs der französischen Republik zur Verfügung gestellt und seine beiden Söhne, Ricciotti und Menotti, sowie eine Anzahl anderer italienischer Müßiggänger hatten sich ihm angeschlossen. Einiges sonstige Gesindel, Spanier, Griechen, Polen, strömte ihm zu, und so konnte er daran denken, ein eignes Korps zu bilden, in welches dann eine Anzahl französischer Mobilgardisten aufgenommen werden sollten.

Die französische Regierung übertrug Garibaldi den Oberbefehl über die gesammten Streitkräfte in den Vogesen und sollte er sich mit dem General Cambriels, der die sogenannte Ostarmee kommandirte, in Einvernehmen setzen. Am 17. Oktober kam Garibaldi nach Besançon, konnte sich hier aber mit Cambriels nicht einigen, worauf er sich nach Dole begab und nun mit ganz bemerkenswerther Energie seine Schaaren organisirte, wobei ihm seitens der französischen Regierung wenig Unterstützung geleistet ward.

Es gelang Garibaldi nach und nach, sein Korps auf eine nicht ganz unbedeutende Stärke zu bringen, so daß die deutsche Heeresleitung dasselbe bei ihren Berechnungen immerhin als Faktor in Betracht ziehen mußte. Garibaldi giebt selbst die Stärke seines Korps — in einem von Capreta am 7. März 1871 datirten Briefe — nur zu 7—8000 M. an, während dasselbe nach anderen, gewiß zuverlässigeren Mittheilungen wenigstens das Dreifache ausmachte.

Gegen Ende November fühlte Garibaldi sich stark genug, die Offensive gegen das nunmehr in Dijon stehende Gros des XIV. Korps zu ergreifen. In der Nacht vom 26. auf 27. November näherte er sich Dijon mit seinen Truppen von Nordwesten her, und gedachte in der dunklen Nacht, begünstigt durch ein schreckliches Unwetter, die preußischen Vorposten zu überfallen, um dann in die Stadt eindringen zu können. Allein die Preußen waren auf ihrer Hut, und Garibaldis Schaaren, die nun ihrerseits überrascht wurden, liefen nach kurzem Kampfe in Unordnung zurück. Am nächsten Morgen nahm General v. Werder mit seinem Korps die Verfolgung auf, erreichte Garibaldi's Arrieregarde bei Paques und brachte ihr hier eine Schlappe bei, worauf sich die Garibaldianer schleunigst nach Autun zurückzogen. Die 3. badische Brigade (General Keller) folgte den Garibaldianern bis hierher. Als Keller sich aber davon überzeugt hatte, daß Garibaldi's Korps hier eine starke Stellung eingenommen habe, deren Wegnahme unverhältnißmäßig große Opfer erfordern würde, begab er sich auf den Rückmarsch nach dem 10 Meilen entfernten Dijon. Kaum hatte er die Gegend von Chateauneuf, das 4 Meilen südwestlich von jener Stadt liegt, am 3. Dezember erreicht, als er plötzlich in einem engen Thale, von den waldigen Anhöhen her, von feindlichen Schaaren auf das Heftigste angegriffen ward. Hier galt es einen raschen Entschluß zu fassen; um den Durchmarsch durch den Engpaß ausführen zu können, mußten die Höhen vom Feinde gesäubert werden. Das erste Bataillon vom 5. Regiment warf sich, ohne auf das feindliche Feuer zu achten, gegen die steilen Höhen, erstieg dieselben und jagte nun den Feind in eiligster Flucht zurück, so daß die Brigade den Paß ungehindert durchschreiten konnte und wohlbehalten nach Dijon zurückkehrte.

Im Monat Dezember waren General Werders Truppen in ungesetzter Thätigkeit in der Umgegend von Dijon, indem sie bald nach der einen, bald nach der anderen Richtung hin Vorstöße machten und die feindlichen Schaaren zu erreichen suchten, wo sie sich bemerkbar machten. Der kombinirten preußischen Linienbrigade (Reg. Nr. 30 und 34) unter dem General Golz war dabei der Auftrag geworden, die Festung Langres — welche durch ihre Lage nördlich von Dijon, zwischen dieser Stadt und der deutschen Kommunikationslinie von besonderer Wichtigkeit war, zumal da sie den zahlreichen in dieser Gegend hausenden Franktireurbanden zum Stützpunkt und zur Zufluchtsstätte diente — zu beobachten. Namentlich am 16. Dezember hatte der General v. Golz hier ein größeres Gefecht, in dem er den 6000 M. starken Feind, der einen Ausfall aus der Festung machte, in dieselbe zurückwarf, und dem Feinde sehr große Verluste zufügte.

Am 18. Dezember wurde eine größere Expedition gegen einen Theil der französischen Ostarmee, die ihre Vertheidigungslinie von Beaune nach dem nur 3 Meilen von Dijon entfernten Nuits vorgeschoben hatte, durch die beiden ersten Brigaden der badischen Division unter dem Generallieutenant v. Glümer unternommen. Mit sehr großer Bravour erstürmten die badischen Truppen zuerst den Eisenbahndamm, dann Nuits selber und jagten den Feind darüber hinaus in wilde Flucht. Die Badenser verloren in diesem heißen Kampfe 54 Offiziere und 880 Mann, allein die Franzosen wenigstens das Doppelte und an unverwundeten Gefangenen 16 Offiziere und gegen 700 Mann. Da es nicht in der Absicht des Generals v. Werder liegen konnte, Nuits festzuhalten, kehrten die badischen Truppen am nächsten Tage nach Dijon zurück.

Auf diese Weise löste der General v. Werder den ihm gewordenen Auftrag, die deutschen Verbindungslinien gegen die im östlichen Frankreich stehenden feindlichen Streitkräfte zu schützen, mit seiner verhältnißmäßig geringen Macht auf das Vollkommenste. —

Operationen im westlichen Frankreich bis zum Waffenstillstand.

Um dieselbe Zeit, als das XIV. Armeekorps seine Expeditionen gegen die neugebildeten französischen Streitkräfte im Osten begann, machte sich auch die Einwirkung der südlich von der Loire vorgenommenen Neuformationen auf das deutsche Cernirungsheer bei Paris geltend. Wir haben oben gesehen, daß die Kavalleriedivisionen, die diesem Heere zugetheilt waren, die Aufgabe erhalten hatten, die Zugänge zur französischen Hauptstadt zu decken und Requisitionen behufs des Unterhaltes der Truppen vorzunehmen. Der 4. Kavalleriedivision (Prinz Albrecht Vater) war zu diesem Zweck die Gegend zwischen Paris und Orleans angewiesen worden, und sie hatte Anfangs Oktober in den an und bei der Eisenbahn von Orleans nach Paris, ungefähr 10 Meilen von letzterem entfernt liegenden Orten Toury, Pithiviers und Janville ihre Quartiere aufgeschlagen.

Am 5. Oktober meldeten die Vorposten der Division das Vorrücken eines aus allen Waffengattungen bestehenden feindlichen Detachements von Süden her auf Toury. Der Prinz ließ nun die leichte Brigade Krofigt mit 1 bairischen Bataillon und 1 Batterie in der Front vorgehen, während er mittels der schweren Brigade Hontheim, 8 bairischen Kompagnien und ½ Batterie eine Bewegung gegen des Feindes linke Flanke vornehmen ließ. Dieser zeigte indessen eine Stärke von 12 Infanteriebataillonen, 2 Kavallerieregimentern und 2 Batterien, vor der sich die deutschen Truppen nach einem vierstündigen Gefecht nach dem 2 Meilen nördlich von Toury gelegenen Angerville zurückziehen mußten. Die französischen Truppen, die hier gekämpft hatten, wurden vom General Reyau kommandirt.

Dies war also das erste Auftreten von Theilen der Loirearmee, die später soviel von sich reden gemacht hat. Deutscherseits wurde sie damals — gewiß viel zu niedrig — zu einer Stärke von 4 Divisionen mit zusammen 30,000 M. angenommen. Der frühere Divisionsgeneral Lamotterouge war zu jener Zeit Oberbefehlshaber der Loirearmee, deren Avantgarde sich bei Toury gezeigt hatte.

Es erschien jetzt erforderlich, gegen diese neue französische Armee ein besonderes Detachement aufzustellen. Ein solches ward aus dem 1. bairischen Korps (General v. d. Tann), der 22. Infanteriedivision (General v. Wittich) und der 2. Kavalleriedivision (Graf Stolberg-Wernigerode) zusammengesetzt und dem General v. d. Tann der Befehl über diese Streitmacht, deren Stärke sich auf gegen 40,000 M. belief, übertragen.

Am 8. Oktober langte General v. d. Tann bei Etampes

an, wohin die deutschen Truppen sich nach dem Gefecht am 5. zurückgezogen hatten. Südlich von jenem Ort hatten die Franzosen ihre Vorposten aufgestellt. Die 2. Kavalleriedivision rückte nun gegen dieselben vor und vertrieb sie. Erst bei dem nur 3 Meilen nördlich von Orleans liegenden Artenay setzten die Franzosen sich wieder fest. Sie nahmen hier eine sehr starke Stellung in dem durchschnittenen Gelände bei jenem Ort ein, so daß ein Angriff in der Front zu große Schwierigkeiten gehabt haben würde. General v. d. Tann ließ daher den Feind durch die 22. Infanteriedivision von Westen her umgehen, und die Franzosen wurden durch diese Bewegung gezwungen, ihre feste Position aufzugeben, wobei sie 3 Kanonen in Stich lassen mußten. Darauf besetzten die Deutschen Artenay, während die Franzosen sich auf Orleans zurückzogen. Dies geschah am 10. Oktober.

Die Gegend nördlich von Orleans hat, obgleich sie zu dem sogenannten Plateau von Orleans gehört, im Ganzen einen flachen Charakter und bietet deshalb an und für sich nur geringen Anhalt für eine gute Vertheidigungsstellung. Es zieht sich aber nördlich von der Stadt ein breiter Waldgürtel, von Chambon über Chilleurs aux Bois, Neuville aux Bois und St. Lyl nach Chevilly, zu beiden Seiten der großen Straße und der Eisenbahn von Orleans nach Paris hin. Hier in diesem Walde, der eine Breite von ungefähr 3 Meilen und eine Längenausdehnung von 4 Meilen hat, hatte die französische Armee sich festgesetzt, und zu ihrer größeren Sicherung eine Menge von Verhauen und Verschanzungen angelegt. Die Stellung war dadurch zu einer sehr starken geworden und durch einen Frontalangriff schwer zu nehmen.

Der General v. d. Tann beschloß daher, den Feind nur in der Front zu beschäftigen, das Hauptgewicht aber auf einen Angriff in die französische linke Flanke zu legen, wozu er die 22. Division (General v. Wittich) ausersehen hatte. Am 11. Oktober früh Morgens begannen die deutschen Truppen ihren Vormarsch. Die 2. bairische Division rückte über Chevilly vor gegen die Front der Franzosen, auf ihrem linken Flügel unterstützt durch die 2. Kavalleriedivision. Die 1. bairische Division folgte als Reserve auf der großen Straße von Artenay.

Die 22. Infanteriedivision ging über Sougy, Huètre, Briey und Boulay vor, und ihr war die 4. Kavalleriedivision zur Unterstützung beigegeben, mit der Weisung, namentlich den Rücken der 22. Division gegen feindliche Angriffe von Beaugency zu decken. Als die Tete der preußischen Infanterie gegen 10 Uhr Morgens auf die Ebene bei Briey debouchirte, wurde sie von einigen französischen Batterien beschossen, die zwischen Boulay und Ormes aufgestellt waren. Die preußische Divisionsartillerie und eine bairische Batterie nahmen ihnen gegenüber zwischen Briey und Gidy eine Aufstellung und es entwickelte sich jetzt ein heftiger Artilleriekampf, in welchem die in gedeckter Stellung stehenden französischen Geschütze der deutschen Artillerie großen Schaden zufügten. Allein diese ließ sich dadurch nicht irre machen, sondern hielt standhaft in dem ungleichen Kampfe aus, und ermöglichte dadurch der 22. Division die ungehinderte Ausführung der Umgehung um den linken Flügel der Franzosen, deren ganze Aufmerksamkeit auf den Artilleriekampf gerichtet war.

Mit dem 32. Regiment an der Spitze machte die 22. Infanteriedivision einen energischen Angriff gegen die französische Stellung und zwang den Feind zu einer rückgängigen Bewegung bis Ormes. Hier setzten die Franzosen sich jedoch wieder, zogen ihre Reserve in die Gefechtslinie und leisteten den hartnäckigsten Widerstand. Der General Wittich war daher genöthigt, auch seinerseits seine Reserve (44. Brigade) vorzunehmen. Die genannte Brigade stürzte sich auf das starkbesetzte Ormes und nahm es ein, nicht ohne den erbittertsten Kampf mit den französischen Linientruppen, die sich hier befanden.

Darauf gingen die Franzosen in eine dritte sehr starke Stellung auf den nordwestlich von Orleans gelegenen Weinbergen zurück. Hier aber wurden sie gleichzeitig in der Front von der 4. bairischen Brigade und in der linken Flanke von der 22. Di-

vision und der 1. bairischen Brigade, die aus der Reserve derselben zur Unterstützung geschickt war, angegriffen und mußten
sich, nachdem sie sich auch hier sehr tapfer vertheidigt hatten, jetzt
auf das linke Ufer der Loire zurückziehn. Die deutschen Truppen
folgten ihnen auf den Fersen, um möglicherweise mit ihnen zugleich in Orleans einbringen zu können. Allein die Franzosen
setzten sich in den äußersten Häusern der Stadt fest und beschossen die nachdringenden Deutschen, so daß sie mit ihrer Verfolgung einhalten mußten. Es ward deutscherseits nun Artillerie
vorgezogen und die Vorstadt von Orleans beschossen. Bald aber
erschien der Maire der Stadt bei den preußischen Vortruppen
und bat um Schonung für Orleans, wobei er die Versicherung
aussprach, daß die Franzosen dasselbe verlassen hätten. Darauf-
hin besetzten die deutschen Truppen noch an demselben Abend die
Stadt.

Der Kampf am 11. Oktober wurde von beiden Seiten mit
großer Tapferkeit geführt und namentlich schlugen sich die französischen Linientruppen vorzüglich. Dahingegen bewiesen die
Mobilgardisten eine minder gute Haltung. Deutscherseits waren
die Erfolge namentlich durch die Infanterie erkämpft worden,
die mehrere Male Verschanzungen und Oertlichkeiten mit stürmender Hand genommen hatte. Die Verluste der Deutschen
waren verhältnißmäßig ziemlich gering, wohingegen die der Franzosen, trotz der günstigen Stellungen, die sie eingenommen hatten, sehr bedeutend waren. An Gefangenen verloren sie allein
2000 Mann.

Der Kommandant der Loirearmee, General Lamotterouge,
zog sich mit seinen sehr erschütterten Streitkräften nach La Ferté,
etwa 4 Meilen von Orleans zurück. Es wird ihm vorgeworfen,
daß er zu seinem Zuge gegen Norden nicht die gesammte Streitmacht, die ihm zu Gebote stand, vereinigt habe, und daß namentlich eine Brigade in Tours, eine andere in Bourges von ihm
zurückgelassen sei. Diese Truppen, die größtentheils aus Mobilgardisten bestanden, dürften aber kaum im Stande gewesen sein,

schon vor den Feind geführt zu werden und das Benehmen der Mobilgardisten, die bei Orleans im Feuer gewesen waren, zeigt, wie recht Lamotterouge daran gethan hatte, nicht noch eine größere Anzahl derselben mitzuschleppen. Indessen hatte die von ihm erlittene Niederlage das Mißfallen Gambetta's, der sich seit dem 10. Oktober in Tours, wohin er von Paris mittels eines Luftballons angelangt war, als Diktator gerirte, erregt und Lamotterouze mußte das Kommando über die Loirearmee an den General Aurelles de Paladine abgeben.

Gambetta's Hand machte sich überhaupt jetzt bei der französischen Kriegführung in hohem Grade und kaum zum Vortheil für dieselbe bemerkbar. So glaubte er auch den General Cambriels für die verlorene Schlacht am Dignon strafen zu müssen, und er entzog ihm das Kommando über die Ostarmee, indem er den General Michel zu seinem Nachfolger bestellte. Durch diesen Personenwechsel im Kommando der Armeen wurde die Sache selbst denn freilich nicht besser. Indessen soll nicht geläugnet werden, daß jetzt durch Gambetta's energisches Betreiben die Aufstellung sehr bedeutender Truppenmassen südlich der Loire außerordentlich schnell gefördert wurde. Der Nutzen, der durch diese Truppen geleistet wurde, ist freilich nicht in Anschlag zu bringen gegen die ungeheuren Anstrengungen, die ihre Aufstellung kostete.

General v. d. Tann legte der Stadt Orleans eine Kontribution von 1 Million Franks auf, und nahm sein Hauptquartier in derselben, wo auch der größte Theil seiner Truppen untergebracht wurde. In Anbetracht aber der großen Entfernung von Paris, in der er sich mit seinem Korps befand, und in Anbetracht der von den Franzosen im Lager von Conlie, das nördlicher liegt als Orleans, vorgenommenen neuen Truppenformationen glaubte v. d. Tann durch eine größere Detachirung seine rechte Flanke sichern zu müssen. Dazu bestimmte er die 22. Infanteriedivision und die 4. Kavalleriedivision, unter dem Oberbefehl des Generals v. Wittich, der in dem auf dem halben

Wege zwischen Orleans und Paris rechts seitwärts liegenden Chartres sich festsetzen sollte.

Der General v. Wittich brach am 16. Oktober von Orleans auf und näherte sich am 18. Chateaudun, wo seine Avantgarde auf unerwarteten Widerstand stieß. Die Eingänge in die Stadt waren verbarrikadirt und durch Mobilgardisten und Franktireurs vertheidigt. Es wurde Artillerie vorgezogen und als man annahm, daß dieselbe genugsam gewirkt hatte, ging das 32. Regiment, das sich durch seine heldenmüthigen Angriffe schon bei Orleans hervorgethan hatte, zum Sturm vor. Allein es ward ein so heftiges Feuer auf die heranstürmenden Preußen von den Barrikaden herab gerichtet, daß sie vom Angriff abstehen mußten, und auch als sie von dem 94. Regiment ein Bataillon zur Unterstützung erhielten, hatten ihre Anstrengungen keinen besseren Erfolg. Auch als die Artillerie wiederum ihr Feuer gegen die Baerikaden begann, waren die Franzosen doch nicht dadurch zum Weichen zu bringen. Sie bewiesen hier wiederum einmal, daß die Anschauung, die man von den Franzosen gewöhnlich hat, ihre Hauptstärke liege im Angriff und in der Defensive vermöchten sie Nichts zu leisten, völlig irrig ist.

Da auch die Einwohner der Stadt sich am Kampfe betheiligt hatten, gab der General v. Wittich den Befehl, die Stadt selbst durch 30 Geschütze beschießen zu lassen. Dies wirkte, und als auf vielen Stellen in der Stadt Feuer ausbrach, begann der Widerstand schwächer zu werden. Am späten Abend ließ nun der General v. Wittich seine Infanterie den Angriff wieder aufnehmen. Zwar drangen nun die Preußen in die Stadt ein, aber nur, um in derselben in den wüthendsten Straßenkampf verwickelt zu werden. Haus für Haus mußte erstürmt und durch die Pioniere mußten immer Zugänge zu dem anstoßenden Gebäude eröffnet werden. Erst um drei Uhr am nächsten Morgen hörte der Widerstand der Franzosen auf und der größte Theil der Stadt war dabei zerstört worden.

Am 20. Oktober setzte General v. Wittich den Marsch nach

Chartres fort, nicht ohne daß ihm auf dem Wege dahin an manchen Orten seitens der Einwohnerschaft Widerstand geleistet ward. Da aber die deutschen Truppen mit großer Strenge gegen solche Ortschaften verfuhren, sah die Bevölkerung bald ein, wie nutzlos ihr Auftreten sei. So näherte sich das Detachement ziemlich ohne Aufenthalt der Stadt Chartres, wo General v. Wittich indessen einen gleichen Widerstand erwartete wie bei Chateaudun. Er traf daher gleich von vorn herein solche Maßregeln, um denselben möglichst schnell zu brechen, und die Artillerie fuhr in einem Halbkreise um die Stadt auf. Allein ehe es noch zu einem Bombardement kam, ließ die Einwohnerschaft, auf das Schicksal Chateauduns aufmerksam gemacht, sich zu einer Kapitulation bewegen, in Folge deren die Besetzung der Stadt, 2000 M. Mobilgardisten, sich kriegsgefangen ergab, und der General v. Wittich seinen Einzug in die Stadt hielt. Er schlug nun dort vorläufig sein Hauptquartier auf.

So verstrich der Monat Oktober und erst im Anfang November gab die Loirearmee wieder ein Lebenszeichen von sich. In der Zwischenzeit war sie auf eine ganz ansehnliche Höhe gebracht und sie zählte in 4 Korps gegen 100,000 M. Mit einer solchen Streitmacht — die Qualität scheint dabei weniger in Betracht gezogen zu sein — meinte Gambetta schon etwas Ernstliches gegen das deutsche Heer, das die französische Hauptstadt umschlossen hielt, unternehmen zu können, und er ertheilte daher dem General Aurelles de Paladine den Befehl, von Blois, wo der größte Theil der Loirearmee konzentrirt war, gegen Norden vorzurücken und vorerst das Hinderniß für den freien Vormarsch nach Paris, das Korps des Generals v. d. Tann bei Orleans, aus dem Wege zu räumen.

Es war in der That jetzt der günstigste, vielleicht der einzige Zeitpunkt, wo französischerseits mit einiger Aussicht auf Ersatz eine Diversion gegen das deutsche Heer bei Paris unternommen werden konnte. Der Weg von Metz nach der französischen Hauptstadt ist fast doppelt so lang, als die Entfernung zwischen dieſer und Blois, und es konnte daher die Loirearmee allerdings früher vor Paris eintreffen, als die deutſchen Truppen, die nach der Kapitulation von Metz jetzt zu anderen Unternehmungen zur Verfügung ſtanden. Freilich konnte die neugebildete franzöſiſche Armee noch keine rechte Feſtigkeit erlangt haben und es war immerhin eine große Frage, ob ſie im Stande ſein würde, einer auch weit geringeren deutſchen Truppenmacht gegenüber das Feld zu behaupten. Allein in dieſem Verhältniß änderten einige Wochen, die man auf die weitere Einübung der franzöſiſchen Truppen verwendete, wenig oder nichts, und wenn man ſich länger damit aufhielt, verſäumte man darüber den geeignetſten Moment zum Handeln. Die franzöſiſchen Machthaber mußten ſich ſagen, daß wenn ſie nicht bald die Initiative ergriffen, ſie ganz wie zu Anfang des Feldzuges zu einem rein defenſiven Verhalten würden gezwungen werden.

Der kategoriſchen Weiſung des Diktators folgend, verließ General Aurelles de Paladine am 5. November Blois und rückte auf dem rechten Loireufer vor. Ihm ſchwebte nichts Geringeres vor, als dem General v. d. Tann, der allerdings bei Orleans iſolirt genug ſtand, das Schickſal des Marſchalls Mac Mahon zu bereiten. Der Plan, den der General zu dieſem Behuf entworfen hatte, war ſo übel nicht; es kam nur darauf an, daß v. d. Tann ſich ebenſo benehmen würde, wie es manche der franzöſiſchen Heerführer gethan hatten, indem ſie ſich ruhig in der von ihnen eingenommenen Stellung umzingeln ließen. Darin irrte ſich nun aber der General Aurelles de Paladine in hohem Grade.

Es war der Plan des Generals, mit ſeiner Hauptmacht weſtlich von Orleans vorzurücken und an dieſer Stadt vorbei zu gehen; dann wollte er bei Ormes Halt machen und nun eine großartige Rechtsſchwenkung, um ſeinen bei Ormes ſtehenden rechten Flügel vornehmen und ſich quer über die große Straße von Orleans nach Paris aufſtellen. Um aber den Deutſchen auch den Ausweg nach Oſten abzuſchneiden, ſollte die Kavalleriedivision des Generals Pallieres Orleans im Osten umgehen, wobei er die Loire bei St. Benoit überschreiten sollte, um dann durch eine Linksschwenkung zu dem Rest des Heeres zu stoßen.

Der General v. d. Tann, bei Zeiten von der ihm drohenden Gefahr benachrichtigt — da er es nicht unterlassen hatte, starke Rekognoszirungspatrouillen in südlicher Richtung vorzuschicken — verließ Orleans, wo er gegen 1000 Kranke und Verwundete zurücklassen mußte, schon am 8. November und wählte für seine geringe Truppenmacht, die sich nach Abzweigung der 22. Infanteriedivision höchstens auf 25,000 M. belief, eine sehr gute Stellung bei Coulmiers, wo er in seiner linken Flanke nicht umgangen werden konnte.

Am 9. Oktober Morgens 7 Uhr stieß die Loirearmee in ihrem Vorrücken auf die vorgeschobenen Posten der Baiern und vertrieb sie nach kurzem Kampf. Auch in Coulmiers selbst konnte v. d. Tann sich nicht halten, sondern zog sich in die Linie St. Peravy-Gemigny zurück, gegen welche die Franzosen nun ihre Anstrengungen richteten. Allein trotz vielfach wiederholter Angriffe, wobei die französischen Truppen große Bravour an den Tag legten, gelang es ihnen doch nicht, die Boiern aus ihren Stellungen zu verdrängen. General Chanzy, der den rechten Flügel der Franzosen befehligte, mußte sich sogar wieder nach Coulmiers zurückziehn.

Die einbrechende Nacht machte dem Kampfe ein Ende, in welchem 75,000 Franzosen über den dreimal schwächeren Feind allerdings einige Vortheile, aber keinen entscheidenden Sieg davon trugen. Ihr Verlust belief sich auf 2000 M., während das bairische Korps an Todten und Verwundeten 42 Offiziere und 650 M., sowie gegen 500 Gefangene verloren. Die Franzosen erbeuteten auch zwei Geschütze, jedoch nicht während des Gefechts.

Der hartnäckige Widerstand, den das bairische Korps bei Coulmiers leistete, vereitelte den Plan der Loirearmee vollständig. Nicht allein, daß die Baiern sich mit geringem Verlust aus ihrer gefahrvollen Lage herauszogen, es konnte nun auch der General

Aurelles wenigstens vorläufig gar nicht mehr daran denken, etwas
Ernstliches zur Rettung von Paris zu unternehmen. Er mußte
sich sagen, daß er bei jedem Schritt weiter vorwärts einen ebenso
hartnäckigen Widerstand werde zu überwinden haben, wie bei
Coulmiers, und daß, je mehr er sich Paris näherte, der Feind
ihm größere Streitkräfte werde entgegenstellen können. Dazu
hatte der heftige Kampf seine Truppen sehr erschüttert und er
mußte ihnen wenigstens eine kurze Zeit der Ruhe gönnen, um
ihnen wieder etwas Festigkeit zu verleihen. Hatten sich die
Truppentheile auch meistens wacker benommen, so war es doch
klar, daß sie in dem Zustand, worin sie sich augenblicklich befanden, nicht gegen einen Feind, gegen den man mit frischen
Kräften so wenig ausgerichtet hatte, gebraucht werden konnten.

Andererseits konnte es nicht in der Absicht des Generals
v. d. Tann liegen, sich noch einmal in einen Kampf mit so ungleichen Kräften einzulassen und er zog sich daher am 10. November bis Toury zurück, dadurch in nähere Verbindung mit
der bei Chartres stehenden 22. Division tretend.

Das etwas unvermuthete Vorbrechen der Loirearmee veranlaßte das deutsche Hauptquartier, solche Maßregeln gegen dieselbe
zu ergreifen, die geeignet schienen, jede Beunruhigung des Cernirungsheeres bei Paris durch Diversionen des Feindes von
Süden her unmöglich zu machen. Hatte General v. d. Tann
mit 25,000 M. eine wenigstens dreifache feindliche Truppenstärke
im Vordringen aufhalten können, so mußten 50,000 M. gewiß
genügend sein, alle weiteren Offensivstöße der Loirearmee zu ver-
eiteln. Es wurde daher die bei Paris stehende 17. Division
(General v. Schimmelmann), die mit der würtembergischen Division zusammen das 13. Armeekorps unter dem Kommando des
Großherzogs von Mecklenburg bildete und seit Erkrankung des
Generals v. Schimmelmann von dem General v. Tresckow kommandirt ward, nach dem 6 Meilen südwestlich von Paris liegenden Orte Dourdan geschickt, wo sie also hinter dem ersten bairischen Korps und 22. Division, gleichweit von beiden entfernt

stand. Das Oberkommando über diese gesammte Truppeumacht, wozu noch die 2., 4. und 5. Kavalleriedivision zu rechnen sind, erhielt der Großherzog von Mecklenburg, der nach der Einnahme von Toul und Soissons sich mit einem Theil seiner Truppen bei der Cernirung von Paris betheiligt hatte.

Am 10. November stand die neugebildete deutsche Heeres-abtheilung so der Loirearmee gegenüber und erwartete deren wei-teres Vorrücken. Als jedoch seitens der Franzosen am 12. nur ein sehr schüchterner Vorstoß von Toury gegen Artenay gemacht ward, woraus der Schluß gezogen werden konnte, daß General Aurelles, während er die Aufmerksamkeit der Deutschen auf ihren linken Flügel lenkte, ihren rechten Flügel zu umgehen suchen wolle, ließ der Großherzog das 1. bairische Korps in nordwest-licher Richtung auf Epernon vorgehen, und rückte selbst mit der 17. Division noch weiter nördlich gegen Houdan, wo er am 17. ein französisches Korps angriff, es zerstreute und auf Mantes zurückwarf, worauf Dreux besetzt ward.

Gleichzeitig damit ging die 22. Division, der nun das 1. bairische Korps folgte, von Chartres gegen Chateauneuf vor, das am 18. November eingenommen wurde, worauf die deutschen Truppen sich wiederum nach Süden wandten und unter fortwäh-renden Gefechten, wovon das bei La Loupe am 21. November das bedeutendste war, am 22. bei Nogent le Rotrou anlang-ten. Dann schwenkte die Heerabtheilung des Großherzogs in eine östliche Richtung ein, um sich der Armee des Prinzen Fried-rich Karl zu nähern.

Die französischen Streitkräfte, mit denen der Großherzog es in diesen Tagen zu thun hatte, gehörten nur zum Theil der Loirearmee an, während ein Theil aus der sogenannten West-armee, unter dem General Fiereck, bestand, welche sich nach dem Gefecht bei La Loupe in völliger Auflösung nach Le Mans zu-rückzog.

Unterdessen hatte der größte Theil der Loirearmee sich völ-lig ruhig verhalten. Fortwährend stießen sehr bedeutende Verstärkungen zu derselben, so daß sich General Aurelles gegen Ende November an der Spitze einer Truppenmacht von wenigstens 200,000 M. sah, die sechs Armeekorps, vom 15. bis zum 20., ausmachten. Allerdings waren mehrere dieser Korps, besonders das 18. unter Bourbaki und das 19. unter Crouzat noch nicht vollständig formirt, allein der französische Obergeneral glaubte doch jetzt endlich den Zeitpunkt gekommen, wo er mit dem Vorrücken gegen Paris Ernst machen müsse. Ueberdies scheinen um diese Zeit die französischen Machthaber eine allgemeine Offensive gegen die deutschen Armeen befohlen zu haben, denn gleichzeitig mit dem Vorgehen der Loirearmee begannen auch die französischen Streitkräfte im Norden und Osten des Landes sich zu rühren, und von Paris aus geschah der einzige Ausfall, der überhaupt diese Bezeichnung verdient.

Jetzt aber hatten sich der Loirearmee gegenüber die Verhältnisse sehr zu ihrem Nachtheil geändert, denn mittlerweile hatte ein sehr bedeutender Theil der deutschen Streitmassen, die durch die Kapitulation von Metz disponibel geworden waren, sich von Nordosten her der Loire genähert.

Nach der Uebergabe von Metz wurden nämlich die Truppen, die bisher unter dem Oberbefehl des Prinzen Friedrich Karl gestanden hatten, in verschiedene Abtheilungen, deren jeder ein bestimmter Wirkungskreis angewiesen ward, getheilt. Das I. und VIII. Armeekorps nebst der 3. Kavalleriedivision wurden unter den Oberbefehl des Generals v. Manteuffel gestellt und diesem der Auftrag gegeben, gegen die im nördlichen Frankreich unter der Bezeichnung „Nordarmee" gebildeten Streitkräfte zu rücken und sie zu verhindern, dem deutschen Cernirungsheer bei Paris gefährlich zu werden. Das VII. Armeekorps sollte theils Metz besetzen, theils im Verein mit der 3. Reserve=Division, welche letztere jetzt unter dem Befehl des Generals Schuler v. Senden gestellt war, unter General v. Kamecke, die an der Nordostgrenze Frankreichs liegenden Festungen einzunehmen suchen. Dem Prinzen Friedrich Karl aber ward der Auftrag, mit dem III , IX.

15

und X. Korps und der 1. Kavalleriedivision einen entscheidenden Schlag gegen die Loirearmee, unter Mitwirkung des Großherzogs von Mecklenburg, zu führen.

Die Armee des Prinzen Friedrich Karl setzte sich in drei Kolonnen von Metz aus in südwestlicher Richtung in Bewegung und näherte sich in starken Tagemärschen der französischen Stellung bei Orleans. Am 14. November traten schon die Vortruppen des am weitesten nördlich marschirenden IX. Korps mit der Kavallerie des Großherzogs von Mecklenburg in Verbindung. Die beiden anderen Korps, namentlich das X. auf dem linken Flügel, hatten aber einen weit bedeutenderen Weg zurückzulegen, und erst acht Tage später machte sich ihre Annäherung bemerklich. Das X. Korps sollte dabei zuerst auf den Feind stoßen. Am 23. November erhielten die Abtheilungen dieses Korps den Befehl, sich am 24. bei Beaune la Rolande zu vereinigen. Die 37. Brigade (Lehmann) hatte zu diesem Behuf den Weg von Montargis über Ladon und Maizieres einzuschlagen. Bei Ladon stieß sie auf die Avantgarde des 20. französischen Korps, das aus Anlaß des von General Aurelles beabsichtigten Vormarsches zum Rekognosziren vorgeschickt war. Ladon war von den Franzosen stark besetzt und es wurden nun vom General Lehmann die beiden ihm beigegebenen Batterien vorgezogen. Während diese den Feind in der Front beschäftigten, wurden 2 Bataillone des 78. Regiments in die linke Flanke des Feindes geschickt. Dann ging auch das 91. Regiment in der Front vor und im ersten Anlauf ward Ladon genommen. Darauf setzte die Brigade den Marsch auf Maizieres fort. Die 39. Brigade (Valentini) hatte unterdeß den Befehl erhalten, der 37. Brigade durch eine Bewegung auf jenen Ort, in dessen Nähe feindliche Abtheilungen standen, den Weg dahin zu erleichteen. Die 39. Brigade vertrieb den Feind aus den Stellungen, die er eingenommen hatte und zwang ihn, auf das ⅛ Meile westlich von Maizieres liegende Freville zurückzugehen. Das X. Korps konnte nun ungehindert seine Vereinigung bewerkstelligen.

Während der Prinz Friedrich Karl seine eigenen Korps der
französischen Stellung bei Orleans gegenüber konzentrirte, näherte
nun auch die Heeradtheilung des Großherzogs von Mecklenburg
sich derselben von Westen her. Am 30. November trat sie in
unmittelbare Verbindung mit dem bei Pithiviers, wo auch
der Prinz Friedrich Karl sein Hauptquartier hatte, stehenden IX.
Armeekorps. Die Truppen des Großherzogs von Mecklenburg,
die nun wiederum eine südliche Front einnahmen, hatten also im
Laufe von 20 Tagen von Toury aus eine völlig kreisförmige
Bewegung ausgeführt, deren Länge, wenn man Chartres als
Mittelpunkt annimmt, bei einem Radius von etwa 5 Meilen,
ungefähr 30 Meilen ausmacht. Sie hatte dabei eine ganze
Reihe von kleineren und größeren siegreichen Gefechten bestanden, hatte die im Westen Frankreichs angesammelten Streitkräfte
zurückgeworfen und in völlige Auflösung gebracht, und dabei den
linken Flügel der Loirearmee theils zurückgedrängt, theils in
Schach gehalten. Nun standen diese Truppen bereit, zusammen
mit der II. Armee, einen vernichtenden Stoß gegen die gesammte
Loirearmee zu führen.

Die vom Prinzen Friedrich Karl gegen die Truppen des
Generals Aurelles beabsichtigte Unternehmung fiel ungefähr zusammen mit dem Vormarsch, den dieser General selbst im Sinne
hatte. Wir sahen schon, daß ein Theil seiner Truppen am 24.
November einen Kampf mit Theilen des X. Korps bei einer
Rekognoszirung bestanden hatte. Es war diese Rekognoszirung
der Vorläufer eines ernstlichen Angriffs. Wie aber die Stellung
des Generals Aurelles, die er gegen Ende November nördlich
von Orleans eingenommen hatte, ganz außerordentlich lang ausgedehnt war, so wurde auch der Vormarsch der Loirearmee selbst
in einer über alle Maßen breiten Front ausgedehnt. Vielleicht
mag es dem General Aurelles gewagt vorgekommen sein, sich
mitten in die deutschen Truppen von denen er wußte, daß
sie von Beaune la Rolande bis Orgères, also auf einer Linie

15*

von 7—8 Meilen Länge standen, hineinzuwerfen und er scheint
es für nothwendig gehalten zu haben, gegen beide Flügel der
Deutschen zugleich vorzugehen, statt daß er sich natürlich mit
ganzer Kraft auf einen dieser Flügel hätte stürzen müssen, um
nach dessen Vernichtung sich gegen den anderen zu wenden. Freilich mag zu einem solchen Manövriren auf der inneren Linie
das französische Heer wenig geeignet gewesen sein. Zu einem so
kühnen Manöver, wie der Prinz Friedrich Karl es ausführte,
nämlich das feindliche Centrum zu durchbrechen, hatte der General Aurelles noch weniger Veranlassung. Jedenfalls aber war
das, was er unternahm, das Schlechteste von Allem und trug
von vorneherein den Keim des Mißlingens in sich.

General Aurelles hatte vor Orleans 5 Korps, nämlich das
15., 16., 17., 18. und 20. vereinigt. Mit den beiden letzteren
nun führte er am 28. November einen Vorstoß gegen das bei
Beaune la Rolande stehende X. Armeekorps aus. Dieser
Offensivstoß war nicht ohne Geschick unternommen, und bei ge-
ringerer Zähigkeit und Ausdauer der deutschen Truppen, bei
einer minder umsichtigen Leitung derselben konnte ihnen eine
schwere Niederlage beigebracht werden. Die Franzosen rückten
von drei Seiten gegen Beaune vor, nämlich in der Front von
Bellegarde aus, in der linken Flanke über Ladon und La Pierre-
pervé und in der rechten Flanke über Batilly. Beaune selbst
war von der 38. Brigade (Wedell) besetzt und wurde von den
Franzosen mit großer Heftigkeit angegriffen. Allein die braven
Regimenter Nr. 16 und 57, die schon bei Mars la Tour sich
so tapfer gehalten hatten, schlugen alle Angriffe mit ihrem auf
kurzem Abstande abgegebenen ruhigen Feuer ab und hielten standhaft in dem brennenden Orte aus.

Sechs Stunden lang standen die Wedell'schen Bataillone
allein im Kampf; da nahten gegen 4 Uhr Nachmittags 4 Bataillone der 5. Division zu ihrer Unterstützung. Sie warfen
sich in die linke Flanke des Feindes und zwangen ihn von weiteren Versuchen gegen Beaune abzustehen.

Unterdessen hatten die übrigen Brigaden des X. Armeekorps die zwischen Beaune und Longorni liegenden Höhen ebenso siegreich gegen die wüthenden Angriffe anderer französischen Truppen behauptet. Beim Einbruch der Nacht hörte der Kampf auf allen Punkten auf und die Franzosen zogen sich nach enormen Verlusten zurück. Es wurden ihnen gegen 2000 unverwundete Gefangene abgenommen und an Todten und Verwundeten verloren sie gegen 5000 M Die Verluste der preußischen Truppen beliefen sich auf 1000 M., die meistens dem X. Armeekorps angehörten.

Nach diesem mißlungenen Versuch gegen den linken Flügel des deutschen Heeres unternahm Aurelles de Paladine einige Tage darauf einen Angriff gegen dessen rechten Flügel, die Heerabtheilung des Großherzogs von Mecklenburg.

Dieser stand am 1. Dezember in der Linie Orgeres-Toury, rechts die Baiern mit der 4. Kavalleriedivision, in der Mitte die 17. Division, links die 22. Division mit der 2. Kavalleriedivision. An diesem Tage sollten die Baiern eine Rekognoszirung auf Loigny unternehmen und bei der Ausführung derselben stießen sie auf das 16. französische Korps, vor dessen überlegener Stärke sie zurückgehen mußten. Die 17. Division war aber mittlerweile gegen das auf gleicher Höhe mit Loigny liegende Lumeau vorgegangen und stand so in der rechten Flanke der Franzosen. Rechts von dem 1. bairischen Korps rückte die 4. Kavalleriedivision gegen ihre linke Flanke vor und die Baiern griffen nun die Franzosen in der Front an und erstürmten Loigny.

Am 2. Dezember rückte die 22. Division gegen das nordöstlich von Lumeau liegende Baigneur, das von dem 15. französischen Korps besetzt war, vor und trieb dasselbe auf Poupry zurück, welches Dorf dann auch von der 22. Division genommen ward. Das 17. französische Korps war unterdeß gegen Loigny vorgegangen und hatte die deutschen Truppen daraus vertrieben; es mußte aber gegen Abend das Dorf wieder räumen.

Gleichzeitig unternahm das 16. französische Korps einen Vorstoß in nördlicher Richtung, wobei es bis Oison gelangte. Was Aurelles mit dieser Bewegung gewollt hat, ist nicht recht klar; denn man kann wohl nicht annehmen, daß er, der auf den beiden Flügeln der deutschen Armee abgewiesen war, mit diesem einen Korps das Centrum derselben durchbrechen wollte. Möglicherweise war es nur auf eine Rekognoszirung abgesehen. Der Großherzog, der keine Truppen zur Abwehr dieses neuen Feindes zur Verfügung hatte, benachrichtigte den Höchstkommandirenden davon, der in Folge dessen das IX. Armeecorps und die 6. Kavalleriedivision über Bazoches les Gallerandes auf Loison sendete. Die Franzosen warteten den Zusammenstoß mit diesen Truppen nicht ab, sondern zogen sich auf Artenay wieder zurück.

Der Prinz Friedrich Karl, den die sporadischen Angriffe der Franzosen am 28. November und den beiden ersten Dezembertagen von der sehr ausgedehnten Stellung der Franzosen überzeugt hatten, beschloß, durch einen konzentrischen Angriff das Centrum der Franzosen zu durchbrechen und zu diesem Ende geradeswegs auf Orleans vorzugehn.

Am Abend des 2. Dezember stand die gesammte deutsche Armee in einem weiten, etwas zurückgebogenen Halbkreis von dem eine starke Meile westlich von Artenay liegenden Dorfe Terminiers über Poupry, Bazoches, Pithiviers nach Bonne. Es sollte nun nach der Disposition des Oberkommandos die Heerabtheilung des Großherzogs sich in den Besitz des 1¼ M. nördlich von Orleans an der Paris-Orleanser Eisenbahn liegenden Chevilly zu setzen suchen, während die anderen drei Korps strahlenförmig gegen den Wald von Orleans, und zwar das IX. Korps über Artenay, das III. Korps über Chilleurs aur Bois und das X. Korps über Nibelle vorrücken sollten.

Der Großherzog hatte den kürzesten Weg zurückzulegen und es gelang ihm nach leichteren Gefechten Chevilly zu besetzen. Das IX. Korps stieß bei Anas auf den Feind, den es nun vor sich hertrieb und der erst hinter Artenay bei Moulin d'Au-

villers sich wieder festsetzte. Die 36. Brigade (Oberst v. Fal-
kenhausen) griff den Feind hier mit großer Energie an und das
85. Regiment stürmte die Windmühle. Dann drang die Brigade bis Chevilly vor, das schon von der Heerabtheilung des
Großherzogs besetzt war.

Das III. Armeekorps nahm Saunerre und Chilleurs
aux Bois und gelangte noch bis zu dem mitten im Walde liegenden Loury, wo es sich mit dem über Nibelle vorgerückten
X. Armeekorps vereinigte. So stand am Abend des 3. Dezember die gesammte Streitmacht des Prinzen Friedrich Karl auf
der nur 2 Meilen langen Linie Chevilly-Loury, während die
Aufstellung der Korps noch am Morgen eine Ausdehnung von
6 Meilen gehabt hatte.

General Aurelles hatte sich nördlich von Orleans eine sehr
starke Stellung eingerichtet und dieselbe zum Theil mit schweren
Geschützen armirt. Hier konnte Aurelles mit seiner großen Truppenzahl allerdings noch einen hartnäckigen Widerstand leisten und
die Erstürmung der Stellung konnte den Deutschen noch schwere
Opfer kosten. Allein der französische General konnte es sich nicht
verhehlen, daß seine Truppen, die sich in den vorhergehenden
Tagen sehr mannhaft geschlagen hatten, doch durch die fortwährenden Kämpfe der Auflösung nahe gebracht waren. Wenn sich
nun die Deutschen der von den Franzosen besetzten Stellung
bemeisterten, so war es vorauszusehen, daß bei dem Zurückgehen der französischen Armee über die Loire, da nur einige
wenige Uebergänge zu benutzen waren, eine Katastrophe eintreten mußte.

General Aurelles faßte daher den sehr vernünftigen Entschluß, sein Heer, der Fortsetzung des Kampfes ausweichend, über
die Loire zurückzuführen und theilte dies der Regierungsabthei-
lung in Tours mit. Gambetta aber, der so seine schönen Träume
von der Entsetzung der Hauptstadt völlig zerstört sah, wollte von
einem Zurückgehen der Loirearmee Nichts hören und sprach sich
in diesem Sinne in einer Depesche gegen Aurelles aus. Daher

beschloß denn dieser in der gefährlichen Lage auszuhalten und gab die nöthigen Befehle, um die sämmtlichen fünf Korps der Loirearmee nördlich von Orleans zu konzentriren. Ehe diese Befehle aber noch zur Ausführung gelangen konnten, ergriff die gesammte deutsche Armee am 4. Dezember in der Frühe wiederum die Offensive, und von drei Seiten, der Großherzog von Westen, das IX. Korps von Norden, das III. Korps von Osten her, drangen die deutschen Truppen unwiderstehlich, wenn auch zum Theil nach harten Kämpfen, wie namentlich bei Cercottes im Centrum, gegen Orleans vor.

Während des Kampfes erhielt General Aurelles eine neue Weisung von Gambetta, der übrigens selbst sich zu dem Höchstkommandirenden der Loirearmee begeben wollte, durch ein deutsches Streifkommando verhindert, aber nicht dahin gelangte. Dieser Weisung gemäß wurde dem General Aurelles für seine Entschlüsse völlig freie Hand gelassen und er sendete daher den zur Unterstützung heranziehenden Korps Gegenbefehle. Es wurde in Folge dessen den deutschen Truppen daher fast nur von dem im französischen Centrum stehenden 15. Korps ein ernstlicher Widerstand geleistet.

Am Abend des 4. Dezember standen Prinz Friedrich Karls Truppen dicht vor Orleans und der Prinz ließ den Kommandanten dieser Stadt zur Uebergabe auffordern, widrigenfalls Orleans bombardirt werden würde. Da die französische Armee ihren Rückzug über die Loire ausgeführt hatte, war kein Grund vorhanden, die Stadt, die an und für sich wenig vertheidigungsfähig war, länger zu halten, und die Franzosen räumten sie daher in der Nacht vom 4. auf den 5. Dezember, worauf die deutschen Truppen am nächsten Tage ihren Einzug in dieselbe hielten.

Das deutscherseits also erreichte Resultat, die vollständige Besiegung und Zurückwerfung der Korps, welche die Loirearmee ausmachten, war ein sehr bedeutendes, und die Hauptgefahr, welche das Cernirungsheer bei Paris und seine Verbindungslinie mit der Operationsbasis treffen konnte, war für längere Zeit vollständig abgewendet. Vernichtet aber, wie man sich dies wohl eingebildet hat, war die Loirearmee keineswegs. Wohl hatte die Armee gegen 20,000 Gefangene verloren, was also ein Zeichen davon war, daß die Festigkeit in den Korps, wenn sie überall jemals eine solche besessen hatten, bedeutend gelockert sei, allein im Zustande der Auflösung befanden sich die französischen Truppen doch noch nicht. Davon sollten die bald darauf folgenden sehr hartnäckigen Kämpfe an der Loire einen sehr nachdrücklichen Beweis ablegen.

Es zeigte sich bei der französischen Loirearmee nach den Kämpfen bei Orleans, wie wahr der Satz ist, daß ein bei der Kriegführung begangener grober Fehler sich nicht blos einmal bestraft, sondern eine Reihe von ungünstigen Situationen zur Folge haben kann. Die weite Ausdehnung der Loirearmee hatte ihren Offensivstößen von vornherein die nöthige Kraft genommen, sie erleichterte dann dem Feinde das Vordringen nach Orleans, und führte endlich dazu, daß durch den kühnen Stoß der deutschen Truppen gegen das Centrum der Loirearmee dieselbe in drei Theile getheilt ward. Die Mitte dieser Armee, das 15. Korps, ward in gerader Linie nach Süden zurückgedrängt, worauf es sich später mit den nach Osten entwichenen Heertheilen vereinigte. Hier waren es das 18. und 20. Korps (die erst nach Orleans herangezogen und dann wieder zurückgesendet waren), die ihren Uebergang über die Loire beziehungsweise bei Sully und Jargeau bewerkstelligten, während im Westen das 16. und 17. Korps auf Beaugency und Meung zurückgingen, ohne jedoch die Loire überschreiten zu können, wie dies doch gewiß ihre Absicht ursprünglich gewesen ist. Die fünf Korps bewegten sich so auf einer 7 Meilen langen Linie und an ein Zusammenwirken derselben war nicht zu denken.

Sicher war diese Trennung der Loirearmee keine im Voraus bedachte, nach einem reiflich erwogenen Plane angelegte, sondern sie machte sich durch die Gewalt der Umstände, während die französischen Machthaber sie als das Ergebniß eines freien, den Umständen Rechnung tragenden Entschlusses hingestellt haben. Fand man das Kommando über 200,000 M. zu groß für einen General, wie dies freilich bei der Unerfahrenheit der französischen Heerführer wirklich der Fall war, warum stellte man dann bald nachher eine wenigstens eben so große Truppenmacht unter den Befehl eines Mannes, nämlich Chanzy? Wollte man vielleicht Bourbaki diesem nicht unterordnen? Nun, an Rücksichtslosigkeit ließ Gambetta es wahrhaftig nicht fehlen, indem er gleich nach den Kämpfen bei Orleans dem besonnenen und vernünftigen Aurelles das Kommando entzog und ihm die Beleidigung zufügte, ihm dafür einen ganz untergeordneten Posten anzubieten, was der General natürlich ablehnte.

Wir meinen daher, daß die französische Regierung gute Miene zum bösen Spiel machte und nun jeden der beiden Theile der früheren Loirearmee seines Weges ziehen ließ. Um aber der Sache den Anschein zu geben, als sei sie eine Folge von tief-durchdachten Plänen, wurde die Theilung der Loirearmee in zwei getrennte Heere durch ein Regierungsdekret zu Tours am 6. Dezember offiziell bestätigt. Die nach Osten gegangenen Truppen wurden als erste Armee bezeichnet und erhielten Bourbaki zum Obergeneral, während die westlich von der Loire sich konzentrirenden Truppen als zweite Armee unter General Chanzy's Oberbefehl gestellt wurden.

Bourbaki wendete sich nun mit den am meisten angegriffenen Heertheilen, dem 15., 20. und 18. Korps, nach Südosten gegen Nevers und Bourges, um sich hier zu erholen, während Chanzy mit dem 16. und 17. Korps am rechten Ufer der Loire stehen blieb, um zunächst Blois zu decken. Was ihn außer der Besorgniß, unter der Verfolgung des Feindes den Flußübergang nicht ungestört ausführen zu können, am rechten Ufer zurückhielt, war auch wohl der Umstand, daß ihm hier eine Eisenbahn zu Gebote stand.

Nach der Einnahme von Orleans traf der Prinz Friedrich

Karl sogleich die erforderlichen Maßregeln zu einer energischen Verfolgung des Feindes. Es war dabei der mißliche Umstand, daß, wenn man dem zurückgehenden Feinde nach beiden Richtungen mit gleicher Stärke folgte, denselben Fehler beging, dessen sich die Franzosen schuldig gemacht hatten, nämlich seine Kräfte zu theilen und also zu zersplittern. Es wurde daher der Beschluß gefaßt, das Hauptgewicht auf den linken Flügel zu legen und bei der Verfolgung des in südöstlicher Richtung abgezogenen Feindes nur die unentbehrlichste Stärke anzuwenden. Dringemäß erhielt der Großherzog den Befehl, mit seiner Heerabtheilung am rechten Loireufer gegen Blois vorzurücken, während das IX. Korps diese Bewegung auf dem linken Ufer sekundirte. Quer durch den Bogen, den die Loire von Nevers über Orleans nach Blois beschreibt, ward die 6. Kavalleriedivision, unterstützt von Abtheilungen des III. Armeekorps, auf das am Cher liegende, nur 8 Meilen von Bourges entfernte Vierzon gesendet. Man deckte sich dadurch in der Front und konnte zugleich mit dem Feinde, nachdem er sich bei Bourges und Nevers festgesetzt hatte, Fühlung behalten. Gegen Osten mußte das Gros des III. Armeekorps abrücken, um bei Gien eine Aufstellung zu nehmen. Auch seine Aufgabe war mehr eine abwehrende, beobachtende, als eine eigentlich verfolgende. Es kam hier denn auch nur zu unbedeutenden Zusammenstößen mit dem Feinde. Anders auf dem rechten Flügel.

Nach dem Gefecht am 4. Dezember waren das 16. und 17. französische Korps in die Linie Marchenoir-Beaugency, ungefähr 4 Meilen südwestlich von Orleans, zurückgegangen und hatte der General Chanzy dann noch das 19., und aus dem Lager von Coulie das 21. Korps an sich gezogen. Als am 7. Dezember der Großherzog seinen Vormarsch am rechten Loireufer begann, stieß die 17. Division, welche den linken Flügel bildete, unweit Meung auf die Vortruppen Chanzy's, nämlich Theile des 19. Korps. Dieselben wurden auf Beaugency zurückgeworfen und die Heerabtheilung des Großherzogs nahm hier vor diesem Ort eine Stellung ein. Am nächsten Tage wurde sie von Chanzy's gesammter Macht auf das Heftigste angegriffen. Allein die deutschen Truppen schlugen diese Angriffe zurück, gingen dann ihrerseits vor und trieben die Franzosen aus Beaugency. Am 9. Dezember wiederholte sich der Kampf, indem die Franzosen von Westen her vorrückten. Auch diesmal wurden sie abgewiesen und wiederum gewannen die Deutschen Terrain, und besetzten am Abend die nordwestlich von Beaugency liegenden Ortschaften Grand Bonvalet, Villorceau und Cerauv.

Auch in diesen Stellungen wurden die Truppen des Großherzogs am 10. Dezember von Chanzy angegriffen, nach heftigem Kampf aber, der vorzugsweise durch Artillerie geführt wurde, zurückgedrängt. Auf eine Verfolgung konnten die deutschen Truppen sich an diesem Tage nicht einlassen, weil das 1. bairische Korps, das seit mehr als einem Monat unablässig in Bewegung gewesen war und eine ganze Reihe von Gefechten durchgemacht hatte, nach Orleans zurückberufen worden war, da es furchtbar zusammengeschmolzen war und im höchsten Grade der Ruhe bedurfte. Es standen dem Großherzog am 10. Dezember also nur zwei Divisionen zur Verfügung, mit denen die sehr energischen Angriffe der Franzosen abgewiesen wurden.

Die viertägigen Kämpfe an der Loire gereichen der Heerabtheilung des Großherzogs zum größten Ruhme. Ihre Gesammtstärke machte nach Allem, was sie seit einem Monat hatte durchmachen müssen, noch höchstens 25—30,000 M. aus, und die vier Korps der Armee Chanzy's beliefen sich wenigstens auf das Vierfache. Waren seine Truppen auch wenig geübt und trugen sie auch alle Mängel von hastig zusammengestellten Truppenkörpern an sich, so zeigten sie doch bei ihren Angriffen Muth genug und wenn man dann ihre ungeheure Ueberzahl über die deutsche Streitmacht in Betracht zieht, so ist es allerdings im höchsten Grade anerkennenswerth, daß diese sich nicht allein der Angriffe des Feindes erwehrte, sondern auch ihn meistens noch verfolgte und ihm dabei Kanonen und zahlreiche Gefangene abnahm. Wenn Rüstow meint, daß diese Kämpfe einen „ungeheuer geringen taktischen Werth" haben, so irrt er darin sehr. Allerdings war hier nicht von einem Kampf zwischen zwei völlig ebenbürtigen Gegnern die Rede, allein wie hätten dann in aller Welt die Deutschen die großen Vortheile, die sie über die Franzosen davontrugen, erringen können, wenn sie nicht durch ihre taktische Ueberlegenheit die numerische Uebermacht des Feindes paralysirt hätten. Nach unserer Auffassung sind diese Gefechte an der Loire taktisch sehr lehrreich, indem sie namentlich zeigten, daß die neuaufgestellten französischen Truppen sehr „sensibel" gegen ihre Flügel waren, und daß der Großherzog seine Erfolge hauptsächlich durch seine gegen die französische Schlachtlinie geführten Flankenangriffe herbeiführte. Uns scheint der taktische Werth eines Gefechts immer ein recht genügender zu sein, wenn nicht bloß die rohe Gewalt die Entscheidung bewirkt, sondern die den jedesmaligen Umständen entsprechenden taktischen Bewegungen zum Ziele führen.

Die Operationen Chanzy's vom 7.—10. Dezember sind als ein wohlüberlegtes im Voraus berechnetes, strategisches Manöver hingestellt worden, obgleich er gewiß in ebenso hohem Grade, wie dies bei der Auseinanderspaltung der Loirearmee der Fall war, durch den Drang der Umstände dazu genöthigt war; doch wollen wir es keineswegs in Abrede stellen, daß der französische General sich dabei mit Kühnheit und vielem Geschick benahm.

Schon am 9. Dezember mußte Chanzy durch das Gefecht bei den nur eine starke Meile von Blois liegenden Orten, Montlivault und Chambord, wobei eine seiner Abtheilungen am linken Loireufer durch das vorrückende IX. Armeekorps engagirt wurde, die Ueberzeugung gewinnen, daß er nicht in südlicher Richtung operiren könne und daß er nicht länger im Stande sei, Blois und Tours zu decken. Ganz natürlich mußte er daher daran denken, in westlicher Richtung auszubiegen, wo das mit so großem Kostenaufwande angelegte und mit reichen Vorräthen

versehene Lager von Conlie ihm einen guten Stützpunkt dar-
bot. Durch eine solche Abschwenkung behielt er auch die Aussicht, um einige Zeit die Versuche von Paris wieder aufnehmen
zu können. Sein Angriff am 10. Dezember war daher in der
Absicht ausgeführt, den Feind über seinen Entschluß sich nach
der Sarthe zurückzuziehen, zu täuschen.

Der Generalfeldmarschall Prinz Friedrich Karl ersah sofort
aus den ersten Gefechten bei der Loire, daß der schlagfertigste
Theil der Loirearmee sich zu seiner Rechten befände, und daß es
ihm obliegen müsse, mit ganzer Kraft diesen Gegner zu bekämpfen,
statt durch Theilung seiner Streitmacht auf keinem Punkt des
südlichen Kriegstheaters etwas Entscheidendes auszurichten.

Er ließ daher, nachdem die Baiern zurückgezogen waren,
das bei Orleans stehende X. Armeekorps zur Unterstützung des
Großherzogs nach Beaugency vorgehen und gab nunmehr auch
dem III. Armeekorps die Weisung dahin abzurücken. Er selbst
verlegte sein Hauptquartier nach dem noch über Beaugency hinaus liegenden Suevres.

Der 11. Dezember verfloß ohne bemerkenswerthe Ereignisse;
am 12. trat Chanzy seinen weiteren Rückzug nach dem Westen
an und zwar zunächst hinter den Loir, einen Nebenfluß der Loire,
wo er sich zwischen Moree und Vendome aufstellte. Die Armee-
abtheilung des Großherzogs folgte unter fortwährenden Kämpfen
dorthin und auch das X. Armeekorps, das am 13. Dezember
Blois besetzt hatte, wendete sich von da gegen Vendome.

General Chanzy beschloß daher am 16. Dezember seine
Stellung zu räumen und sich hinter die Sarthe, zwischen Le
Mans und Conlie, zurückzuziehen.

Um diese Zeit erhielt der Prinz Friedrich Karl von General
v. d. Tann aus Orleans die Meldung, daß die von ihm gegen
Osten ausgesendeten Rekognoscirungspatrouillen in der Gegend
von Gien, ungefähr 8 Meilen östlich von Orleans, auf starke
französische Streitmassen gestoßen seien. Der Prinz glaubte
daraus schließen zu müssen, daß der General Bourbaki inzwischen

wieder zu Kräften gekommen sei und es möglicherweise in seiner Absicht liege, einen Zug zur Rettung von Paris zu unternehmen. Er verlegte daher sein Hauptquartier am 19. Dezember nach Orleans und ließ seine Truppen eine Stellung zwischen Loire und Loir einnehmen, wodurch er Fühlung mit Chanzy behalten konnte, und doch nicht zu weit entfernt war für den Fall, daß Bourbaki wirklich nach Paris vorrücken sollte. Das X. Korps stand daher in den nun folgenden drei Wochen bei Vendome und die Heerabtheilung des Großherzogs bei Chateaudun und Chartres, während das III. und IX. Armeekorps dahinter in zweiter Linie Kantonnirungsquartiere bezogen hatten. Die Kavallerie-Divisionen, welche der Armee des Prinzen beigegeben waren, unternahmen in dieser Zeit zahlreiche Rekognoszirungen, um den Feind nicht aus den Augen zu verlieren. Eine der bedeutendsten dieser Rekognoszirungen wurde von dem Oberstlieutenant Boltenstern vom 79. Infanterieregiment unternommen, und zwar zum Theil auch zu dem Zweck, um einige Ortschaften, deren Bewohner auf preußische Patrouillen geschossen hatten, dafür zu züchtigen. Der Oberstlieutenant Boltenstern, der ein aus allen drei Waffengattungen zusammengesetztes Detachement von ungefähr 1000 Mann befehligte, drang von Vendome aus gegen Westen bis an die ungefähr 4 Meilen von dem Loir entfernten Brayefluß vor und bahnte sich ohne sehr erhebliche Verluste den Rückweg durch weit überlegene feindliche Massen.

So standen die Sachen bis zum Anfang des neuen Jahres, um welche Zeit das Oberkommando des deutschen Heeres sichere Nachricht von dem Vordringen Bourbaki's nach Osten erhielt. Auch Chanzy rührte sich wieder und konzentrirte einen großen Theil seiner Heermassen östlich von der Sarthe, zu beiden Seiten des L'Huisnestromes.

Die Bedeutung dieser Bewegung war nicht zu verkennen. Die Loirearmee hatte nur das eine Hauptziel zu verfolgen, nämlich die Entsetzung von Paris zu bewirken oder zu derselben doch beizutragen, und ihr Vorrücken in nordöstlicher Richtung war daher ein Beweis dafür, daß die Loirearmee den geeigneten Zeitpunkt für gekommen erachtete.

Das Oberkommando des deutschen Heeres bestimmte demnach, daß die Armee des Prinzen Friedrich Karl von der Loire her, und die Heerabtheilung des Großherzogs von Mecklenburg von Chartres aus, konzentrisch gegen die Loirearmee vordringen und bei Le Mans ihre Vereinigung herzustellen suchen sollten. Gegen Bourbaki sollte ein kombinirtes Truppenkorps aus den bei Paris und im nördlichen Frankreich stehenden Truppen gebildet, gesendet werden.

Der sechste Januar des Jahres 1871 war zum Beginn der Operationen gegen Chanzy's Armee bestimmt. Die 20. Infanteriedivision sollte von Vendome, die 19. Infanteriedivision von St. Amand auf Montoire, wo sich beide vereinigen sollten, marschiren, das III. Korps sollte bis Epuisay und das IX. Korps bis Morce gehen, während die 2. Kavalleriedivision die Verbindung mit der Heerabtheilung des Großherzogs bei Brou herstellen sollte. Die 4. Kavalleriedivision sollte, durch Infanterie verstärkt, bis Nogent le Rotrou vordringen.

Schon an dem ersten Tage ihres Vormarsches stießen die deutschen Truppen auf französische Heerkörper; so hatte das X. Armeekorps mit dem 17. Korps einen Kampf zu bestehen. Auch die 4. Kavalleriedivision stieß auf eine starke Abtheilung vom 21. französischen Korps und konnte in Folge dessen Nogent nicht erreichen.

Für den 7. Januar hatte das deutsche Heer die Aufgabe, den Brayefluß zu erreichen und seine Vorposten westlich desselben auszusetzen. Das X. Armeekorps wurde aber bei seinem Vordringen heftig in der linken Flanke angefallen und mußte am Abend nach Montoire zurückgehen. Dahingegen kam das III. Armeekorps bis an die Linie Savigny-Sarge an der Braye und das IX. Armeekorps dahinter bis Epuisay. Die Truppen des Großherzogs besetzten Authon und die 4. Kavalleriedivision drang bis Le Theil vor. Sämmtliche deutsche Truppen, die an dem Zuge Theil nahmen, waren jetzt nicht mehr als 5 Meilen von einander entfernt und konnten sich also im Noth= fall ohne Schwierigkeit gegenseitig unterstützen.

Am 8. Jan. bemächtigte sich das X. Korps nach einem sehr heftigen Kampfe mehrerer Uebergänge über die Loire und besetzte La Chartre, während das III. Korps trotz des lebhaftesten Widerstandes der Franzosen nach Escorpain vordrang und das IX. Korps bis S. Calais folgte. Die 2. Kavalleriedivision trat über Vibraye mit einem Seitendetachement des Großher= zogs in Verbindung und das Gros des XIII. Korps — dies war die offizielle Bezeichnung für die dem Großherzog unter= gebenen Truppen — kam nach la Ferté Bernard. So hatten die Korps des Prinzen und des Großherzogs sich einander bis auf 3¼ Meile genähert.

Am 10. hatte das X. Korps bei seinem Vormarsch gegen Norden einen heißen Kampf zu bestehen und kam an diesem Tage bis Vincent; das in westlicher Richtung vordringende III. Korps erstürmte Artenay und besetzte Breil, wobei das IX. Korps bis nach Vouloire gelangte. Das XIII. Korps trieb in erbittertem Kampf die Franzosen bis Sceaux und Con= nerré am L'Huisnefluß zurück, mit dem III. Korps so fast in unmittelbare Verbindung tretend.

Auf diese Weise wurden die Franzosen immer enger gegen Le Mans zusammengetrieben und der endliche Ausfall des kon= zentrischen Vormarsches der deutschen Truppen konnte kaum mehr zweifelhaft sein. Schon hatten die französischen Korps bedeu= tende Verluste, namentlich an Gefangenen erlitten, und obgleich die Franzosen an Zahl den Deutschen weit überlegen waren und diese Letzteren bei ihren Angriffen sehr bedeutende Terrainschwie= rigkeiten zu überwinden hatten, war es doch vorauszusehen, daß die französischen Truppen, die sich trotz ihrer ungenügenden Aus= bildung sehr wacker geschlagen hatten, sehr bald in den Zustand der Auflösung übergehen würden. Es galt für die deutschen Truppen nur, in ihrem energischen Vordringen auszuharren, was

16

allerdings nach den vorausgegangenen viertägigen Anstrengungen keine leichte Aufgabe war — dann war der Erfolg gesichert; dafür bürgte die richtige Anlage des ganzen Unternehmens.

Je näher die deutschen Truppen an die Hauptstellung der Franzosen, die durch das gebirgige Terrain östlich der Sarthe bezeichnet wurde, herankamen, desto größer waren auch die Schwierigkeiten des Vordringens. Die Wege waren von den Franzosen mit Hindernissen aller Art angefüllt worden, und immer stärker, mit immer größeren Streitkräften besetzt, erwiesen sich die von den Franzosen eingenommenen Positionen. Die deutschen Truppen konnten daher auch jetzt nicht so schnell Terrain gewinnen, als an den vorhergehenden Tagen, ganz abgesehen davon, daß Frost und Schnee und glatte Wege, dann auch die Kürze des Tages den Deutschen ihr Vordringen sehr erschwerten.

Am 10. kam das X. Korps nach einem äußerst beschwerlichen Marsch nur bis Grand Lucé, während vom III. Korps die 12. Brigade Champagné und die 11. Brigade Changé erstürmte. Die 5. Infanteriedivision schlug das 19. Armeecorps vollständig bei Parigné, machte viele Gefangene und konnte am Abend noch zum glücklichen Ausgang des Gefechts bei Changé beitragen. Das XIII. Korps sollte am 10. Januar bis Savigné vorrücken, um auf diese Weise den linken Flügel der französischen Stellung zu umgehen. Das 16. französische Korps leistete aber bei Montfort gegen die 17., bei Lombron gegen die 22. Division einen so hartnäckigen Widerstand, daß das XIII. Korps bis nach Connerré am linken Ufer des L'Huisneflusses zurückgehen mußte. Auch am 11. erreichte es Savigné noch nicht, sondern es kam nach heißem Kampf die 17. Division nur bis Lombron und die 22. Division bis La Chapelle. Die Corps der II. Armee erstürmten an demselben Tage mehrere sehr starke von den Franzosen und namentlich von ihrer Artillerie gut vertheidigte Stellungen östlich von Le Mans und das IX. Armeecorps nahm nun auch an diesen Kämpfen Theil.

Bis dahin hatte sich der General Chanzy fast durchaus auf
die Vertheidigung beschränkt und war dadurch in immer engere
Kreise zurückgedrängt worden. Schon stand der Feind fast in
seiner linken Flanke und er sah ein, daß seine Stellung verloren
sei, wenn er nicht durch einen kräftigen Offensivstoß seine Gegner zurücktreiben könne. Er ließ daher am 12. alle seine Korps
zum Angriff vorgehen, und da die deutschen Truppen auch ihrerseits vordrangen, kam es bald zu heftigen Zusammenstößen. Auf
dem rechten Flügel gewann das XIII. Korps etwas Terrain;
die 22. Division kam auf der von Bonnetable nach Le Mans
führenden Straße bis St. Croix. Auch die 17. Division, welcher die 35. Brigade vom IX. Korps zur Unterstützung überwiesen war, warf die vordringenden Franzosen zurück, nahm
St. Corneille und Thouvois und erreichte noch den Para-
niebach.

Im Centrum hatte das IX. Korps hauptsächlich ein Artilleriegefecht zu bestehen, das von den Höhen bei Anvours
gegen Joré geführt wurde. Am Abend gelang es der Infanterie des Korps die Franzosen zurückzuwerfen und auf das rechte
Ufer der L'Huisne vorzudringen. Auch die 5. Division vom
III. Korps konnte, nachdem sie einen überaus heftigen Offensivstoß des Feindes abgewiesen hatte, über den L'Huisnefluß gehen
und verfolgte nun die gegen Le Mans zurückweichenden Franzosen.

Indessen schien es dem deutschen Oberkommando, trotz der
an diesem Tage errungenen Vortheile, daß die Entscheidung, um
die nun schon 7 Tage gestritten war, erst am 13. gesucht werden
könne und der Prinz Friedrich Karl begab sich daher in der
Dämmerung zurück nach dem Schloß Artenay, wo er seit dem
vorigen Tage sein Hauptquartier aufgeschlagen hatte. Und
dennoch wurde noch an dem 12. Januar ein entscheidendes Resultat herbeigeführt.

Das X. Korps, das am 11. Januar auf den Straßen von
Ecommoy und Grand Lucé vordringend, bis Mortes Aures und
über Parigné l'Eveque hinausgekommen war, drang nach Ueber-

16*

windung des Gegenangriffs der Franzosen, am 12. weiter nach
Le Mans vor und war gegen 4 Uhr Nachmittags bis dicht an
die Stadt gekommen. Da gerieth der rechte Flügel der Franzosen, der so lange tapfer gegen die vordringenden deutschen
Truppen gefochten hatte, in den Zustand völliger Auflösung und
gab sich einer übereilten Flucht hin. Die braven Hannoveraner
folgten dem fliehenden Feinde auf dem Fuße und drangen mit
ihm in Le Mans ein, wobei sie sich zunächst des Bahnhofes
bemächtigten.

Die Armee Chanzy's, die so ihren Hauptstützpunkt verloren
hatte und durch die siebentägigen hartnäckigen Kämpfe auf's
Aeußerste erschüttert war, dachte jetzt nicht länger an Widerstand,
sondern suchte sich weiteren Kämpfen durch eiligen Rückzug zu
entziehen. Es gelang dem General Chanzy dabei nicht, seine
Korps vereinigt zu behalten, sondern es gingen das 16. und
21. Korps nordwärts gegen Alençon, während das 17. und
19. Korps sich nach Westen auf Laval zurückzogen. Es war ein
solcher excentrischer Rückzug durch die Natur der Umstände geboten, und wenn man französischerseits sich gemüßigt gesehen
hat, die von den Franzosen zu diesem Behuf ergriffenen Maßregeln als der Selbstbestimmung des Generals Chanzy entflossen
zu bezeichnen, so ist dies ein großer Irrthum. Chanzy mußte
eben die Sachen gehen lassen, wie sie wollten, und konnte höchstens in die fluchtähnliche Bewegung einige Ordnung zu bringen
suchen. Seine wenigstens an Zahl sehr bedeutende Armee, die
durch die vorhergehenden Kämpfe gezeigt hatte, daß sie kein ganz
zu verachtender Gegner sei, war jetzt so gut wie aufgelöst und hatte
einen Verlust von gegen 30,000 M., worunter über 22,000 M.
unverwundete Gefangene, erlitten. Für einen längeren Zeitraum
war an das Wiedererscheinen dieses Heeres auf dem Kampfplatz
nicht zu denken und damit war auch die Möglichkeit der Entsetzung von Paris, dessen baldiger Fall vom Anfang des neuen
Jahres an mit jedem Tage wahrscheinlicher ward, so gut wie
gänzlich verschwunden.

Die Verhältnisse waren nicht der Art, daß der Prinz Friedrich Karl sich mit seinem ganzen Heere auf eine Verfolgung der geschlagenen französischen Armee hätte einlassen sollen, sondern er begnügte sich damit, starke Detachements den fliehenden Franzosen in verschiedenen Richtungen nachzusenden. So wandte sich namentlich das XIII. Korps und die 4. Kavalleriedivision unter dem Befehl des Großherzogs von Mecklenburg gegen Norden, erreichte am 17. Alençon und rückte von da über Bernay und Brienne nach Rouen, um mit dem General Bentheim, der sich hier mit den in der Bretagne gebildeten französischen Streitkräften herumschlug, in Verbindung zu treten.

Mit den hartnäckigen Kämpfen zwischen Le Mans und Orleans fand der Feldzug auf diesem Theil des ungeheuren Kriegstheaters in Frankreich seinen Abschluß, und es dauerte nur wenige Tage, bis jetzt auch auf den anderen Punkten der Widerstand der Franzosen völlig zu Boden geschlagen war.

Zuerst geschah dies im Norden Frankreichs. Was sich dort seit Mitte November zugetragen, wollen wir jetzt zu schildern versuchen.

Ereignisse auf dem nördlichen Kriegstheater bis zum Waffenstillstand.

Gleichwie im südlichen und östlichen Frankreich, so sammelten sich nach der Katastrophe von Sedan auch im Norden nicht unerhebliche französische Streitkräfte. Indessen wollte es hier mit der Formation fester taktischer Körper nicht recht vorwärts, denn es fehlte hier noch weit mehr als an der anderen Orten an geeigneten Befehlshabern. Zunächst machte sich der Mangel einer tüchtigen Persönlichkeit sehr fühlbar, die im Stande gewesen wäre, Ordnung in die chaotische Masse der eingezogenen Mannschaften zu bringen. Als der General Bourbaki von seiner mißlungenen Mission nach England zurückgekehrt war, glaubte die französische Regierung in ihm den rechten Mann zur Bildung des neuen Heeres gefunden zu haben. Allein die Wahl

war keine glückliche. Bourbaki mochte ein tapferer Soldat und
umsichtiger Führer sein, allein als Organisator völlig ungeschul-
ter Kräfte war er nicht auf seinem Platze. Es fehlte ihm vor
allen Dingen die nöthige Geduld dazu, und da er die Sache
nicht mit der erforderlichen Ruhe, sondern mit Hast und Ueberstürzung betrieb, erwies er sich bald als unhaltbar auf seinem
Posten. Man gab ihm daher eines der neugebildeten Korps der
Loirearmee und setzte den General Faidherbe an seine Stelle.

Diesem Mann, der allerdings von sich und seinen Leistungen
eine viel zu hohe Meinung an den Tag gelegt hat, kann das
Verdienst nicht abgesprochen werden, in verhältnißmäßig kurzer
Zeit so viel Halt und Festigkeit in die ungeordneten Schaaren
des Nordens gebracht zu haben, daß ihnen der Name einer Armee gegeben werden konnte, wie er denn auch mit anerkennens-
Energie und Ausdauer diese Armee geführt hat.

Gegen Mitte November fühlte der General Faidherbe sich
so stark, daß er an größere Operationen im Felde denken konnte
und er konzentrirte daher seine Streitkräfte um Amiens, was
einerseits auf die Absicht, die deutsche Einschließungsarmee bei
Paris zu beunruhigen, andererseits auf den Entschluß, sich mit
den bei Rouen neugebildeten französischen Streitkräften zu vereinigen, hindeuten konnte.

Es waren aber deutscherseits schon die geeigneten Maßregeln
zur Durchkreuzung dieser Pläne getroffen worden.

Während nach dem Fall von Metz der II. Armee die Bekämpfung der im südwestlichen Frankreich neuaufgestellten feindlichen Streitkräfte übertragen ward, erhielt die I. Armee, die
nach der Abberufung des Generals v. Steinmetz, unter dem Befehl des Generals, Freiherrn v. Manteuffel, gestellt war, den
Auftrag, durch Niederwerfung der im nördlichen Frankreich gebildeten Truppenmassen jede Bedrohung des deutschen Heeres vor
Paris zu hindern. Zugleich sollte die I. Armee zur größeren
Sicherung der Kommunikationslinie des deutschen Heeres die
zwischen Metz, Rheims und der belgischen Grenze liegenden

Festungen in ihre Gewalt zu bringen suchen und das schon eroberte Gebiet bewahren.

Das waren koloffale Aufgaben für eine Truppenmacht von
kaum 100,000 M. Die I. Armee bestand, nachdem den Landwehrtruppen der Division Kummer der Transport der bei Metz gefangenen französischen Armee übertragen war, aus dem I. Korps,
das jetzt der General v. Bentheim kommandirte, dem VII. und
VIII. Korps und endlich der Linieninfanteriebrigade (General
v. Senden) der früheren Division Kummer. Der General von
Kummer hatte anstatt des Generals v. Welßien das Kommando
der 15. Division übernommen.

Von dieser Truppenmacht verblieb zunächst die 13. Division
bei Metz, zur Sicherung dieses Platzes, und die 14. Division
(General v. Kamefe) ward mit der Belagerung von Diedenhofen
beauftragt. Die 1. Division (General von Bentheim, später
v. Gayl) wurde gegen Meziëres entsandt, und die 4. Infanteriebrigade gegen La Fère detachirt, so daß für die Operationen
im freien Felde vorläufig nur sechs Brigaden zur Verwendung
blieben.

Ehe wir zur Schilderung der Kämpfe im nördlichen Frankreich übergehen, wollen wir, um den Zusammenhang nicht zu
stören, über das Schicksal der dort von den deutschen Truppen
belagerten französischen Festungen berichten.

Die Festung Verdun, gegen die beim Vormarsch der Maasarmee vom XII. Korps der vergebliche Versuch gemacht wurde,
sie durch Beschießung zur Uebergabe zu veranlassen, ward seit
dem 25. September durch ein größeres Detachement cernirt.
Als nun Metz gefallen war, wurde eine größere Artillerieabthei-
lung von dort zur Verstärkung des Belagerungskorps vor Verdun
entsandt. Durch ein heftiges Bombardement wurde dann der
Platz am 8. November zur Uebergabe gezwungen.

Nach dem Fall von Metz war es, namentlich um die ganze
Mosellinie im Besitz zu haben, für die Deutschen von ziemlich
großer Wichtigkeit, sich jetzt auch Diedenhofens zu bemächtigen.

Schon während der Belagerung von Metz war die Festung beobachtet worden, jedoch konnte, weil dort alle Kräfte in Anspruch genommen waren, nichts Ernstliches gegen Diedenhofen geschehen, bis nun zu Anfang November General Kamefe mit der 14. Division den Auftrag zur Wegnahme des Platzes erhielt. Am 13. November war Diedenhofen vollständig eingeschlossen, und nachdem seit dem 22. das Bombardement aus 48 Festungs- und 24 Feldgeschützen begonnen hatte und am 23. schon die erste Parallele gegen die Festung eröffnet war, kapitulirte dieselbe am 24., wobei die aus 4000 M. bestehende Besatzung in Kriegs- gefangenschaft gerieth.

Um diese Zeit fiel auch die kleine Festung Pfalzburg. Schon einige Tage nach der Schlacht bei Wörth war von dem der II. Armee nachrückenden VI. Korps ein heftiges Bombardement aus Feldgeschützen gegen den an und für sich wenig bedeutenden wenn auch festen Platz vorgenommen worden, ohne daß dadurch ein Resultat erzielt wäre. Seit der Zeit war ein schwaches Detache- ment zur Beobachtung Pfalzburgs aufgestellt, das selbstverständ- lich außer einigen unbedeutenden Beschießungen Nichts gegen die Festung vornehmen konnte. Die Besatzung machte dahingegen öfter Ausfälle, ohne den Belagerern großen Schaden zuzufügen. Endlich kapitulirte Pfalzburg am 12. Dezember, durch Mangel an Lebensmitteln und ansteckende Krankheiten dazu gezwungen. Gegen 1900 Franzosen kamen dadurch in Gefangenschaft.

Nach der Einnahme von Diedenhofen wandte General v. Kamefe sich gegen Montmedy. Am 7. Dezember wurde unter den ungünstigsten Verhältnissen mit dem Bau der Batte- rien begonnen, derselbe aber dennoch innerhalb 4 Tagen vollen- det, und die Batterien dann sofort armirt. Nach 36stündigem Bombardement aus 62 Geschützen kapitulirte die Festung.

Mezieres war für die deutsche Kriegführung ein Punkt von hervorragender Bedeutung, weil man durch die Gewinnung desselben die Verfügung über eine zweite ununterbrochene Eisen- bahnlinie von Metz nach Paris erhielt. Nach dem Fall von

Montmedy konnte man mit Kraft zur Belagerung des Platzes
schreiten. Derselbe wurde am 25. Dezember vollständig eingeschlossen und kapitulirte nach mehrtägiger Beschießung am 2. Januar 1871.

Am 5. Januar wurde die kleine Festung Rocroy durch
einen überraschenden Angriff eingenommen. Dieselbe war von
höchst geringer Bedeutung.

Endlich fiel am 24. Januar die Festung Longwy nach
mehrtägiger Beschießung.

Wir gehen jetzt zu den Operationen gegen die französische
Nordarmee über.

Am 7. November begann der General v. Manteuffel mit
den ihm noch zu Gebote stehenden Truppen, nämlich einem Theil
des I. Armeekorps, dem ganzen VIII. Armeekorps und der 3. Kavalleriedivision den Vormarsch gegen dieselbe, wobei die Truppen
des I. Armeekorps über Briey, Bouzieres, Rethel und Laon, die
des VIII. Armeekorps über Verdun, Rheims und Soissons vordrangen.

Am 20. November stand Manteuffels Streitmacht an der
Linie Noyon-Compiegne, längs der Oise, während die durch
die 3. Kavalleriedivision vorgenommenen Rekognoszirungen ergaben,
daß die französischen Streitkräfte um Amiens concentrirt seien.

Der General von Manteuffel beschloß daher, den Feind
dort anzugreifen und rückte am 23. November in nordwestlicher
Richtung über Montdidier vor. Faidherbe hatte seine Truppenmacht, die gegen 40,000 M. betrug, aber an Artillerie und namentlich an Kavallerie sehr schwach war, südlich von Amiens
aufgestellt, mit dem rechten Flügel bei Boves, mit dem linken
bei Gentelles und Villiers Bretonneaux. Am 26. langten die
deutschen Truppen dicht vor der feindlichen Stellung an.
Tags darauf wurde das VIII. Armeekorps gegen den feindlichen
rechten Flügel, die Truppen des I. Armeekorps, die noch am
vorigen Tage durch die eben von Mezieres eingetroffene 1. Infanteriebrigade verstärkt worden waren, gegen die Höhen von

Bretonneaux zum Angriff vorgeschickt. Trotz der hartnäckigsten Gegenwehr der Franzosen warf das VIII. Armeekorps dieselben aus ihrer Stellung und trieb sie von einem Abschnitt zum andern, bis die Dunkelheit dem Kampfe ein Ende machte. Auf dem rechten Flügel hatte das I. Armeekorps einen noch viel härteren Stand und erst nach einem sehr heißen Kampf, wobei das brave 44. Regiment, das sich schon am 1. September bei Noisseville so sehr ausgezeichnet hatte, eine gut vertheidigte feindliche Schanze stürmte, gelang es, die Franzosen aus ihrer Stellung zu treiben.

Die französischen Truppen schlugen sich am 27. November vorzüglich gut, trotzdem daß sie nur dem kleinsten Theile nach aus Linientruppen, sondern meistens aus Mobilgarde und mobilisirten Nationalgarden bestanden. Allein nachdem der von ihnen geleistete Widerstand einmal überwunden war, traten nun doch die Schwächen der losen Organisation hervor, und Faidherbe's Truppen geriethen auf dem Rückzug nach der Schlacht in völlige Auflösung. Es bietet die Schlacht von Amiens so ein sehr bezeichnendes Beispiel von den Eigenschaften der französischen Soldaten, wie man sich dieselben im Allgemeinen — und wohl mit Recht — vorzustellen pflegt, nämlich einerseits ihre große Tapferkeit, die sich nicht allein im wilden Angriff, sondern auch in der hartnäckigen Vertheidigung besetzter Stellungen kundgiebt, andererseits aber auch die völlige Muthlosigkeit, die sich ihrer bei Niederlagen und überhaupt im Mißgeschick bemächtigt.

Die Franzosen verloren in der Schlacht bei Amiens über 3000 M., darunter 800 unverwundete Gefangene, während der Verlust der deutschen Truppen nur 1300 M. und 79 Offiziere betrug. Ein fernerer Beweis für die Größe der Niederlage der Franzosen ist auch der Umstand, daß sie 9 Geschütze einbüßten.

General v. Manteuffel ließ Faidherbe's Schaaren, die sich nach Arras zurückzogen, durch starke Detachements verfolgen und zog dann am 1. Dezember gegen die an der untern Seine unter dem General Briant gesammelten Truppen. Dieselben hatten

zwischen Forges und Buchy eine Aufstellung genommen, zogen
sich aber vor den anrückenden preußischen Truppen nach kurzem
Widerstand in Unordnung zurück, so daß General v. Göben
schon am 5. Dezember Rouen besetzen konnte. Die Organisation und Ausbildung dieses Theils der neu aufgestellten französischen Streitkräfte war also nicht so weit gediehen und so kräftig
durchgeführt worden, wie dies bei den von Faidherbe komman-
dirten Truppen geschehen war. Der kriegerische Werth der im
nordwestlichen Frankreich zusammengezogenen Truppenmacht war
überhaupt ein äußerst geringer, und derselbe stieg auch nicht wesentlich in der nun folgenden Periode bis zum Abschluß des
Waffenstillstandes. Es können diese Truppen den Vergleich mit
Faidherbe's Armee in keiner Weise aushalten, was natürlich der
Energie und den verständigen Maßregeln jenes Generals sehr
zur Ehre gereichen muß, wenn auch auf der anderen Seite wohl
zu bedenken ist, daß Faidherbe doch über einen Kern alter Soldaten verfügte, während die Truppenkörper, die bei Rouen und
Havre neu formirt waren, so gut wie gar keinen Anhalt an von
früher her vorhandene Stämmen hatten.

Man erwartete im Publikum allgemein jetzt das Vorrücken
der Preußen nach Havre und entwarf große Pläne über die
nunmehr auf dem Seewege von England her zu bewerkstelligende
Verpflegung der deutschen Truppen im nördlichen Frankreich.
Nun hätte sich England immerhin wohl dazu bereit finden lassen,
allein man würde bei einer solchen Veranstaltung die Rechnung
doch ohne die französische Flotte gemacht haben, die, wie schwach
auch ihr Auftreten sonst im Kriege bisher gewesen war, eine
regelmäßige Verbindung zwischen England und dem von den
Preußen besetzten Havre sicher durchkreuzt haben würde.

Die deutsche Heeresleitung dachte nicht daran — wenigstens
vorläufig nicht — sich so weit auszudehnen, und man beabsichtigte vor der Hand nur, die Streitkräfte im Norden Frankreichs
in Schach zu halten und namentlich eine Beunruhigung des
deutschen Heeres vor Paris durch dieselben zu verhüten. In-

dessen wurde es doch für nothwendig erachtet, Dieppe zu besetzen; es konnte dies ohne Schwierigkeit geschehen, und die
deutschen Truppen erhielten dadurch einen sehr wesentlichen Stützpunkt für ihre Verpflegung, weil sich in Dieppe große Vorräthe
befanden.

Es waren kaum 14 Tage seit der Besetzung Rouens durch
die deutschen Truppen verflossen und nach kein Monat war vergangen seit der Schlacht bei Amiens, als den General v. Manteuffel die Botschaft von dem erneuten Vorrücken des Generals Faidherbe traf. Schnell entschlossen ließ Manteuffel
den General v. Bentheim, der jetzt das Kommando über das
I. Armeekorps erhalten hatte, mit dem größten Theil desselben
in Rouen zurück, um die am linken Seineufer zwischen Honfleur
und Brienne stehenden Truppen des Generals Rove und die
Streitmacht des Generals Peletingeas in Havre zu beobachten,
und ging mit dem VIII. Armeekorps zurück nach Amiens, in
dessen Nähe Faidherbe schon angekommen war.

Auf die Nachricht von dem Anmarsch der Preußen zog
Faidherbe sich wiederum zurück und wählte für seine Truppen
eine ungemein starke Vertheidigungsstellung an dem linken Ufer
des Hallueba ches. Dieses Ufer überhöht das rechte nicht unbedeutend, und die hier liegenden Ortschaften Pont Noyelles,
Behancourt, Bavelincourt und Vadencourt boten der Vertheidigung sehr wesentliche Stützpunkte dar. Aber auch am rechten
Ufer hatten die Franzosen die am Bache liegenden Dörfer Be-
quemont, Bussy, Daours, Querrieur, Frechencourt, Montigny
und Beaucourt besetzt, und diese mußten von den Deutschen
weggenommen werden, ehe sie an die eigentliche Stellung der
Franzosen, die ihnen um das Doppelte an Truppenzahl überlegen waren, herankommen konnten.

Am 23. Dezember ließ der General v Manteuffel die französische Stellung auf dem rechten Ufer des Baches in der Front
angreifen. Die 30. Brigade, unterstützt durch einen Theil der
29., ging gegen die Linie Daours-Querrieur vor, und nach

einem langen heißen Kampf ward Daours von den Preußen genommen und behauptet. Dann fiel auch Querrieux, gegen welchen Ort die 31. Brigade hatte vorgezogen werden müssen. Die Preußen verfolgten die fliehenden Franzosen, mußten aber, da diese die Brücken hinter sich abbrachen, an der Hallue Halt machen. Auf dem linken Flügel nahm die 32. Brigade Frechencourt, Montigny und Beaucourt, konnte diese Dörfer aber, als die Franzosen am Abend einen Gegenangriff unternahmen, nicht behaupten. Die Nacht machte dem Kampfe an Hallue, in welchem Faidherbe sich den Sieg zuschreibt, ein Ende.

Einen Sieg hatte Faidherbe nun allerdings nicht erfochten, wenn er auch keineswegs eine Niederlage erlitten hatte. In taktischer Beziehung ist der Kampf wohl am richtigsten als unentschieden zu bezeichnen, indem die Preußen an die eigentliche Stellung der Franzosen gar nicht herankamen und auch einen Theil der mit großen Anstrengungen errungenen Vortheile wieder aufgeben mußten. Allein die Folgen des Kampfes, die sich sehr bald bemerkbar machten, erwiesen, daß derselbe der französischen Armee verderblich gewesen war, denn schon am nächsten Tage gingen die Franzosen nach Albert und dann nach Bapaume zurück. Es trat grade in diesen Tagen eine grimmige Kälte ein, und Faidherbe zog es daher vor, seine Truppen in Kantonnirungsquartiere um Arras zu verlegen. Faidherbe mußte also unverrichteter Dinge sich zurückziehen und ein Erfolg kann also den deutschen Waffen nicht abgesprochen werden.

Die Preußen verfolgten die zurückgehenden Franzosen bis Albert und rückten am 26. Dezember in Bapaume ein. Die 16. Division (General v. Baenelow) wurde gegen die Festung Peronne entsendet.

Faidherbe fühlte sich indessen durch seine Mißerfolge keineswegs geschwächt, und der tüchtige energische Mann dachte alsbald wieder daran, die Offensive zu ergreifen. Es fällt dieser Entschluß mit dem Zuge Bourbaki's gegen Osten und Chanzy's Offensivbewegung zu Anfang des neuen Jahres zusammen, und man muß daher annehmen, daß allen diesen Operationen ein großartig angelegter Plan zu Grunde gelegen habe. *)

Am 2. Januar rückte Faidherbe aus der Stellung bei Arras mit seinem nunmehr auf 40,000 M. angewachsenen Heere in südlicher Richtung vor. Es standen ihm, bei Bapaume nur 15,000 M. unter General v. Göbens Kommando gegenüber. Davon war die 29. Brigade mit 3 Bataillonen in der Linie Grevilliers-Avesnes-Bievilliers, und mit 2 Bataillonen in Bapaume aufgestellt, während die 30. Brigade die Stellung Sapignies-Beugnatre eingenommen hatte. Auf dem linken Flügel stand die 3. Kavalleriedivision und ein Regiment der 16. Infanteriedivision bei Miraumont; den rechten Flügel deckte die 4. Kavalleriedivision. Die Reserve bestand nur aus 3 Bataillonen, darunter das 8. Jägerbataillon; doch sandte General v. Barnelow von Peronne über Sally 3 Bataillone und 4 Batterien zur Unterstützung, nach jenem in der preußischen Armee völlig eingebürgerten und im letzten Kriege so häufig mit ausgezeichnetem Erfolg angewendeten Verfahren, wonach die Truppenführer auch ohne höhere Weisung, aus eignem Antrieb sich gegenseitig zu unterstützen suchen, was von den französischen Generalen so gut wie vollständig — oftmals vielleicht mit Fleiß — verabsäumt wurde.

Nachdem die beiderseitigen Vortruppen am 2. Januar sehr heftig an einander gerathen waren, ohne daß dadurch jedoch eine Entscheidung herbeigeführt worden wäre, suchte am nächsten Tage das 22. französische Korps über Grevillers und Bievillers gegen den linken Flügel der Deutschen vorzubringen, und die 29. Brigade mußte sich auch, zwar erst nach hartem Kampf, auf Ligny zurückziehen. Nun aber wurde die 3. Kavalleriedivision gegen die rechte Flanke der Franzosen geführt, und indem die 29. Brigade wiederum in der Front vorging, wurden die Franzosen durch den also konzentrisch ausgeführten Angriff genöthigt, sich wiederum nach Grevillers zurückzuziehen.

---

*) Diese Annahme findet durch den nunmehr veröffentlichten Depeschenwechsel zwischen Chanzy und Gambetta ihre völlige Bestätigung.

Unterdessen hatte das 23. französische Korps sich gegen den rechten Flügel der Deutschen gewendet, wobei es über Baur und Loeugny eine Umgehung ausführen wollte. Diese wurde aber durch das rechtzeitige Eingreifen der 4. Kavalleriedivision vereitelt. Trotzdem gelang es den hier mit sehr überlegenen Streitkräften und großer Energie auftretenden Franzosen, den rechten Flügel und das Centrum der Deutschen zurückzudrängen, wobei Bapaume für eine kurze Zeit in ihre Hände fiel, ohne daß es jedoch von ihnen behauptet werden konnte. In der Nacht zog Faidherbe es sogar vor, nach dem auf dem halben Wege zwischen Bapaume und Arras gelegenen Boyelles zurückzugehn.

Einen Sieg hatten also weder die Deutschen noch die Franzosen errungen und da Letztere eine fast dreifache Uebermacht hatten, so war eben kein Grund vorhanden für Faidherbe, über das Resultat der Offensivbewegung so erfreut zu sein, wie er sich den Anschein gab. Auch sein Verlust in dem Gefecht bei Bapaume war sehr bedeutend, und wird von ihm selbst zu 4000 M. angegeben, während die deutschen Truppen nur 1120 M., worunter 40 Offiziere, verloren. Die Größe des französischen Verlustes erklärt sich übrigens daraus, daß sie fast den ganzen Tag die Angreifenden gewesen waren und die Deutschen zum Theil in guten Stellungen gestanden hatten.

Es trat nun wiederum eine kurze Kampfpause hier im Norden ein. Faidherbe mußte seinen lose organisirten, vom Gefecht arg mitgenommenen Schaaren, die sich durchaus nicht unrühmlich benommen hatten, etwas Ruhe gönnen, und die schwache deutsche Truppenmacht, die ihnen gegenüberstand, hatte keine Veranlassung den Versuch zu machen, dieselbe zu stören. Im Gegentheil fand General v. Göben, der Anfangs Januar, nach der Abberufung des Generals v. Manteuffel, den Oberbefehl über die deutschen Streitkräfte im nördlichen Frankreich erhalten hatte, es für gerathen, auf das linke Ufer der Somme zurückzugehn, wo er zwischen Corbie und Peronne eine sehr gute Stellung einnahm und zugleich mit der 16. Infanteriedivision, welche mit der Belagerung von Peronne beschäftigt war, in unmittelbare Verbindung trat.

Am 10. Januar fiel dieser Platz, dessen Bedeutung, indem man eine ganze Division gegen ihn verwandte, vielleicht zu hoch angeschlagen wurde, da die Besatzung, die durch den Fall der Festung kriegsgefangen ward, sich nur auf 3000 M. belief. General Faidherbe hat das Mißlingen des von ihm unternommenen letzten Vorstoßes gegen die deutschen Truppen zum Theil dem Umstande zugeschrieben, daß Peronne wider alles Erwarten von seinem Kommandanten den Deutschen übergeben worden sei. Eine solche Behauptung aber wäre als gerechtfertigt nur in dem Falle anzuerkennen gewesen, wenn noch, wie dies zur Zeit des Treffens bei Bapaume der Fall war, ein sehr bedeutender Theil der deutschen Truppenmacht durch die Belagerung von Peronne aus dem Conner mit der Hauptstärke des Heeres getreten wäre. Durch den Uebergang Göbens aber über die Somme war hierin eine Aenderung eingetreten und das Belagerungskorps konnte jetzt unbedingt nach Abzug der zur Beobachtung der Festung nöthigen Detachements — als eine für eine Feldschlacht in der von ihm gewählten Stellung disponible Streitmacht angesehen werden. Einen größeren Werth, als die Paralysirung jenes Detachements hatte die Festung Peronne vor ihrem Fall also nicht für den General Faidherbe.

Am 13. Januar erhielt General v. Göben die Meldung von dem abermaligen Vorrückens Faidherbes. Dieser hatte die Nachricht verbreiten lassen, daß er wiederum auf Amiens zu gehen gedenke, also gegen den linken Flügel der Deutschen, allein die deutscherseits angestellten Rekognoscirungen ergaben alsbald, daß Faidherbe's Hauptstärke in südöstlicher Richtung über Fins vorrücke, um den deutschen rechten Flügel zu umgehen. Vielleicht mag Faidherbe dabei auf die Mitwirkung der Besatzung von Peronne gerechnet haben, dessen Fall ihm damals wohl noch nicht bekannt war. Jedenfalls hätte er aber dann das Wirkungsvermögen von 3000 M. etwas hoch angeschlagen, wenn wie wir dies oben andeuteten, es sich wirklich so verhält, daß er sie als eine wesentliche Stütze zur Ausführung seines Planes ansah.

Man hat behaupten wollen, General Faidherbe habe für seinen Vormarsch die südöstliche Richtung gewählt, um so mit Bourbaki in Verbindung zu treten (s. u. A. Rüstow's 5. Heft. S. 68). Wenn man nun bedenkt, daß Bourbaki um diese Zeit an der Lisainelinie in der Nähe von Belfort kämpfte, und daß Belfort von Arras in grader Richtung etwa 60 Meilen entfernt liegt, so scheint es doch, daß selbst Faidherbe's lebhafter Phantasie ein solcher Plan gar zu ungeheuerlich hat vorkommen müssen.

Viel näher liegt und wahrscheinlicher ist die Annahme, daß Faidherbe mit Chanzy, der sich, wie wir oben sahen, auch zu Anfang des neuen Jahres gegen Paris in Bewegung gesetzt hatte, zur Entsetzung der Hauptstadt cooperiren wollte. Er glaubte daher am Besten seinen Zweck erreichen zu können, wenn er sich der vor ihm befindlichen deutschen Armee durch einige forcirte Märsche gegen Osten und Südosten entzöge, dann rasch im Süden von St. Quentin erschiene und so die deutschen Truppen bei Paris von Norden her bedrohte. Er wollte diese dann dazu verleiten, beträchtliche Streitkräfte gegen ihn auszusenden, denen Faidherbe sich durch einen schleunigen Rückzug gegen Norden zu entziehen gedachte.

Es geht durch alle Berechnungen der französischen Strategen der eigenthümliche Zug, daß sie die weitreichendsten Pläne entwerfen, ohne auf die ihnen zunächst liegenden Verhältnisse gebührende Rücksicht zu nehmen. Hier bei dieser Gelegenheit hatte Faidherbe bei seiner Berechnung den wesentlichsten Faktor, nämlich die Truppenmacht des Generals v. Göben, ausgelassen, als ob dieser bei den Manövern des französischen Feldherrn mit gekreuzten Armen als müßiger Zuschauer verbleiben würde.

Sobald der General v. Göben die Absicht des Generals Faidherbe, den deutschen rechten Flügel zu umgehen, erkannt hatte, ließ er seine Truppen eine Frontveränderung in östlicher Richtung vornehmen und sofort den Vormarsch gegen

17

die französische Armee beginnen. Die 16. Infanteriedivision wurde gegen Ham und St. Simon geschickt, um den Franzosen den Weg nach Paris zu verlegen, wenn sie es versuchen sollten, ohne die Deutschen anzugreifen, dorthin abzumarschiren, und mit der 15. Infanteriedivision, nebst der 8. Kavalleriedivision über-schritt Göben wiederum die Somme unterhalb Ham, um sich dann von Westen her St. Quentin zu nähern. Nachdem am 16. General Faidherbe von Albert in der Richtung auf St. Quentin aufgebrochen war, stieß er am 17. auf die von Westen vorrücken-den Preußen. Am nächsten Tage wollte Faidherbe seinen Marsch fortsetzen, ward nun aber in Flanke und Rücken bei Vermand angegriffen und gegen St. Quentin gedrängt, wo er sich im Süden und Westen der Stadt aufstellte.

Zwar war an und für sich das Terrain für die Ver-theidigung nicht ungünstig, und die Höhen und Dörfer, welche Faidherbe durch seine Truppen besetzen ließ, kosteten, als sie von den Deutschen erstürmt werden mußten, diesen sehr be-deutende Opfer. Allein die ganze Stellung war durch die Somme und den Crozatkanal durchschnitten und bildete also zwei Ab-schnitte, deren Besatzungen sich nicht gegenseitig unterstützen konn-ten. Südlich von St. Quentin, in den hochgelegenen Ortschaften Mesnil, St. Laurent, Neuville und Castres stand nun das 23. Korps, während das 22. Korps die westlich von St. Quentin sich hinziehenden Höhen eingenommen hatten. Die gesammte fran-zösische Streitmacht betrug an die 50,000 M. mit 70 Kanonen.

Am Morgen des 19. Januar ließ der General v. Göben nun durch seine gesammte Streitmacht die Stellungen der Franzosen angreifen.

In einem weiten Halbkreis rückten die deutschen Truppen konzentrisch gegen St. Quentin vor. Von der 15. Infante-riedivision (General v. Kummer) schlug die 29. Brigade die über Roupy, die 30. Brigade die über Savy nach St. Quentin führende Straße ein, während die 3. Kavalleriedivision nebst der 13. Infanteriebrigade eine weit ausholende umgehende Bewegung gegen den französischen rechten Flügel ausführte. Als Reserve folgten über Douchy und Fluquieres, zunächst der 29. Brigade, das 41. Regiment, das 2. Gardeulanenregiment und ein Detachement vom 33. Regiment. Auf dem linken Ufer der Somme ging die 16. Infanteriedivision (General v. Barnekow) von St. Simon aus über Artemps gegen den linken Flügel der Franzosen vor. Die Straße, die über Juffy nach St. Quentin führt, schlug das aus 5 Bataillonen, 5 Esladronen und 10 Geschützen bestehende Detachement des Prinzen Albrecht von Preußen ein, und auf dem äußersten rechten Flügel marschirte das aus 2 Bataillonen, 16 Esladronen und 12 Geschützen zusammengesetzte sächsische Detachement, das von Paris her zur Unterstützung gesendet war. Dasselbe sollte den äußersten linken Flügel der Franzosen zu umgehen suchen.

Es läßt sich nicht läugnen, daß dieser auf einer 3—4 Meilen langen Linie vollzogene Vormarsch der deutschen Truppen, deren Gesammtzahl sich höchstens auf 30,000 M. belief, ein etwas gewagter war, zumal derselbe zu beiden Seiten eines schwer zu passirenden Terrainhindernisses, der Somme, vollzogen ward. Waren die Franzosen doch fast doppelt so stark wie die Preußen, und da das Terrain ohnedieß den Franzosen in hohem Grade günstig war, so konnte der Angriff auf einem der Ufer der Somme, selbst bei so siegeszewohnten Truppen, wie die deutschen es waren, gar wohl mißlingen, und dann war dieser Theil des deutschen Heeres, da ihm rechtzeitig kaum Verstärkung zugeführt werden konnte, in einer höchst gefährlichen Lage. Daß sich nun doch der Sieg in eklatantester Weise den Deutschen zuneigte, muß in diesem Falle gewiß vorzugsweise der Qualität der auf beiden Seiten kämpfenden Truppen zugeschrieben werden.

Um 7 Uhr Morgens trafen die Vortruppen der 16. Infanteriedivision die vorgeschobenen Posten der Franzosen bei Seraucourt. Das Dorf ward erstürmt und die Besatzung auf Castres zurückgeworfen. Hier aber war der Widerstand der Franzosen ein sehr hartnäckiger, und es ward daher für noth-

17*

wendig angesehn, das in der Reserve marschirende 41. Regiment über die Somme nach diesem Punkt zur Verstärkung zu senden. Das brave Regiment bewährte auch bei dieser Gelegenheit wieder seinen vorzüglichen Ruf und es löste die ihm gestellte schwere Aufgabe vollständig. In drei Treffen formirt, mit Kompagnie-colonnen im ersten, mit zwei Halbbataillonen im zweiten Treffen und zwei Kompagnien des Füsilierbataillons in Reserve, ging das Regiment gegen Castres vor und erstürmte das tapfer vertheidigte Dorf, wobei die Franzosen 500 M. verloren. Der Rest der Besatzung zog sich auf Grugis zurück. Gleichzeitig damit war auch Urvillers und Itancourt von den deutschen Truppen besetzt worden.

Auf dem linken Flügel gewannen die Deutschen gleichfalls Terrain und Savy ward von ihnen genommen. Dahingegen waren die beiden Umgehungen, nämlich durch die 3. Kavalleriedivision und das sächsische Detachement nicht vom besten Erfolg begleitet. Faidherbe war hier auf seiner Hut und wies durch Truppen, die er seiner Reserve entnahm, die gefährlichen Stöße ab. Es trat nun für einige Zeit ein Stillstand im Kampf ein und nur die Artillerie war auf beiden Seiten noch thätig. Doch schon bereiteten die deutschen Truppen einen neuen Angriff vor und das 23. französische Korps, das durch den heftigen Kampf und das mehrmalige Zurückweichen aus guten Stellungen sehr erschüttert worden war, konnte diesem neuen Offensivstoß nicht widerstehn. Es war wiederum das 41. Regiment, das im Verein mit 7 anderen Kompagnien unter Führung des Generals v. Meerscheidt gegen das von den Franzosen stark besetzte Gauchy vorging und dasselbe mit stürmender Hand wegnahm. Gleichzeitig war auch über Urvillers das dem Detachement des Prinzen Albrecht beigegebene 19. Infanterieregiment nach St. Quentin vorgedrungen und hatte sich nach einem höchst blutigen Kampf, in welchem das Regiment 350 M. verlor, des Bahnhofs bei der Stadt bemächtigt. Nun gerieth das 23. Korps in völlige Auflösung und warf sich in eiliger Flucht auf St. Quentin zurück, ohne den Versuch zu machen, diese Stadt zu halten. Unaufhaltsam ging der Rückzug durch St. Quentin hindurch und nun wurde auch das 22. Korps, welches sich im Westen der Stadt bis dahin behauptet hatte, vom allgemeinen Schrecken ergriffen. Es gab seine Stellungen auf und wurde alsbald von den Regimentern der 3. Kavalleriedivision auf's Schärfste verfolgt.

Der Tag von St. Quentin wird auch unter der fast überwältigenden Menge der von den Deutschen erfochtenen Siege, stets ein Ehrentag für die deutschen Truppen bleiben; nur ihrer ungestümen Tapferkeit war der große Erfolg zu verdanken.

Die französische Nordarmee existirte nach der Schlacht von St. Quentin nur in Trümmern. Sie hatte an Todten und Verwundeten gegen 5000 M., an unverwundeten Gefangenen gegen 9000 M. verloren*); ein Theil der Reste zog sich nach Cambrai zurück, ein anderer Theil, bei welchem sich Faidherbe persönlich befand, nach Douai, um von da nach Lille sich zu begeben. Hier traf um diese Zeit auch Gambetta ein und hätte nun Gelegenheit genug gehabt, sich von der traurigen Niederlage der Nordarmee mit eignen Augen zu überzeugen, wenn es ihm darum zu thun gewesen wäre, die wahren Zustände kennen zu lernen. Hier aber, wie auch sonst immer wies er die Wirklichkeit hartnäckig von sich und träumte nur von einer Fortsetzung der Feindseligkeiten. Doch schon wenige Tage nachher machte der Waffenstillstand vom 28. Januar denselben ein Ende.

Die unter dem Befehl des Generals v. Bentheim stehenden Truppen hatten während der Kämpfe mit der Nordarmee die französischen Streitkräfte an der unteren Seine in Schach gehalten. Der französische General Roye, dessen Offensivstöße schon wiederholt zurückgewiesen waren, drang wiederum am 31. Dezember am linken Seineufer gegen Rouen vor. General

---

*) Der General Faidherbe gibt seinen Verlust selbst zu 3000 Todten und Verwundeten und 6000 Gefangenen an.

v. Bentheim aber eilte ihm, nachdem er gleichfalls auf das linke Ufer des Fluffes übergegangen war, entgegen und schlug ihn in den viertägigen Gefechten vom 1.—4. Januar bei Moulineaux und Grande Couronne völlig aufs Haupt. Der General Palellugeas, der mit seiner Streitmacht bei Havre stand, hatte sich von seiner beim ersten Vormarsch Manteuffels erlittenen Niederlage nicht wieder erholen können und sich seitdem ruhig verhalten. Nach der Auflösung des Chanzyschen Heeres war, wie wir gesehen haben, der Großherzog von Mecklenburg mit seiner Heerabtheilung über Alençon an die untere Seine gerückt, um sich mit dem General v. Bentheim zu vereinigen, wodurch den Franzosen jede Möglichkeit, hier noch wieder die Offensive zu ergreifen, genommen wurde.

Die Kämpfe bei Paris vom Anfang Oktober bis zum Waffenstillstand.

Nachdem am 19. September die erstaunliche Thatsache vollbracht war, daß die Weltstadt Paris, die weit über 2 Millionen Menschen, wovon der vierte Theil unter den Waffen, in ihren Mauern umschloß, von wenig über 200,000 deutschen Truppen in einer Weise eingeschlossen wurde, daß alle und jede Verbindung mit dem übrigen Frankreich für die Hauptstadt eine Unmöglichkeit ward, erwartete das staunende Europa nun mit jedem Tage eine Kraftanstrengung Seitens der großen pariser Besatzung, um sich der, wie man meinte, waghalfig unternommenen Blokade zu entledigen. Man berechnete, daß das deutsche Einschließungsheer auf einem Raum von zehn deutschen Meilen zerstreut sei, und daß die Pariser also nur durch gleichzeitig auf mehrere Stellen ausgeführte Demonstrationen dasselbe zu beschäftigen und an die besetzten Punkte zu bannen brauche, um dann an einem Punkte mit gewaltiger Uebermacht über einen Theil der feindlichen Armee herzufallen und denselben zu vernichten.

Andererseits meinte man, die Deutschen würden mit Paris kurzen Prozeß machen. Man wußte, daß ein großer Theil der Bevölkerung sehr unruhigen Charakters sei und war daher der Ansicht, daß bei einer Beschießung der Stadt ein allgemeiner Aufstand im Innern ausbrechen werde, was dann den besonneren Theil der Einwohner veranlassen könnte, den Deutschen die Thore zu öffnen, um Hab' und Gut und die eigne Existenz zu retten. Man glaubte daher, die Deutschen würden so bald wie möglich zu einem Bombardement von Paris schreiten, was dann in wenig Tagen die Uebergabe der Stadt zur Folge haben würde.

Alle diese Berechnungen, die so ungemein plausibel schienen, schlugen aber fehl, die einen wie die anderen. Die Ausfälle aus Paris unterblieben oder waren doch nur sehr zahmer Natur, und das Bombardement ließ auf sich warten. In Wirklichkeit konnte an ein solches vor der Hand gar nicht gedacht werden, denn alle Erfordernisse dazu, das schwere Geschütz und die Munition fehlten und konnten wegen ungenügender Kommunikationen nicht herbeigeschafft werden. Es wurde denn auch bald von der Beschießung der französischen Hauptstadt nicht mehr gesprochen. Desto ungeduldiger wartete man auf die Ausfälle.

Nachdem in den ersten zehn Tagen nach vollzogener Einschließung nichts Bedeutendes bei Paris vorgefallen war, erschienen am 30. September bei Tagesanbruch ziemlich bedeutende französische Streitmassen vor den Südforts und griffen die Vorposten des zwischen Bourg und Choisy aufgestellten VI. Korps an. Da die Franzosen in der Stärke von ungefähr 2 Divisionen unter General Vinoy's Leitung auftraten, konnten die schwachen preußischen Vortruppen selbstverständlich dem feindlichen Vorstoß nicht widerstehen, sondern mußten sich auf ihre Unterstützungen zurückziehen. Die Franzosen drängten nach und es entspann sich nun um die Ortschaften Chevilly und Thiais ein erbitterter Kampf, der gegen Mittag mit der Zurücktreibung der Franzosen endete.

Einen bestimmten Zweck hatte der Ausfall kaum; wäre er

der Vorbote einer ganzen Reihe von andern gewesen um die
Belagerer stets im Athem zu halten und die französischen Truppen
nach und nach vollkommen kriegstüchtig zu machen, so wäre diese
Operation sehr zu billigen gewesen. So aber, ohne ein greif-
bares Ziel unternommen, möglicherweise bloß, um doch überhaupt
Etwas zu thun, war der Ausfall gewiß sehr überflüssig und es
war Schade um das dabei vergossene Blut.

Nun war es wieder 14 Tage ruhig bei Paris. Am 13. Oktober begannen die drei vor der Südwestfront der Stadt liegenden Forts ein sehr heftiges Feuer gegen die Höhen von Clamart und Chatillon und die dort aufgestellten Vortruppen des
2. bairischen Korps. Es mag sein, daß es die Absicht Trochu's
gewesen ist, wie man behauptet, an diesem Punkte eine
Rekognoszirung anzustellen, ob das Einschließungsheer durch
Entsendungen gegen die neugebildeten französischen Heere auch
geschwächt worden wäre. Wenn aber General Trochu dies wirklich erkunden wollte, so mußten seine Maßnahmen zur Durchführung des Ausfalls fürwahr anders getroffen werden, als dies
nun in der That geschah. Es ward allerdings eine bedeutende
Truppenmasse hinter dem Fort Montrouge angesammelt, allein
zum eigentlichen Angriff rückten wenig mehr als eine Brigade vor.

Die französischen Truppen, welche der Division des Generals Blanchard angehörten, richteten ihren Angriff hauptsächlich gegen Bagneux und Chatillon, und vermöge ihrer
Uebermacht vertrieben sie die Baiern aus diesen Ortschaften.
Als aber die bairischen Unterstützungen, von Artillerie begleitet,
herbeikamen, gelang es ihnen nach einem ziemlich heißen Gefecht,
die Franzosen aus Bagneux und Chatillon herauszuwerfen und
sie zum Rückzuge nach Paris zu zwingen. Die starken französischen Reserven hinter Fort Montrouge rührten sich nicht. Das
sieht denn freilich nicht nach einer scharfen Rekognoscirung aus
um etwaige Lücken im Belagerungskorps zu erforschen. Der
General Trochu selbst ist in seinem Bericht über die Affaire auch

viel bescheidener, indem er anführt, der eigentliche Zweck derselben habe darin bestanden, die Hauptstärke des Feindes auf einem für die Wirkung der französischen Artillerie günstigen Terrain zur Entwickelung zu bringen, und dies sei vollständig gelungen; die Artillerie der Forts habe in den auf dem Plateau sich versammelnden feindlichen Massen große Verheerungen angerichtet. Dies ist aber in Wirklichkeit nicht der Fall gewesen, denn die Baiern verloren in dem ganzen Gefecht kaum 400 M., während der Verlust der Franzosen gewiß nicht viel geringer war. Das Resultat des Ausfalls war also jedenfalls kein bedeutendes und den Franzosen eher schädlich als nützlich, denn die Kriegstüchtigkeit der Truppen hatte durch den eiligen Rückzug aus Bagneux wohl kaum gewonnen.

In den nächsten Tagen folgten einige ganz unbedeutende Ausfälle gegen die Vortruppen des VI. Korps, die in Villejuif standen. Je geringer aber die Thätigkeit der französischen Truppen war, um so unverdrossener beschoß die Artillerie der Forts die vorgeschobenen Posten der Deutschen und die Oertlichkeiten, in denen dieselben aufgestellt waren. Es kümmerte dabei die Franzosen wenig, daß der dem Feinde zugefügte Schaden nur gering, die Zerstörung französischen Eigenthums aber sehr bedeutend war. Mit besonderer Vorliebe suchten die Artilleristen solche Objekte aus, wobei sie ihren Haß gegen die gestürzte Dynastie an den Tag legen konnten, gleichviel ob die Deutschen durch Vernichtung dieser Objekte beeinträchtigt wurden oder nicht. Namentlich geschah dies mit dem kaiserlichen Lustschloß St. Cloud, das mit seinen unersetzlichen Kunstschätzen der Zerstörungswuth der neuen Republikaner zum Opfer fiel. Den Deutschen hatte das Schloß wenig Vortheil gewährt.

Am 21. Oktober fand dann abermals ein Ausfall Statt; diesmal gegen Westen, gegen die Stellung des V. Korps. Eingeleitet wurde die Unternehmung durch eine heftige Kanonade vom Fort du Mont Valerien und einigen Kanonenböten, wodurch die Deutschen natürlich darauf aufmerksam gemacht wurben, daß die Franzosen etwas Ungewöhnliches im Schilde führten. Es wurden selbstverständlich die nöthigen Maßregeln zum Empfang eines etwaigen Ausfalls getroffen.

Als die Franzosen annahmen, daß die Kanonade lange genug gewirkt habe, setzten sich ihre Angriffskolonnen gegen Malmaison, la Jonchere und Bougival in Bewegung. Es war diesmal der von Sedan her bekannte General Ducrot, der die Unternehmung leitete und die Truppen gehörten dem 14. Armeekorps an. Auffallend ist die große Zahl von Geschützen, welche die französischen Truppen mit sich führten; denn während die Stärke der Infanterie wenig mehr als 10,000 M. betrug, belief sich die Anzahl der Kanonen fast auf hundert.

Die sonderbare Aufgabe, welche die französischen Truppen nach der an sie ergangenen Weisung lösen sollten, bestand darin, sich in dem Ravin von St. Cucufa jenseits Malmaison festzusetzen und wo möglich von da nach Motte la Jonchere vorzudringen, um dort zwei von den Deutschen gewöhnlich besetzte Häuser einzunehmen — wohlbemerkt, nachdem die Deutschen durch starkes Kanonenfeuer daraus vertrieben wären. Sollte dies gelingen, dann würden die nachbringenden Truppen sich nordwärts gegen die Seine zu wenden haben, um eine auf der Seineinsel bei la Chaussee angelegte Barrikade zu umgehen und wegzunehmen, dann sollte der Rückzug angetreten werden.

Wir haben dieser Disposition ausführliche Erwähnung gethan, nicht weil dieselbe auch nur das geringste Interesse darböte, sondern bloß um zu zeigen, daß es dem Gouverneur von Paris, General Trochu, durchaus nicht Ernst war mit diesen Ausfällen. Ganz offenbar sollte das neugebildete 14. Korps auf leichte Weise die Feuertaufe erhalten und deshalb ward auch der kolossale Artillerieapparat in Bewegung gesetzt, um den jungen Truppen Muth zu machen. Ob dennoch das gewünschte Resultat erreicht wurde, läßt sich bezweifeln.

Um 1 Uhr eröffnete die zahlreiche französische Artillerie ein gewaltiges Feuer auf Buzenval, la Jonchere und Bougival, ohne

den deutschen Truppen dadurch nennenswerthen Schaden zuzufügen, dann gingen gegen 2 Uhr die Franzosen zum Angriff vor,
und es glückte ihnen dabei, in den Park von Malmaison, dessen
Mauern an einigen Stellen durch Pulversäcke gesprengt wurde,
zu gelangen. Auch das oben erwähnte Ravin von Cucufa ward
erreicht, konnte aber nur zum Theil überschritten werden, und
bald kam das Gefecht, an dem sich deutscherseits vorzugsweise
die auf Vorposten befindliche 19. Infanteriebrigade betheiligte,
zum Stehen. Nur einige Kompagnien vom 50. Regiment
(20. Brigade) brauchten als Unterstützung verwandt zu werden.
Auch griffen zwei Kompagnien des 1. Gardelandwehrregiments
im Park von Malmaison in's Gefecht ein. Die 9. Division,
die gleich von Anfang des Kampfes an in Bereitschaft gestanden
hatte, wurde gar nicht benutzt. Die Artillerie des IV. Armeekorps war von dem rechten Seineufer, von Argenteuil her, mit
gutem Erfolg gegen die vorgezogenen französischen Feldgeschütze
thätig.

Nach dreistündigem Kampfe gingen die Franzosen unter dem
Schutz ihrer Artillerie zurück, nachdem sie über 500 Todte und
Verwundete, gegen 100 Gefangene und 2 Geschütze, welche von
Truppen des 6. und 50. Regiments erobert waren, verloren hat-
ten. Der Verlust der Deutschen betrug etwas über 300 M.,
worunter 15 Offiziere.

Die oben beschriebenen Ausfälle waren sämmtlich durch den
Höchstkommandirenden in Paris selbst veranlaßt und nach seinen
Weisungen ausgeführt worden. Anders verhielt es sich mit einer
Unternehmung, die von St. Denis aus gegen Osten angestellt
wurde. Die eigentliche Veranlassung zu dem Ausfall am 28. Ok-
tober gegen das von Truppen der preußischen Garde besetzte Le
Bourget ist bis jetzt noch nicht aufgeklärt worden, wenn man
nicht etwa den Bericht des Generals Bellamare, Kommandan-
ten von St. Denis, als vollkommen stichhaltig anerkennen will.
Nach der Aussage des Generals geschah der Ausfall, um das
Korps der Franktireurs der Presse, deren Dienstleistung zu La

Courreure wegen der Anstauung des Croud-Baches überflüssig geworden war, „nutzbar" zu machen, während nach anderen Angaben die Herren der Presse auf eigene Hand das Unternehmen begonnen hätten, worauf denn der General Bellamare wohl oder übel die weitere Leitung übernehmen mußte. Im erfteren Falle wäre es doch wohl für den Herrn Kommandanten vonnöthen gewesen, die Erlaubniß des Gouverneurs für das Unternehmen einzuholen.

Früh Morgens am 28. Oktober brachen die Franktireurs der Presse gegen Le Bourget vor, und vertrieben die schwachen preußischen Vorposten, jedoch erst, nachdem sie von St. Denis aus durch ein Marschregiment und ein Mobilgarde-Bataillon unterstützt worden waren. Sofort richteten dann die Franzosen mit großem Geschick den Ort zur Vertheidigung ein, und es war nicht zu verkennen, daß sie sich einen starken vorgeschobenen Posten inmitten der vorderften preußischen Linie geschaffen hatten. Es war daher selbstverständlich, daß preußischerseits ein sehr energischer Versuch gemacht werden mußte, die Franzosen aus Le Bourget wiederum zu vertreiben, und man braucht nicht, wie Rüftow dies Heft IV. S. 97 thut, anzunehmen, es wäre dies geschehen, weil die Preußen sich geärgert hätten, daß sie sich hatten überrumpeln lassen.

Die 2. Gardeinfanteriedivision erhielt nun den Auftrag, am 30. Oktober Le Bourget den Franzosen wieder zu entreißen. Zu dem Ende wurden 3 Kolonnen gebildet, welche den Ort von drei verschiedenen Seiten angreifen sollten. Es ist die Disposition zu dem Angriff der preußischen Garde und die Ausführung desselben ein wahres Muster einer solchen Unternehmung und verdient in allen Einzelheiten von jedem Offizier genau ftudirt zu werden. Wir können sie hier nur in ganz allgemeinen Umrissen angeben.

Die drei Kolonnen der 2. Gardeinfanteriedivision, die beziehentlich aus 2, 4 und 2½ Bataillonen bestanden, wurden bei Dugny, bei Pont Jblon an der großen Chaussee und bei

Blanc Mesnil aufgestellt. Die erste Kolonne sollte Le Bourget von Westen, die zweite Kolonne aber von Norden her angreifen, während die dritte sich zuerst nach Süden wenden sollte,
um den Molettebach zu erreichen und dann längs dieses Wassers
von Südosten her gegen Le Bourget vorzudringen.

Am 30. Morgens wollte der General Bellamare eine Ablösung der Besatzung von Le Bourget vornehmen lassen und es
ist daher wahrscheinlich, daß sowohl die Truppen, welche bisher
in Le Bourget gestanden hatten, als auch die zur Ablösung bestimmten im Orte zugegen waren, als der Angriff der Preußen
begann. Im Ganzen wird man demnach die französische Besatzung in Le Bourget zu ungefähr 10 Bataillonen veranschlagen
können und war sie wohl ungefähr von derselben Stärke wie die
angreifenden Preußen.

Diese begannen ihren Vormarsch gegen 8 Uhr, und nachdem zwei reitende Gardebatterien tüchtig vorgearbeitet hatten,
versuchten die drei Kolonnen ungefähr gleichzeitig, jede von der
ihr angewiesenen Seite, in Le Bourget einzudringen und es gelang dies auch, trotz der sehr hartnäckigen Gegenwehr der Franzosen und trotz den an der Dorflisière angebrachten Verhinderungen.
Der Hauptkampf aber fand erst statt im Orte selber, wo jedes Haus,
von den Franzosen aufs Tapferste vertheidigt, erstürmt werden mußte.
Um 1 Uhr endlich war Le Bourget im unbestrittenen Besitz der
Preußen. Von den Forts und den zwischen denselben angelegten
Verschanzungen richteten die Franzosen nun ein furchtbares Feuer
gegen das Dorf, um die Preußen zur Räumung desselben zu
zwingen. Allein es war dies eine vergebliche Anstrengung. Wohl
führten die Preußen ihre Hauptmacht aus dem sehr weit vorgeschobenen Posten, allein es blieb derselbe doch genügend besetzt
und ging von der Zeit an nicht wieder verloren.

Die Franzosen büßten am 30. Oktober gegen 1000 Mann
an Todten und Verwundeten und ungefähr 1300 unverwundete
Gefangene ein, während der Verlust der preußischen Garde 484 M.,
worunter 39 Offiziere, betrug.

An und für sich war das ganze Ereigniß gewiß von keiner sehr großen Bedeutung, wenn auch die Preußen die Wegnahme eines in ihrer Vorpostenkette gelegenen Punktes auf die Länge nicht dulden konnten. Jedenfalls war für die Franzosen durch die Eroberung von Le Bourget wenig erreicht, wenn sie nicht, wozu wenig Aussicht vorhanden war, die ganze deutsche Vorpostenlinie zurückdrängen konnten. Es war daher auch kein besonderes Unglück, daß sie nun Le Bourget wieder verloren, und ganz unberechtigt war es, daß die Sozialdemokraten in Paris der Regierung daraus ein Kapitalverbrechen machen wollten. Diese Leute hatten aber nur auf irgend eine Gelegenheit gewartet, um offen der Regierung gegenüber zu treten, und sie ergriffen daher diesen Anlaß, weil ihnen eben kein anderer geboten wurde.

Es fehlte nicht viel daran, daß die pariser Kommune schon am 31. Oktober an's Ruder gekommen wäre. Mehrere Mitglieder der Regierung, darunter der Gouverneur von Paris, der General Trochu selber, wurden von den Aufrührern gefangen genommen und auf eine ihrer Würde wenig entsprechende Weise behandelt. Nur mit großer Mühe gelang es dieselben wieder zu befreien und die Ordnung herzustellen. Das Ansehen der Regierung aber hatte durch diese Auftritte einen argen Stoß erlitten und das schonende, wohl durch Schwäche diktirte Verfahren derselben gegen die Aufrührer trug nicht dazu bei, die Autorität der Regierung wieder zu befestigen.

Nun hatte die Einschließung von Paris schon 6 Wochen gedauert. Es war bei dem Vorrücken der Deutschen gegen Paris viel die Rede davon gewesen, daß die französische Hauptstadt nur auf 2 Monate verproviantirt sei, und man hatte dies schon als eine sehr große Leistung seitens der Behörden betrachtet. Nun war jene Zeit nahe daran abzulaufen und man glaubte allgemein, Paris würde sich jetzt nicht lange mehr halten können. Man erwartete daher von Tage zu Tage einen Massenausfall, weil man sich nicht zu der Annahme verstehen wollte, Paris würde ohne die gewaltigsten und verzweifeltsten Anstrengungen zu seiner Rettung den Preußen seine Thore öffnen. Man berichtete schon von denselben Symptomen, die sich bei Metz gegen das Ende der Belagerung bemerkbar gemacht hatten, von dem Kartoffelsuchen der Soldaten, den häufigen Desertionen derselben, von Versuchen der Civilbevölkerung durch die deutschen Vorposten zu gelangen u. s. w. Neue Nahrung gewannen diese Vorstellungen von dem baldigen Fall der Stadt Paris durch die zwischen Graf Bismarck und Thiers geführten Verhandlungen, in denen der Letztere ein so großes Gewicht auf die Verproviantirung von Paris bei dem abzuschließenden Waffenstillstand legte. Man glaubte daraus — und gewiß mit Recht — schließen zu müssen, daß eine solche Verproviantirung zur Erhaltung von Paris durchaus nöthig sei.

Man irrte hierin, und vielleicht mag auch Thiers sich den Zustand in Paris zu schwarz vorgestellt haben; jedenfalls war es ein großer Fehler von ihm, über einen Punkt, der ihm Seitens der Deutschen nicht eingeräumt werden konnte, die Verhandlungen wegen Abschluß eines Waffenstillstandes scheitern zu lassen. Die Vorräthe in Paris waren noch bei Weitem nicht aufgezehrt, wenn man auch seit Oktober mit der Austheilung von Pferdefleisch begonnen hatte. Ein eigentlicher Mangel trat erst um die Mitte des Monats Dezember ein. Von da an hatte man nur Pferdefleisch und es wurde bis zur Kapitulation täglich nur eine Ration von 30 Gr. davon verabreicht. Von dem 18. Januar an betrug die Brodration nur 300 Gr., und dieses Brod bestand nur zum dritten Theil aus Roggen. Dennoch herrschte damals, also mehr als drittehalb Monate nach den Waffenstillstandsverhandlungen, noch keine eigentliche Hungersnoth, namentlich nicht für die Garnison, welche, zumal in den Forts, immer noch verhältnißmäßig reichlich verpflegt wurde.

Es müssen diese Thatsachen festgehalten werden, um zu einer genügenden Einsicht darüber zu gelangen, was es denn eigentlich mit dem so weit ausposaunten Heldenmuth, den die Pariser wäh

renb ber Belagerung au ben Tag gelegt unb der ihnen die un-
getheilte Bewunberung von ganz Europa eingetragen haben soll,
auf sich gehabt habe. Was dieser Helbenmuth zu bedeuten hat,
ist vom Baron Stoffel in seiner Einleitung zu ben von ihm
herausgegebenen Rapporten*) mit hinreichender Klarheit und
Schärfe ausgesprochen werben.

Nach bem Ausfall vom 28. Oktober trat eine große Mattig-
keit ein bei ber pariser Garnison. In einem ganzen Monat geschah Nichts, durchaus Nichts, was barauf hinbeutete, baß eine
bewaffnete Macht von 500,000 M. in Paris eingeschlossen sei.
Viele, die bisher immer noch geglaubt hatten, es werde ein
Wenbepunkt eintreten im Kriege zu Gunsten Frankreichs, es
werde sich basselbe ermannen unb mit gewaltiger Kraftanstrengung
bie Einbringlinge aus bem Lanbe jagen, wurben nun ganz irre
an biesem Volk, auf bessen unverwüstliche Stärke sie so unbe-
bingt vertraut hatten. Sie vermeinten, wie nun bas Enbe bes
Monats November herannahte unb ber Fall von Paris ganz
unvermeiblich schien, baß nun berselbe auf die unrühmlichste Art
sich vollziehen, baß bie pariser Besatzung auch nicht einmal ben
Versuch machen würbe, bas eiserne Band zu sprengen, bas um
sie gezogen war.

So sollte es boch nicht kommen, und die Geschichte hat
allerbings eine, aber auch nur biese eine Anstrengung der in
Paris eingeschlossenen französischen Truppen zu verzeichnen, um
sich einen Weg durch bas deutsche Einschließungsheer zu bahnen.

Warum machte bie gesammte pariser Garnison nicht einen
Massenausfall? Die Möglichkeit eines solchen warb seiner
Zeit eifrigst biskutirt, und man hat im Auslande bem General
Trochu vorgeworfen, baß er einen solchen nicht wenigstens versucht hat. Man stellte sich vor, baß wenn die 500,000 M. ber
pariser Besatzung sich plötzlich gleichzeitig auf mehreren Stellen,
wie ebensoviel, Lawinen aus ber Stadt gegen bas Einschließungs-

*) Stoffel, Berichte über Preußens Heer unb Volk. 2. Abbruck. Carl
Dunder's Verlag (E. Heymons) in Berlin.

heer ergöſſe, dieſes dann, das wenig mehr als 200,000 M. zählte, förmlich von jenem Strom hinweggeſchwemmt werden müſſe. Dieſes Bild hatte allerdings etwas Verführeriſches an ſich und wäre auch gewiß in Scene geſetzt worden, wenn nicht zwei ſehr gewichtige Umſtände dageweſen wären, welche die Sache ſehr er= ſchwerten, wo nicht unmöglich machten. Erſtens nämlich war es undenkbar ſo koloſſale Maſſen zu leiten; es war doch nicht genug, ſie bloß auf einer Anzahl von Straßen dem Feind ent= gegenzujagen, ſie mußten jedenfalls etwas, wie wenig auch im= mer, geführt werden. Dies war aber wenigſtens bei der an Zahl größten, erſten pariſer Armee, ein Ding der Unmöglichkeit. Dieſelbe beſtand aus 266 Bataillonen, aber eine Zuſammenfaſ= ſung derſelben in höhere taktiſche Einheiten exiſtirte nicht. Wie ſollten nun plötzlich jene 266 Bataillone zu einem Unternehmen gebraucht werden können, wo eine gleich ſtarke wohlgeſchulte Ar= mee ſchwer genug zu leiten geweſen wäre? Dann aber konnte das pariſer Gouvernement ſicherlich gerechte Bedenken bezüglich der Verläßlichkeit dieſer durchaus nicht erprobten Truppen haben. Vernünftigerweiſe ſtand das franzöſiſche Oberkommando denn auch von einem ſo verzweifelten Schritt ab. Etwas aber mußte geſchehn.

Gegen Ende November mußte der General Trochu anneh= men, daß jetzt die neuen Heerformationen in Frankreich ſoweit gediehen ſeien, daß ſie mit dem gehörigen Nachdruck auftreten und Verſuche zur Befreiung der Hauptſtadt machen könnten. Jedenfalls war anzunehmen, daß die neuen Armeen im Stande ſein würden, bei Durchbruchsverſuchen ſeitens der pariſer Gar= niſon erfolgreich mitzuwirken. Nach den Enthüllungen über ſeine Pläne, einen Theil der pariſer Beſatzung durch die deutſchen Li= nien hindurchzuführen, zu denen der General Trochu ſich der franzöſiſchen Nationalverſammlung gegenüber jüngſt veranlaßt geſehen hat, wäre es Trochu's Abſicht geweſen, von der Halbinſel Gennevilliers aus, über Argenteuil und Cormeilles nach Rouen und Havre durchzubrechen. Gambetta aber hätte darauf beſtan=

18

ben, daß der Durchbruchsversuch in südöstlicher Richtung gemacht
werden sollte, um der nunmehr heranrückenden Loirearmee die
Hand zu reichen. Daß Trochu's Plan, 50,000 M. nach Westen
durchzubringen, ebenso gewiß gescheitert wäre, wie der nun wirklich ausgeführte Versuch, sich mit 100,000 M. nach S.O. durchzuschlagen, unterliegt nach den Erfahrungen, die am 21. Oktober
und 19. Januar bei der Vertheidigungslinie des V. Korps von
den Franzosen gemacht wurden, nicht dem mindesten Zweifel.

Es wird erinnerlich sein, daß General Aurelles de Paladine,
der Führer der Loirearmee, gegen Ende November die Offensive
ergriff, die bald ein so trauriges Ende nehmen sollte. Wir wollen dahingestellt sein lassen, ob es nicht richtiger vom General
Trochu gewesen wäre, mit seinen Operationen zu warten, bis
nun die vermuthete Annäherung der Loirearmee gegen Paris sich
fühlbar gemacht hätte. Denn ohne die thätige Mitwirkung dieser
Armee konnte Trochu doch selbst im allerglücklichsten Falle, also
wenn es ihm gelang gegen 80,000 M. durch die deutschen Linien hindurchzubringen, nicht hoffen, der ihm nun sicher von
Paris her auf dem Fuß folgenden deutschen Truppen sich auf die
Dauer zu erwehren. Eine solche Erwägung machte sich beim
General Trochu aber nicht geltend und gleichzeitig mit dem Vormarsch der Loirearmee traf er auch die Anstalten zu dem großen
Ausfall gegen Südosten.

Am 28. November wurde der sehr dominirende, zwischen der
deutschen und der französischen Linie liegende Mont Avron besetzt und eine mit schweren Marinegeschützen armirte Batterie
dort angelegt, welche einen großen Theil des Terrains, wo Trochu
zu operiren gedachte, bestrich. Es wurde dann noch eine Reihe
anderer Batterien in der Nähe der Marne erbaut, um die Uebergänge über diesen Fluß, die durch mehrere neu angelegte Brücken
vermehrt wurden, decken und das daran liegende Terrain beherrschen zu können.

Um die Aufmerksamkeit der Deutschen von dem Punkt, wo
der Ausfall stattfinden sollte, abzulenken, wurden am 29. No-

vember verschiedene Demonstrationen in nördlicher und südlicher Richtung, über St. Denis hinaus und gegen die schon mehrfach beunruhigte Stellung des VI. Korps bei L'Hay, Chevilly und Thiais angestellt. Dieselben wurden von den Deutschen mit leichter Mühe abgewiesen.

Am nächsten Tage geschah dann der eigentliche Angriff, zu dem die gesammte, größtentheils aus regulairen Truppen bestehende, zweite pariser Armee unter dem Oberbefehl des Generals Ducrot bestimmt war. Die Stärke dieser Armee belief sich auf ungefähr 100,000 M. in drei Armeekorps. Die Oberleitung des ganzen Unternehmens hatte General Trochu sich vorbehalten.

Getreu der eigenthümlichen Sitte der Franzosen bei jeder Gelegenheit Proklamationen zu erlassen, deren Inhalt von dem wirklichen Sachverhalt meistens sehr weit entfernt ist, versagten es sich der General Ducrot sowie der Gouverneur von Paris nicht, auch jetzt wieder ihren Gefühlen gegenüber der pariser Bevölkerung Luft zu machen. Da diese durch die — unendlich übertriebenen — Nachrichten von den Erfolgen der Loirearmee bei Coulmiers in hohem Grade erregt war und seit der Zeit fortwährend auf ein thatkräftiges Handeln auch der pariser Garnison gedrungen hatte, konnte in diesem Fall eine Ansprache an das Volk von Seiten des Höchstkommandirenden kurz vor der Führung eines entscheidenden Schlages immerhin sehr angemessen sein, nur hätte eine solche Ansprache sich dann auch in passenden Formen bewegen müssen. Wenn aber der General Trochu es für gut fand, in seiner Proklamation die Verantwortlichkeit für das bei der bevorstehenden Unternehmung zu vergießende Blut auf den König von Preußen und den Grafen Bismarck zu schieben, so war dies in der That eine Lächerlichkeit. Der General Ducrot aber glaubte den Helden spielen zu müssen, indem er behauptete, er werde entweder siegreich oder gar nicht in die Hauptstadt zurückkehren. Dergleichen sehr wenig angebrachte Aussprüche trugen nicht wenig dazu bei, die im Auslande herrschenden Sympathien für die Franzosen nach und nach bedeutend abzuschwächen.

Man wurde der ewigen Großsprecherei, die mit den wirklich ausgeführten Thaten so wenig in Einklang stand, endlich müde.

Am 30. November rückten nun das erste und zweite Korps der zweiten französischen Armee zum Angriff über die Maene vor, die Hauptstärke gegen Champigny, eine Division (Susbielle) gegen Creteil und Meßly. Auf der ganzen Strecke, die zwischen diesen Orten liegt, stand nur die würtembergsche Felddivision, kaum 12,000 M. stark, und zu ihrer Unterstützung konnte zunächst nur die 7. Brigade vom II. Armeekorps herangebracht werden. Es standen auf diesem Punkt also ungefähr 16,000 M. deutsche Truppen gegen 65,000 Franzosen.

Der General Susbielle konnte sich mit seiner Division mit leichter Mühe der dominirenden Höhe bei Meßly, wo nur 3 würtembergsche Kompagnien standen, bemächtigen, und da er nun zwei Batterien hier aufstellte, schien es fast eine Unmöglichkeit, die Franzosen wieder aus der starken Stellung zu vertreiben. Eine herbeigeholte würtembergsche Batterie wußte aber die französischen Geschütze dergestalt zu beschäftigen, daß ihr Feuer von der heranrückenden würtembergschen Infanterie abgelenkt wurde, und nun stürmten die Würtemberger den Berg, aufs Kräftigste unterstützt durch das 9. Regiment (Kolberg), das sich flankirend gegen die Franzosen aufgestellt hatte, und auch die französischen Reserven daran hinderte, zur Unterstützung vorzurücken. Die Franzosen wurden daher gezwungen sich auf Creteil zurückzuziehn, und hatten also auf diesem Flügel Nichts erreicht.

Auf ihrem linken Flügel hatten die Franzosen etwas besseren Erfolg, was bei ihrer kolossalen Uebermacht — sie waren hier 50,000 M. gegen eine fast zehnfach kleinere Schaar, die würtembergsche Brigade Reitzenstein — eben kein Wunder war. Sie besetzten die Linie Brie-Champigny, konnten aber trotz aller Anstrengungen nicht darüber hinaus bringen, indem alle ihre weiteren Angriffe von den Würtembergern, die sogar mehrfach die Offensive ergriffen, erfolgreich abgeschlagen wurden. Die früh hereinbrechende Dunkelheit machte dem Kampf, der den

Deutschen 800, den Franzosen aber 2000 M. gekostet hatte,
ein Ende.

Die Lage der Franzosen nach beendigtem Gefecht war kei=
neswegs glänzend. Auf dem rechten Flügel waren sie zurückge=
schlagen worden, und auf dem linken hatten sie mit dem Auf=
wande aller Kräfte einer winzigen feindlichen Macht nur die
von den äußersten Vorposten besetzten Punkte abringen können.
Dabei war ihr Verlust sehr bedeutend, und der General Trochu
sah sich sogar veranlaßt am nächsten Tage um einen Waffen=
stillstand zu bitten, um die Verwundeten fortschaffen zu können.
Schon damals mußte sich ihm der Gedanke aufdrängen, daß der
Ausfall vollständig verfehlt sei. Es ward denn auch französischer=
seits an ein weiteres Vordringen gar nicht mehr gedacht, und
man traf am 1. Dezember nur eine Reihe Maßregeln, die dar=
auf abzielten, sich in dem eroberten Abschnitt festzusetzen und zu
behaupten. Auch das dritte Armeekorps (d'Erea) wurde über die
Marne gezogen.

Auf deutscher Seite war man dahingegen am 1. Dezember
bemüht, Alles vorzubereiten, um am nächsten Tage zu einer kräf=
tigen Offensive übergehen zu können. Zur Ausführung derselben
wurden bestimmt: die 24. Infanteriedivision vom XII. (sächsischen)
Armeekorps, die würtembergische Division und das II. Armeekorps,
und der Oberbefehl über alle diese Truppen, die zusammen etwa
50,000 M. zählten, wurde dem General v. Fransecky, dem
Kommandeur des II. Armeekorps übertragen. Am Morgen des
2. Dezember stand diese Truppenmacht auf der Linie Choisy
le Grand=Villeneuve, auf welchem letzteren Punkte noch
eine Brigade des VI. Korps zur Reserve herangeholt war. Es
waren auf diese Weise wohl die Truppen, deren Aufstellungs=
rayon an die Angriffspunkte der Franzosen stieß, konzentrirt wor=
den, im Uebrigen aber waren keine Truppendislokatio=
nen vorgenommen worden, und etwaige Ausfälle nach an=
deen Richtungen, als der von der zweiten pariser Armee einge=

schlagenen, würden denselben Streitkräften begegnet sein, als ob jener große Durchbruchsversuch gar nicht angestellt worden wäre.

Gegen 8 Uhr Morgens rückten die deutschen Truppen gegen die französischen Stellungen vor. Das 1. und 2. Bataillon des 8. sächsischen und das 3. Bataillon des 5. sächsischen Regiments nahmen Brie im ersten Anlauf und trieben die Franzosen an das südliche Ende des Dorfs. Dort setzten diese sich aber fest, und gegen die vorgedrungenen Sachsen, wie auch gegen ihre Reserven ward nun ein furchtbares Artilleriefeuer vom Mont Avron, den östlichen Forts und den zahlreichen davor aufgestellten Feldbatterien gerichtet, das den sächsischen Truppen namhafte Verluste zufügte.

Nun brachen bedeutende feindliche Massen hinter Brie heraus und gingen zwischen Villiers und Brie vor, das letztere Dorf im Rücken fassend. Um die in Brie befindliche sächsische Besatzung vom drohenden Verderben zu retten, wurden das 3. Bataillon des 8. sächsischen Regiments und das 1. und 2. sächsische Schützenbataillon den feindlichen Massen entgegengeschickt, und es gelang ihnen, zwar mit sehr großen Opfern, mit Unterstützung des sächsischen Leibregiments (Nr. 100), dieselben von weiterem Vordringen zurückzuhalten. Der Kampf nahm auf diesem Flügel den Charakter eines stehenden Feuergefechts an, in welchem die Franzosen trotz ihrer sehr bedeutenden Uebermacht sich keines Vortheils zu erfreuen hatten. Als die Nacht hereinbrach, zogen die Franzosen sich aus den eingenommenen Stellungen zurück und die in Brie eingeschlossenen sächsischen Truppen wurden dadurch befreit.

Auf dem linken Flügel rückte die würtembergische Brigade Reitzenstein um 8 Uhr gegen Champigny vor und nahm sofort den größten Theil des Dorfes ein. Dann entspann sich in Champigny ein mörderisches Gefecht, an dem sich bald auch die 7. Infanteriebrigade des II. Armeekorps betheiligte. Auch die 3. Infanteriedivision ward herangezogen und kämpfte in und bei Villiers. Trotz ihrer bedeutenden Uebermacht konnten die

Franzosen nur wenig Terrain gewinnen und am späten Abend noch ward die östliche Lisiere von Champigny von den Deutschen gehalten.

Eine eisig kalte Winternacht folgte dem heißen Schlachttage, und die französischen Truppen, die ohne Decken und Zelte unter freiem Himmel, meistens in leichten Anzügen lagern mußten, litten ganz außerordentlich. Trochu sah ein, daß eine längere Fortsetzung des Kampfes, in dem voraussichtlich keine bessern Erfolge zu erzielen waren, seinem Heere in hohem Grade verderblich sein würde, und er ließ deßhalb am 3. Dezember seine Hauptstärke wieder über die Marne zurückgehn, wobei er seinen Rückzug durch einen heftigen Vorstoß gegen die in Champigny stehende deutsche Besatzung zu decken suchte.

Das war also das Ende des großen Durchbruchsversuchs, der einzigen Anstrengung, die von der pariser Besatzung gemacht wurde, sich der eisernen Umklammerung ihrer Feinde zu entziehn. Mag der Oberkommandant eingesehen haben, daß jeder andere Versuch nur ein nutzloses Blutvergießen sein würde, mag er selbst von der Unmöglichkeit die Cernirungskette zu durchbrechen, durchdrungen gewesen sein, und mag er deßhalb den Rest der Belagerungszeit von Paris in Unthätigkeit zugebracht haben — die späteren Beunruhigungen der preußischen Linien verdienen kaum die Bezeichnung von Ausfällen — Alles dieß läßt sich wohl begreifen. Dann darf man aber nicht von einer heldenmüthigen Vertheidigung der Stadt Paris sprechen, denn heroisch war der Widerstand der Pariser keineswegs. Die Schrecken einer Belagerung haben sie kaum gekostet. Die Stadt ist zu kolossal groß, als daß die Absperrung von der übrigen Welt nicht leicht zu ertragen hätte sein sollen und der Mangel hatte bei der Uebergabe der Stadt doch erst angefangen sich recht fühlbar zu machen.

Die Verluste, welche das französische Heer in den Kämpfen vom 30. November und 2. Dezember erlitten, waren sehr bedeutend; sie beliefen sich auf 6030 M., worunter eine unverhältniß-

mäßig große Anzahl, nämlich 414 Offiziere. Deutscherseits verloren die Würtemberger am Meisten, nämlich 2028 M., also
den sechsten Theil ihrer Stärke. Im Ganzen betrug der Verlust
der Deutschen gegen 5000 M.

Wir sagten oben, der Ausfall vom 30. November wäre der
einzige Versuch Trochu's gewesen, die deutsche Cernirungslinie
zu durchbrechen. Man wird uns dagegen einwenden, daß doch
am 21. Dezember ein ähnlicher Versuch gemacht wäre. Wenn
aber ein kräftig begonnenes Unternehmen, zu dem 100,000 M.
in Bewegung gesetzt wurden, nicht glückte, kann man dann glauben, daß es mit einem Versuch, der lau und schleppend in Scene
gesetzt wird, und zu dem man keine 50,000 M. verwendet, wirklicher Ernst gewesen ist? Wir bezweifeln es und meinen vielmehr, daß Trochu, dem man die Absicht — gewiß fälschlicher-
weise — zugeschrieben hat, mit dem General Faidherbe in Uebereinstimmung zu handeln, denn doch hätte warten müssen, bis
jener General so nahe an Paris herangekommen wäre, daß eine
Kooperation möglich war. So wie die Sache von Trochu wirklich angefaßt wurde, scheint sie auf nichts Anderes berechnet gewesen zu sein, als dem steigenden Unwillen der Bevölkerung darüber, daß die Garnison in fortwährender Unthätigkeit verharrte,
einen Damm entgegenzusetzen.

Die Affaire vom 21. Dezember hatte einen sehr einfachen
Verlauf. Die Zurüstungen zu dem großen Unternehmen waren
von den Franzosen schon am Tage vorher mit so großer Offen-
heit betrieben worden, daß das deutsche Oberkommando ganz genau wußte, worauf es abgesehen war und seine Maßregeln danach traf. Da die Franzosen sich am 20. bei Aubervilliers
in großen Massen sammelten, konnte man es sich leicht vorstellen,
daß die vom preußischen Gardekorps eingenommene Linie der
nächste Punkt des französischen Angriffes sein werde, und die
Garde, namentlich die erste Division derselben war am Morgen
des 21. Dezember vollkommen gefechtsbereit.

Die Angriffe der Franzosen richteten sich nun namentlich

auf Le Bourget und Stains, welche Dörfer von je 5 Kom=
pagnien vertheidigt wurden. Stains griffen die Franzosen ver=
geblich an, in Le Bourget aber drangen sie ein und es entspann
sich nun ein langer, äußerst hartnäckiger Kampf, der mit der
Vertreibung der hier in großer Uebermacht fechtenden Franzosen
endete.

Auch gegen die Linie des XII. Armeecorps war eine fran=
zösische Division vorgedrungen. Dieselbe erkämpfte sich einige
geringe Vortheile, die sie aber am nächsten Tage wieder auf=
geben mußte.

Bis jetzt hatte das deutsche Oberkommando sich immer nur
abwehrend gegen die französischen Unternehmungen verhalten; es
hatte die Stellungen der verschiedenen Armeecorps in der aus=
reichendsten Weise befestigen lassen und sich im Uebrigen darauf
beschränkt, die Einschließung von Paris fortwährend auf das
Vollständigste durchgeführt zu erhalten.

Als es sich aber nach und nach immer mehr herausstellte,
daß die Stadt besser verproviantirt sei, als man anfangs ange=
nommen hatte, und daß der Zeitpunkt, wann sich Paris, durch
den Hunger dazu gezwungen, übergeben müsse, eigentlich gar
nicht zu berechnen sei, mußte man daran denken, zu andern
Mitteln zu schreiten, um den Fall der Festung herbeizuführen.
Es blieb hier nur der gewaltsame Angriff, und das Bom=
bardement. Ersterer mußte sehr schwierig erscheinen, da erst
einige der sehr festen Außenwerke zu nehmen waren und bei dem
weiteren Vordringen der Deutschen die Kraft, die in der un=
geheuren Masse der Vertheidiger von Paris lag, erst recht zur
Geltung gekommen wäre. Es war daher das Bombardement
jedenfalls vorzuziehen, schon im Hinblick auf die Schonung der
eigenen Truppen. Bei dem strengen Winterwetter, wie es nun
eintrat, mußte es wünschenswerth erscheinen, die Sache nun bald
zu Ende zu bringen und dazu war ein nachdrückliches Bom=
bardement gewiß das beste Mittel. Den Anforderungen der Hu=
manität hatte das deutsche Oberkommando genügend Rechnung

getragen, indem es den Zeitpunkt der Beschießung immer wieder hinausschob. Endlich in den letzten Tagen des Jahres sollte wirklich der Anfang damit gemacht werden.

Die Vorbereitungen dazu hatte man schon längst getroffen, es waren Batterien auf den dominirenden Höhen von Sevres, Meudon, Clamart und Chatillon angelegt worden und eine völlig genügende Menge von Geschützen und Munition war mit unsäglichen Schwierigkeiten an Ort und Stelle geschafft. Dieser Geschütztransport ist wohl der großartigste, den die Geschichte kennt; es wurden mittels desselben bis Ende Oktober 446 Geschütze bei Villa Coublay aufgespeichert. Von dort waren sie dann ohne große Schwierigkeiten in die verschiedenen Batterien zu bringen.

Die Thätigkeit der deutschen Artillerie begann gegen die auf dem Mont Avron angelegten französischen Batterien. Nach der Meinung der Franzosen war dieser Punkt von sehr großer Bedeutung, und es läßt sich auch nicht läugnen, daß die hier postirte Artillerie ihnen bei ihren Unternehmungen gegen die deutschen Linien wesentliche Dienste geleistet hatte. Darin bestand aber auch der Hauptvortheil, den der Besitz dieses Punktes gewährte und die Stellung der Deutschen selber wurde nicht dadurch gefährdet.

Die Deutschen ersahen sich nun diesen Punkt zum Beginn ihres artilleristischen Angriffs aus, weil sie auf diese Weise mit Fug hoffen durften, die Aufmerksamkeit der Franzosen von der Südseite, dem eigentlichen Angriffsobjekt, abzulenken.

Die Batterien, welche die Franzosen auf dem Mont Avron angelegt hatten, waren nach und nach mit 76, zum Theil sehr schweren Geschützen armirt worden, und wenn die Anlage der Batterien selbst auch nicht völlig zweckentsprechend war, so war doch die ganze Stellung eine sehr starke zu nennen und rechtfertigte vollkommen die bedeutenden Anstrengungen, die deutscherseits zu ihrer Wegnahme gemacht wurden. In einem weiten Halbkreise, nordöstlich von Gagny, bei Presloir, Maison Gyat

und Raincy wurde eine Reihe von Batterien — im Ganzen 13 —
angelegt und davor zahlreiche Schützengräben ausgehoben; die
Batterien aber wurden genau mit derselben Anzahl von Geschützen, wie die auf dem Mont Avron, nämlich 76, armirt.
Auch im Kaliber waren die französischen und deutschen Geschütze
einander gleich, indem sie meistens aus Zwölf= und Vierund-
zwanzigpfündern bestanden. Indessen hatten die Deutschen sechs
schweren 30pfündigen Marinegeschützen nur ein paar 72Pfünder
entgegenzustellen.

Am 27. Dezember, Morgens 7¼ Uhr begannen die deutschen
Geschütze ihr Feuer gegen den Mont Avron, und obgleich ein
dicker Nebel die Stellung der Franzosen den Blicken der deutschen Kanoniere entzog, war die Wirkung ihrer Geschütze doch
eine außerordentlich große. Namentlich auch in moralischer Beziehung. Ein Theil der französischen Artilleristen ward von pa-
nischem Schreck ergriffen und rannte nach Paris und der Ruf:
la paix! wurde laut.

Indessen wußten der General Vinoy und der Oberst
Stoffel, der das Kommando auf dem Mont Avron hatte, die
Ordnung bald wieder herzustellen und nun begann auch die
französische Artillerie ein sehr lebhaftes, aber ziemlich wirkungs-
loses Feuer, weil die Kanoniere nicht ihr Ziel mit Beharrlichkeit
verfolgten, sondern bald auf diese, bald auf jene deutsche Batterie feuerten, je nachdem dieselben ihnen unbequem wurden.

Von der Intensität des deutschen Feuers kann man sich
einen Begriff machen, wenn man vernimmt, daß jedes der 76
Geschütze während des 27. Dezember 50 Schuß, in der Nacht
aber noch 10 Schuß that. Durch dieses Feuer ward eine große
Anzahl französischer Kanonen demontirt, und auch der Menschen-
verlust war bedeutend; dennoch ward die Vertheidigung französischerseits auch am 28. fortgesetzt, wenn auch das Feuer nur
sehr schwach erwiedert wurde. Da man einen Sturm der Deutschen voraussah, wurde eine sehr große Truppenmacht auf dem
Berge zusammengezogen, wodurch die Verluste indessen nur be-

deutender wurden, so daß General Trochu es endlich für gerathen fand, die Stellung um 4 Uhr Nachmittags räumen zu lassen.

Am Morgen des 29. ward Mont Avron von den Deutschen besetzt und außer einer Menge von Waffen und Ausrüstungsgegenständen wurden 2 Vierundzwanzigpfünder, welche die Franzosen dort zurückgelassen hatten, von ihnen erbeutet. Schnell wurden dann die vorhandenen Batterien zum Angriff gegen die Forts Noisy, Nogent und Rosny eingerichtet und armirt. Namentlich das letztgenannte Fort, das höchstens 1300 Meter vom Mont Avron entfernt liegt, wurde sehr stark beschossen — es erhielt im Laufe von zehn Stunden 2000 Schuß — und die Franzosen erwiederten das Feuer nur sehr sparsam. Indessen war die Wirkung des deutschen Feuers eben keine überwältigende, wenn auch einige Kasematten in Fort Rosny durchschossen wurden. Deutscherseits bezweckte man freilich auch nur die Franzosen hier zu beschäftigen, während Alles zum Angriff auf die Südforts und die Südwestseite von Paris vorbereitet wurde.

Endlich waren die Armirungsarbeiten — in der Nacht vom 3. zum 4. Januar — vollendet, und am 5. Januar begann die Beschießung der Forts Issy, Vanves und Montrouge, wobei auch einige zu weit gehende Geschosse in die äußeren Stadttheile von Paris einschlugen. Der Gouverneur von Paris fühlte sich aus diesem Grunde bewogen, am nächsten Tage eine seiner zahlreichen Proklamationen zu erlassen, in welcher er gegen dieses Bombardement, das wider den Kriegsbrauch nicht vorher angezeigt worden sei, protestirte und ferner noch erklärte, Paris werde niemals kapituliren. Die Franzosen sind in diesem Kriege sehr unglücklich gewesen mit ihren Vorsätzen und Betheurungen. Es zeigt auch dieser Ausspruch des Generals Trochu, wie schwer es ihnen wird sich in das Unvermeidliche zu fügen und die Konsequenzen von Verhältnissen zu übernehmen, die sie selbst veranlaßt haben.

Das Feuer der deutschen Batterien war von bedeutender Wirkung; es wurden viele Geschütze in den Forts demontirt und die Hochbauten in denselben stark beschädigt; namentlich war dieß im Fort Montrouge der Fall, wo die große Kaserne gänzlich niederbrannte. Zum Schweigen gebracht aber, wie man dieß wohl behauptet hat, wurden die Forts nicht, und die Franzosen verstanden es sehr gut, die schweren Marinegeschütze, wenn sie nicht mehr thätig sein sollten, hinter Deckungen zurückzuführen.

Auch auf Paris selbst machte sich die Einwirkung des Bombardements geltend, und am 8. Januar begann die Bevölkerung des linken Seineusers nach dem rechten auszuwandern, um sich hier in Sicherheit zu bringen. Im Allgemeinen aber machte die Beschießung auf die Pariser äußerst wenig Eindruck, und sie gingen ihren Vergnügungen und ihren durch die Belagerung freilich sehr beschränkten Beschäftigungen nach, als wenn nichts Außerordentliches vorfiele.

Seitens der pariser Besatzung wurden in dieser Zeit noch einige ziemlich unbedeutende Ausfälle unternommen; so in der Nacht zwischen dem 9. und 10. Januar gegen Clamart und am 13., 14. und 15. Januar gegen Le Bourget, welche Ausfälle aber beziehentlich von den Baiern und den preußischen Gardetruppen ohne große Anstrengung zurückgewiesen wurden.

Inzwischen schoben die Deutschen ihre Angriffsbatterien näher an Paris heran und am 11. Januar konnten Geschütze, welche auf der Höhe von Notre Dame de Clamart aufgestellt waren, bis an den Boulevard St. Germain, also ungefähr in die Mitte von Paris feuern. Die Beschießung selbst war aber stets ziemlich sparsam und richtete auch wenig Schaden an. Am 21. Januar begannen nun auch die im Norden von Paris angelegten Batterien ihre Thätigkeit, zunächst gegen St. Denis, und es erwies sich ihre Wirkung bald so verheerend, daß es klar wurde, die Deutschen würden auch hier um kurze Zeit so nahe an Paris herankommen, daß dasselbe unter ein doppeltes Feuer genommen werden könne.

Die Fortschritte des Bombardements, der zunehmende Mangel und die dadurch bis aufs Aeußerste gestiegene Erhitzung der

Massen trieben den General Trochu, der nicht die Kraft hatte, dem Andrang der Bevölkerung zu widerstehen, wider seinen Willen und besseres Wissen zu einem Akt der Verzweiflung. Er beschloß mit einer Streitmacht von 100,000 Mann, worunter sich sehr viel Mobilgardisten und mobilisirte Nationalgardisten befanden, eine Unternehmung gegen Versailles auszuführen, wo sich seit etwa drei Monaten das Hauptquartier des Königs von Preußen befunden hatte. Was sich der General Trochu bei dieser Expedition eigentlich gedacht hat, ist schwer zu sagen; es ist wohl kaum anzunehmen, daß er sich vorgestellt hat, es könne ihm möglicherweise gelingen, das königliche Hauptquartier aufzuheben. Wenn man dieß aber nicht annimmt, so versteht man nicht, warum der General Trochu gerade Versailles zum Zielpunkt seines Unternehmens machte, da er doch weit wichtigere Objekte, namentlich die Angriffsbatterien der Preußen hätte wählen können.

In drei Kolonnen ließ der General Trochu am 19. Januar seine Truppen von Nanterre aus gegen die Vorpostenstellung des V. Armeekorps, die sich von St. Cloud über Garches bis Buzenval quer über den von der Seine hier gebildeten Abschnitt hinzog, vorrücken. Die Generale Vinoy auf dem linken und Bellamare im Zentrum stießen schon gegen 8 Uhr Morgens auf die deutschen Vortruppen; der rechte Flügel unter Ducrot kam aber erst gegen 11 Uhr ins Gefecht, welche Verzögerung namentlich durch das wirksame Feuer der Artillerie des IV. Armeekorps von Argenteuil her veranlaßt wurde.

An dem wohlgezielten Feuer der Truppen der 9. Division und der Regimenter Nr. 37 und 50 der 10. Division scheiterten alle Versuche der zum Theil mit großer Bravour vorbrechenden Franzosen diese erste Stellung zu nehmen, und sie konnten sich nur an einigen Punkten, wie in der Schanze Montretout festsetzen. Gegen zwei Uhr ging dann die 9. Division zum Angriff vor und warf nach kurzem Kampf das Zentrum und den linken Flügel der Franzosen zurück. Obgleich nicht weiter gedrängt, zog Trochu es doch vor, noch am Abend unter dem Schutz des Mont Valerien zurückzugehn.

Die Deutschen erwarteten am nächsten Morgen die Fortsetzung des Kampfes. Eine solche fand aber nicht Statt. Trochu hatte nun die Unmöglichkeit gezeigt, auch nur die äußersten Linien der Deutschen zu durchbrechen. Der Versuch, den die Franzosen am 19. Januar in dieser Beziehung gemacht haben, kostete ihnen nicht weniger als 7000 Mann, an welchem enormen Verlust einerseits das gute ruhige Schießen der deutschen Soldaten, dann aber auch die völlig ungenügende taktische Ausbildung eines Theils der zum Ausfall benützten Truppen die Schuld trug.

Nachdem so alle Versuche, die deutschen Linien zu durchbrechen und nicht minder alle Versuche, die französische Hauptstadt von Außen zu entsetzen gescheitert waren; als nun ferner das feindliche Bombardement mit jedem Tage stärker ward und sich über einen größeren Theil der Stadt verbreitete, als die Hungersnoth nun wirklich an die Thüre pochte und die Sterblichkeit das gewöhnliche Maß um das Dreifache überstieg — da endlich trat an die pariser Machthaber die Nothwendigkeit heran, den Widerstand aufzugeben, wenn sie es nicht bis aufs Aeußerste wollten kommen lassen. Denn dieß Aeußerste war allerdings noch nicht gekommen. Noch war Keiner auf öffentlicher Straße dem Hungertode erlegen, noch rafften keine ansteckenden Krankheiten die Bevölkerung zu Tausenden dahin, noch gab es weite Räume genug, wohin kein feindliches Geschoß gelangte — mit einem Worte, noch hatten die Pariser die Schrecken einer Belagerung nicht gekostet, wie etwa die Bewohner von Metz, die von Straßburg; allein es war gut so, daß entweder Schwäche oder andere Beweggründe die Machthaber veranlaßten Paris dieses Aeußerste zu ersparen. Es wurde namenloser Jammer dadurch abgewehrt. Dafür dürfen die Pariser aber auch nicht verlangen, als Heroen angesehen zu werden.

Es wurden französischerseits Unterhandlungen mit dem deutschen Hauptquartier angeknüpft, und wenige Tage darauf, am

28. Januar, wurde zwischen dem Grafen Bismarck und Jules Favre, dem französischen Minister des Aeußeren, ein Waffenstillstand abgeschlossen, der im Wesentlichen darauf ausging. daß die pariser Forts den Deutschen übergeben, die Enceinte entwaffnet und die Garnison (Linie und Mobilgardisten) kriegsgefangen sein sollten. Die Nationalgarde sollte die Waffen behalten, ebenso 12,000 Mann Linientruppen, die den Dienst im Innern versehen sollten. Ausgenommen vom Waffenstillstand wurden die Departements Doubs-Jura und Cote d'or, also die Gegenden, wo Bourbaki operirte, weil man in Paris glaubte, daß diese Operationen glücklich von Statten gingen.

General Trochu, der noch vor einigen Wochen gesagt hatte, Paris werde nie kapituliren, glaubte, da nun dieß doch geschah, seine Stellung dieser Thatsache zum Opfer bringen zu müssen. Er legte seinen Posten als Gouverneur von Paris nieder, blieb aber dennoch Präsident der Regierung der Nationalvertheidigung. Der Oberbefehl über die gesammten Streitkräfte in Paris wurde dem General Vinoy übertragen, weniger um die Feindlichkeiten fortzusetzen, als vielmehr über die Ruhe und Ordnung in der Hauptstadt zu wachen. Und kaum hatte er seine Funktionen angetreten, als auch schon in Paris ein sehr ernster Aufstand ausbrach, eine jener konvulsivischen Zuckungen, welche die innere Gährung andeuteten, von der ein großer Theil der pariser Bevölkerung angesteckt war, das Wetterleuchten vor dem Gewitter, das sich zwei Monate später in der „Weltstadt" entladen sollte. Der Aufstand wurde von Vinoy gedämpft und Paris war vorläufig ruhig.

Am 29. Januar wurden die pariser Forts von den deutschen Truppen besetzt. Nach 132tägigen Anstrengungen waren sie an das große Ziel, das allgemein für unerreichbar gehalten wurde, gelangt. Und mitten unter dem Kanonendonner und dem Getöse des Kampfes war in Versailles am 18. Januar ein Akt vollzogen worden, der noch vor einem halben Jahr als

das Unwahrscheinlichste in der Welt — wenigstens für lange
Jahre noch — angesehen war, die Einigung des gesammten Deutschlands unter einem Kaiser. Für Deutschland
kann aus dem, was es so lange vergebens erhofft und erstrebt,
nur Segen erwachsen, ihm fehlte das starke Band um die man-
nichfach aus einander strebenden Interessen zusammenzufassen und
in eine gemeinsame Bahn zu leiten. Groß und gefürchtet steht
Deutschland nun da, ein Reich so mächtig, wie fast noch nie
eins war seit tausend Jahren. Möge es zum Segen Europas,
zum Heil der Menschheit seine Macht gebrauchen!

Die Belagerung Belforts. Bourbaki's Zug nach Osten.

Wir wenden uns jetzt zum Schluß gegen Südosten, wo
noch nach dem Abschluß des pariser Waffenstillstandes der Kampf
nicht seine Endschaft erreicht hatte.

Wir haben gesehen, wie vollständig der General v. Werder
die ihm übertragene Aufgabe löste, die im südöstlichen Frankreich
gesammelten Streitkräfte im Schach zu halten und die deutschen
Kommunikationslinien von Süden her zu decken. Eine Seite
des ihm gewordenen Auftrages hatte aber nicht erfüllt werden
können, nämlich die Einnahme der Festung Belfort, die durch
die 1. Reservedivision (General v. Tresckow) belagert wurde.

Dieser Platz gehörte überhaupt zu den stärksten in Frankreich. Derselbe war ausreichend armirt und verproviantirt, hatte
eine Besatzung von 17,000 Mann und sein Kommandant war
der Oberst Denfert, ein sehr tüchtiger und energischer Mann.

Seit dem 3. November hatte der General v. Tresckow die
Festung eingeschlossen. Da die Besatzung aber ziemlich weit vorgeschobene Punkte im Außenterrain, wie Danjoutin und Perouse besetzt hatte, war der Einschließungsrayon ein sehr großer,
und überhaupt konnte wegen des sehr durchschnittenen Terrains
die Cernirung nur mit großer Mühe einigermaßen durchgeführt
werden.

19

Der thätige Kommandant ließ auch im Laufe des November mehrere sehr energisch unternommene Ausfälle ausführen, welche aber ·stets mit großem Verlust für die Franzosen von Tresckow's Landwehrtruppen zurückgeschlagen wurden.

Belforts große Stärke lag in den die eigentliche Festung in einem weiten Halbkreise umschließenden Forts. An der Westfront liegen die Werke les Barres und la Ferme, an der Ostfront gegen Süden die Forts Haute und Basse Perche zwischen Danjoutin und Perouse, gegen Norden die Forts la Miotte und la Justice auf beiden Seiten der nach Straßburg führenden Chaussee. Im Norden und Süden ist Belfort theils durch den Teich de la Forge, theils durch das Flüßchen Savoureuse gedeckt. Ein Angriff gegen die Festung war also sehr schwierig. Der General v. Tresckow wählte die Westseite, weil hier die größte Annäherung an den Platz möglich war.

Zwischen den Dörfern Essert und Bavilliers ließ der General v. Tresckow nun in dem hochgelegenen Terrain Laufgräben ausheben und Batterien aufwerfen, und am 3. Dezember eröffneten diese ihr Feuer aus 28 Geschützen. Trotz einer längere Zeit hindurch fortgesetzten heftigen Beschießung, wodurch ein Theil der Stadt zerstört wurde, machte der Angriff der Deutschen so gut wie gar keine Fortschritte, und es scheiterten auch die Versuche gegen die östlich von Belfort liegenden Forts la Justice und la Miotte.

Mit dem Anfang des neuen Jahres beschloß man daher, den Angriff auf die Südseite der Festung zu verlegen. Es war dazu nöthig, das noch von den Franzosen besetzte Dorf Danjoutin wegzunehmen, was durch einen nächtlichen Ueberfall zwischen dem 7. und 8. Januar geschah. Es wurden nun zunächst Batterien gegen das Werk la Ferme angelegt, dann aber trat Bourbaki's Angriff ein, und das Belagerungskorps mußte sich einige Zeit hindurch darauf beschränken, zur Behauptung der eingenommenen Stellungen bereit zu stehen.

Am 13. Januar war Bourbaki nämlich vor dem zur

Deckung der Belagerung von Belfort aufgestellten Werder'schen Korps angelangt und begann alsbald seine Angriffe gegen das- selbe. Wir müssen etwas in der Zeit zurückgehen, um die Bour- bakische Expedition im Zusammenhang erzählen zu können.

Nach dem unglücklichen Ausgang der Gefechte vor Orleans hatte die Loirearmee sich in zwei verschiedene Richtungen zurück- gezogen. Der Theil derselben, über welchen dem General Bour- baki der Befehl übergeben war, nämlich das 15., 18. und 20. Korps ging über die Loire und dann in südlicher Richtung bis Bourges und Nevers, wo die Rekonstruirung der sehr lose organisirten Korps und ihre Verstärkung aufs Eifrigste betrieben wurde. Die an der Loire stehende II. deutsche Armee behielt über Orleans wohl Fühlung mit diesem Theil der französischen Loirearmee, konnte aber begreiflicherweise wegen des großen Ab- standes durchaus keine genügenden Nachrichten über das Anwachsen und die Pläne derselben haben.

Diese Pläne waren denn auch ganz besonderer Art. Als die Lage vor Paris gegen das Ende des Jahres stets bedenk- licher wurde und alle Kräfte angespannt werden mußten, die Hauptstadt zu befreien, zu welchem Ende sich Faidherbe von Norden, Chanzy von Südwesten her — wenn auch nicht ganz gleichzeitig — in Bewegung setzten, da scheint es, hätte es sehr nahe gelegen, auch Bourbaki behufs einer gemeinsamen Operation heranzuziehen. Das gleichzeitige Vorbrechen von 300,000 Mann gegen die nicht 100,000 Mann starke Armee des Prinzen Frie- drich Karl würde, mochten die französischen Truppen auch be- schaffen sein, wie sie wollten, für jene durchaus nicht unbedenk- lich gewesen sein. Allein den französischen Machthabern dünkte diese so natürliche Kombination wohl gar zu einfach, und sie ersannen daher etwas recht Geniales, ohne zu bedenken, daß man zur Durchführung eines ungewöhnlichen, verwegenen Planes eines vollkommen guten Werkzeugs bedarf. Und ein solches war die Bourbakische Armee nicht.

Dieser geniale Plan, der dem eigenen Gehirn des Herrn

19*

Gambetta entsprungen sein mag, ging auf nichts Geringeres aus, als die Belagerung Belforts aufzuheben, die deutsche Kommunikationslinie zu bedrohen und dann selbst in Deutschland einzufallen. Gewiß für eine lebhafte Phantasie mochte eine solche Expedition viel Verführerisches an sich haben. Betrachtet man sie aber mit kaltem Blut, so muß man doch, selbst wenn die französischen Truppen von weit besserer Qualität gewesen wären, bald zu der Erkenntniß kommen, daß das Ende eines solchen Zuges immer die Vernichtung des Heeres hätte sein müssen, das ihn unternommen. Ohne einen sehr ernsten Kampf, der viele Opfer kosten mußte, konnten die Franzosen überhaupt nicht nach Deutschland kommen. Auch dort wäre ihnen Widerstand entgegengetreten und während sie diesen zu überwinden hatten, wäre in ihrem Rücken dieselbe Armee zusammengezogen worden, welche die Bourbakischen Truppen Ende Januar über die Schweizergrenze trieb. Jener abenteuerliche Zug nach Osten trug von vorn herein den Keim des Mißlingens in sich.

Um den 20. Dezember brach Bourbaki mit seinen drei Korps von Nevers auf, zunächst gegen Dijon, wo General Werder sein Hauptquartier noch immer hatte. Gleichzeitig gingen auch Garibaldi von Autun und Cremer von Dole und Beaune mit ihren Detachements auf Dijon, während das 24. Korps unter dem General Bressolles von Lyon gegen Norden längs der Schweizergrenze in der Richtung nach Belfort vorrückte.

Als die deutsche Heeresleitung über diese Bewegungen sichere Kunde erhielt, ertheilte sie sofort den Befehl zur Bildung einer Südarmee, die aus dem bei Paris stehenden II. und dem, bei Metz und in der Umgegend befindlichen VII. Korps bestehen und über welche der mit der Bekämpfung Faidherbe's beschäftigte General v. Manteuffel den Befehl führen sollte. Bis diese Armee nach dem südlichen Kriegsschauplatz gelangt sein konnte, mußte der General v. Werder mit seiner kleinen Macht der ganzen Wucht des feindlichen Angriffs der mit einer wenigstens dreifach ihm überlegenen Truppenzahl ausgesetzt bleiben.

Der General v. Werder entsprach dem auf ihn gesetzten Vertrauen auf die glänzendste Weise.

Sobald er von dem Heranrücken der feindlichen Streitkräfte unterrichtet ward, zog er, sehr zerstreut aufgestellte Truppen zusammen und stellte sich vorläufig bei Vesoul auf. Die badischen Truppen, welche um Dijon standen, hatten am 27. Dezember den Befehl zum Aufbruch erhalten und schon am 29. Dezember war ihre Hauptstärke bei Vesoul angekommen, nach einem Marsch von fast 15 Meilen auf schlechten Wegen und in eisigem Winterwetter; eine außerordentlich große, sehr anerkennenswerthe Leistung.

Am 2. Januar erreichte Bourbaki Dijon, ließ diesen wichtigen Punkt durch Garibaldi's Korps besetzen und zog dann weiter gegen Osten. Als nächstes Ziel galt die Entsetzung Belforts. Um dies zu erreichen, mußte zuerst der Widerstand des Werder'schen Korps gebrochen werden. Es war zu vermuthen, daß dieses von dem ¾ Meilen westlich von Belfort fließenden Lisainebache Stellung nehmen werde.

Bourbaki's Plan war nun, mit dem 20. und 24. Korps gegen Hericourt und Montbeliard zu rücken, um die Stellung in der Front anzugreifen. Das 18. Korps sollte über Chagey vorgehen, um von dort aus Hericourt zu bedrohen, und endlich sollte Cremer mit seiner Division auf dem äußersten linken Flügel Frahier zu erreichen suchen, um von da aus der deutschen Stellung in den Rücken zu kommen. Der Plan war gut genug angelegt, allein die Ausführung mangelhaft, wie dies bei den lose organisirten, schlecht verpflegten französischen Truppen kaum anders zu erwarten war.

General Werder hatte sich noch bis zum 8. Januar bei Vesoul aufhalten müssen, um die letzten seiner detachirten Truppen an sich zu ziehen, dann trat er am 9. Januar den Marsch nach Belfort an. Parallel mit ihm, nur wenige Meilen südlicher, marschirte Bourbaki. Um ihn aufzuhalten, und vor ihm die Lisainelinie zu erreichen, ließ Werder Bourbaki's Vortruppen, welche Villerxexel besetzt hatten, angreifen. Die Aufgabe wurde der aus 2 Bataillonen des 25. Regiments bestehenden Avantgarde der 4. Reservedivision (Schmeling) übertragen und in ganz vorzüglicher Weise gelöst. Die braven Rheinländer eroberten das vom Feinde stark besetzte und zur Vertheidigung eingerichtete Schloß und trieben die Franzosen auch aus der Stadt. Nun kamen große feindliche Massen zur Verstärkung, aber auch die Preußen wurden unterstützt, und sie hielten die eroberten Stellungen gegen alle feindlichen Angriffe, bis sie um 2 Uhr Nachts auf Werder's Befehl sich zurückzogen. Während die Franzosen sich nun mit der Besetzung von Villerxexel aufhielten, rückte Werder schleunigst nach Belfort ab, wohin die Franzosen, die geraume Zeit zu ihrer Erholung bedurften, langsam nachfolgten. Die Affaire von Villerxexel ist eine der hübschesten Episoden aus dem denkwürdigen Feldzuge des Werder'schen Korps.

Der General v. Werder nahm an der Lisaine eine sehr starke Stellung ein. Auf seinem rechten Flügel, zwischen Frahier und Chagey stellte er die badische Division auf. Hier aber war die Achillesferse der Stellung, es fehlte eine Anlehnung für die rechte Flanke, da Werder sich nicht bis Errevet ausdehnen konnte: Hier konnte er, wie es auch geschah, umgangen werden. Im Centrum, zwischen Hericourt und Montbeliard, nahm die 4. Reservedivision Stellung, und auf dem linken Flügel, zwischen Montbeliard und Delle die Division Debschitz. Es waren kaum 35,000 M. in dieser über drei Meilen langen Stellung vereinigt, und wenigstens 160,000 M. rückten heran, sie anzugreifen. Werder benutzte die ihm gelassene Zeit zur Verstärkung der Stellung, und namentlich ließ er aus den Belagerungsbatterien vor Belfort schweres Geschütz heranholen, womit das feste Schloß Montbeliard armirt wurde.

Nachdem Bourbaki am 13. Januar die vorgeschobenen Posten der Deutschen zurückgedrängt hatte, griff er am 15. Januar die Hauptstellung namentlich bei Hericourt an, ohne jedoch Terrain gewinnen zu können. Der Kampf ward hauptsächlich durch die

beiderseitigen Artillerien geführt. Am nächsten Tage griff Bourbaki Werder's Stellung bei Hericourt mit bedeutenden Infanteriemassen an, welche aber stets durch das wohlgezielte Feuer der
deutschen Infanterie abgewiesen wurden. Gleichzeitig besetzte
Bourbaki nun aber das in der rechten Flanke der Deutschen
liegende Dorf Frahier und bedrohte von hier aus die Stellung
Werder's in Flanke und Rücken. Die badische Brigade Keller
aber nahm in der Nacht das Dorf wieder und vertheidigte es
nun gegen alle Angriffe der Franzosen. Die verzweifelten Versuche, die Bourbaki am 17. Januar auf verschiedenen Punkten
machte, die Vertheidigungslinie Werder's zu durchbrechen, miß-
langen sämmtlich. Bourbaki sah ein, daß er mit seinen Truppen,
die durch die großen Anstrengungen der vorhergehenden Tage
sehr mitgenommen waren, und bei denen sich ein bedenklicher
Mangel an Disziplin einzustellen begann, Nichts gegen Werder
ausrichten könne, und da er nun noch dazu die Nachricht von
dem Herannahen bedeutender deutscher Truppenmassen von Norden erhielt, fand er es gerathen, den Rückzug anzutreten, nicht
aber nach Westen, woher er gekommen war, sondern nach Süden.
Damit hatte die Expedition, die mit so großem Pomp in's Werk
gesetzt war, ihr Ende erreicht. Nun sollte noch ein trauriges
Nachspiel kommen.

Die beiden zur Bildung der deutschen Südarmee bestimmten
Korps, das II. und VII., waren am 12. Januar auf der Linie
Royers-Nuits-Ravieres-Chatillon-Montigny konzentrirt, und an demselben Tage traf in Chatillon der General
v. Manteuffel ein. Sofort befahl er das Vorrücken der Armee
in südöstlicher Richtung, und 8 Tage darauf war dieselbe nach
einem unsäglich beschwerlichen Marsch auf spiegelglatten Wegen
in der Gegend von Gray angelangt. Hier erhielt Manteuffel
die Kunde von dem Rückzuge Bourbaki's nach Süden. Er ließ
daher seine Truppen eine entsprechende Frontveränderung vornehmen, um auf diese Weise die französische Armee, mit welcher
das XIV. Armeekorps unmittelbar Fühlung behalten hatte, ent-

weder gegen die Schweizergrenze zu drängen, oder ihr den Rückzug nach Lyon zu verlegen.

Was sich mittlerweile bei den Franzosen zugetragen hatte,
ist so sehr abweichend von einer gesunden Kriegführung, daß
man von Mitleid erfüllt wird für die armen Soldaten, welche
das Opfer der verkehrten Maßnahmen ihrer Führer waren.

Nachdem Bourbaki am 18. die Umgegend von Belfort verlassen hatte, war er am 21. in Besançon angelangt; seine
Truppen sammelten sich an diesem und dem folgenden Tage um
diese Festung. Es konnte nicht die Absicht des französischen Obergenerals sein, sich hier zu vertheidigen. Die Festung konnte die
große Truppenmenge nicht fassen und eine gute Vertheidigungsstellung in ihrer Nähe gab es nicht. Ueberdies war das südwestlich
von Besançon am Doubs liegende Dole schon am 21. von den
Preußen besetzt und von hier aus würde jene Stellung also im
Rücken angegriffen worden sein.

Was bewog also den französischen Obergeneral dazu, in
Besançon stehen zu bleiben? Die einzige Erklärung dieses für
die französische Armee so verhängnißvollen Umstandes ist, daß
Bourbaki geistesabwesend war. Spuren von Geisteskrankheit
sollen schon vorher bei ihm zu merken gewesen sein, nun brachte
der furchtbare Zustand, in dem sein Heer sich befand, dieselbe
vollends zum Ausbruch. Jedenfalls war Bourbaki in diesen Tagen,
wo jede Minute kostbar war, von einer tiefen Apathie befallen,
und er kümmerte sich um Nichts mehr. Am 24. Januar suchte
er dann selbst seinem Leben ein Ende zu machen, allein der
Versuch dazu mißlang, und er verwundete sich nur, wenn auch
schwer.

Merkwürdig ist es bei allem diesem, daß Bourbaki, der in
den letzten Tagen gar keine Befehle mehr gegeben hatte, doch so
vorsichtig gewesen war, den General Clinchant zu seinem Nachfolger zu designiren. Dieser übernahm denn auch am 25. Januar den Oberbefehl und ordnete das einzig Richtige an, was
in diesem Augenblick gethan werden konnte, nämlich den Rück-

zug nach der Schweizergrenze. An ein Entkommen in südlicher Richtung war durchaus nicht mehr zu denken, da die deutsche Südarmee am 25. schon in der Linie Quingey-Mouchard, also gerade im Süden von Besançon stand.

Die französische Armee führte nun ihren Rückzug gegen das an der Schweizergrenze liegende Pontarlier aus, wobei sie von den nachdrängenden Preußen in einige sehr heftige Arrieregarde-gefechte verwickelt wurde. Zu einem Hauptkampfe kam es nicht mehr. Ein solcher konnte auch gar nicht in der Absicht des deutschen Obergenerals liegen, dem es nur darum zu thun sein mußte, daß keine Theile der französischen Armee nach Süden hin entkämen. Auf eine Gefangennehmung dieser Armee konnte man es nicht abgesehen haben, man machte sie durch Zu-rückdrängung auf Schweizergebiet auf viel einfachere Weise un-schädlich. Wenn man diesen — gewiß richtigen — Gesichtspunkt festhält, erklären sich auch alle vom General v. Manteuffel er-griffenen Maßregeln zur Genüge.

Am 30. Januar versuchte der General Clinchant mit dem General v. Manteuffel in Unterhandlungen zu treten unter dem Vorwande, daß der Waffenstillstand sich auch auf die beiden ein-ander gegenüberstehende Heere erstreckte. Da General v. Man-teuffel dies begreiflicherweise nicht einräumen wollte, wandte Ge-neral Clinchant sich an den schweizerischen General Herzog, der die an der Grenze aufgestellten Truppen befehligte. Mit diesem schloß er am 1. Februar eine Konvention ab, wonach die französische Armee auf schweizerisches Gebiet übertreten und dort die Waffen niederlegen sollte. Alsbald begann der Rückzug der Franzosen über die Grenze, wobei ihre Arrieregarde noch ein heftiges Gefecht bei Pontarlier zu bestehen hatte.

Im Ganzen traten 85,000 französische Soldaten in die Schweiz über. Einzelne Abtheilungen, worunter der größte Theil der Division Cremers, die sich übrigens während des ganzen Rückzugs sehr lau benommen hatte, entkamen nach Süden.

Wenigstens ein Dritttheil der vor einigen Tagen noch 150,000 Mann starken Ostarmee war gefangen oder gefallen.

Während dieser gewaltigen Ereignisse fiel ein kleines Intermezzo bei Dijon vor. Hier war wie wir sehen Garibaldi zurück= gelassen worden. Andererseits hatte der General v. Manteuffel bei seinem Vorrücken gegen Bourbaki die 8. Infanteriebrigade (General v. Kettler) gegen Dijon vorgeschickt, um die hier stehenden feindlichen Streitkräfte zu binden, wodurch der Süd= armee Flanke und Rücken gesichert werden sollten. Garibaldi's Stellung war sehr stark und bei seiner keineswegs unbedeutenden Truppenmacht — sie wird bis zu 25,000 Mann angegeben — wäre ein ernstlicher Versuch diese Stellung zu nehmen mit zu großen Opfern verbunden gewesen. Dennoch griff General v. Kettler die Garibaldischen Truppen zweimal energisch an und gewann auch nicht unbedeutende Vortheile, ohne sich jedoch Dijons be= mächtigen zu können. Am 27. Januar schickte der General v. Manteuffel ein größeres Truppendetachement nach Dijon, bei dessen Anrücken Garibaldi es klüglicherweise vorzog, sich und seine Leute südwärts in Sicherheit zu bringen. Mag man von dem alten Abenteurer denken was man will, so ist sein Verhalten im französischen Kriege keineswegs ein unrühmliches oder unver= dienstliches gewesen.

Bei Belfort hatte der General v. Tresckow sofort nach Bourbaki's Abmarsch die Belagerungsarbeiten energisch wieder aufgenommen. Nachdem Tresckow in der Nacht vom 19. auf den 20. Januar das noch von den Franzosen besetzte Dorf Pe= rouse hatte wegnehmen lassen, um einen Stützpunkt für den rechten Flügel der Belagerungsarbeiten zu gewinnen, begann er in der Nacht vom 21. auf den 22 Januar den förmlichen An= griff gegen die auf einem 180 Fuß hohen steilen Hügel liegende Haute Perche. Die Arbeit in dem festgefrornen Boden war eine enorm schwierige; auch als Thauwetter eintrat und der ge= schmolzene Schnee die Laufgräben füllte, konnte man nur mit großen Anstrengungen vorwärts kommen. Am 26. Januar glaubte Tresckow so weit gekommen zu sein, daß er einen Sturm wagen könne. Allein es wurde derselbe von der tapferen Besatzung blutig zurückgeschlagen. Es mußte daher wieder mit der langsamen Annäherung versucht werden und so waren die Pioniere am 8. Februar Mittags bis dicht an den Grabenrand gekommen. Da im Werke Todtenstille herrschte, erkletterten einige Leute die Böschung und als Nichts vom Feinde zu sehen war, ward schnell der Grabenübergang hergestellt, Verstärkung ward herbeigerufen und so das Werk genommen und besetzt. Erst zwei Stunden nachher beschossen die Franzosen die Schanze, die nun aber von den Preußen nicht mehr aufgegeben wurde.

Nun ging es gegen die Basse Perche. Nachdem ein Grabenübergang und ein Aufgang am jenseitigen Grabenrand hergestellt war, stürmten Mannschaften vom Landwehrbataillon Oels, dem Feuer der Belagerten trotzend, unter Anführung des Premierlieutenants Welzien, und Vicefeldwebels Liebeskind das Werk. Es wurden später mit ungeheuren Anstrengungen Geschütze in die Perches gebracht und die inneren Werke der Stadt von dort beschossen. Ohne Abschluß der Konvention hätte sich aber Belfort gewiß noch einige Zeit halten können.

Nun aber wurde von der inzwischen zusammengetretenen Nationalversammlung die Waffenstillstandsfrage wieder aufgenommen und es wurden in Folge dessen zwischen dem Grafen Bismarck und Favre die bis dahin noch schwebenden Punkte erledigt. Danach sollte Belfort den Deutschen ausgeliefert werden, die Garnison aber mit allen Kriegsehren freien Abzug erhalten. Von den 17,000 M., aus denen die Besatzung anfangs bestanden hatte, marschirten danach am 16. Februar 11,500 M. aus; 2000 Kranke blieben in der Festung zurück. Der Rest, 3500 M., war während der Belagerung gefangen oder gefallen. Der deutsche Verlust vor Belfort betrug 2000 Mann.

Die kriegerischen Ereignisse, an denen die deutschen Truppen in Frankreich Antheil genommen hatten, fanden damit ihren Abschluß.

Am 10. Mai des Jahres 1871 wurde dann zu Frankfurt am Main zwischen den Fürsten Bismarck und Jules Favre der Definitivfriede abgeschlossen.

Frankreich hat dadurch viel verloren; ob mehr als es durch seine leichtfertige Kriegserklärung verschuldet hat, darüber wollen wir kein Urtheil fällen. Jedem Franzosen muß der Friede ungemein hart erscheinen und wir können es verstehen, wenn in dem leichtbeweglichen Gemüth der Angehörigen einer Nation, der es so schwer wird sich in ein Mißgeschick zu finden, noch jetzt Rachegelüste sich regen. Allein Befürchtungen braucht man deshalb nicht zu hegen. Frankreichs Macht ist für Jahrzehnte und länger gebrochen. Die ungeheure Finanzkraft des Landes, die neulich bei der Zeichnung zur großen Anleihe zu Tage trat, ist nur eine scheinbare. Wenn erst die 5 Milliarden dem Lande entzogen sein werden, kann eine furchtbare Reaktion nicht ausbleiben. Nur Ruhe und Besonnenheit können dann die schwere Krisis mildern.

Wir sind jetzt am Ziele. Das ungeheure Drama, das größte, welches die Geschichte aller Zeiten aufzuweisen hat, ist von uns, wenn auch nur in schwachen Umrissen, so doch, wie wir hoffen, wahrheitsgetreu beschrieben worden. Es werden viele Schilderungen nach der unsrigen kommen, die sie bald in der einen, bald in der andern Beziehung übertreffen dürften. Wir können dies nicht beklagen, denn wir kannten nicht viele Einzelheiten und erst durch die Benutzung einer großen Anzahl von solchen kann man ein völlig zutreffendes Bild liefern. Ueberflüssig aber glauben wir war unsere Arbeit nicht; denn einmal ist es die Pflicht des Geschichtschreibers — wenn er den Beruf dazu fühlt — den in einer gewissen Periode bezüglich eines großen Ereignisses vorhandenen Stoff zu bearbeiten, statt diesen in das Unendliche sich anhäufen zu lassen und dem späteren Bearbeiter so ein ganz unbezwingbares Werk zu übertragen. Es würde auf diese Weise eine ganze Fülle von wichtigen Gesichtspunkten und Finessen, die bei dem Sichten eines massenhaft angewach-

senen Materials übersehen werden, verloren gehn. Eine all-
mälige Bearbeitung des sich ansammelnden Stoffs aber weiß
alle die kleinen Züge und Nuancen, die auf das Verständniß des
Ganzen von so großem Einfluß sind, zu erhalten, zumal wenn
der Verfasser mit Interesse der Entwickelung der Begebenheiten
selbst gefolgt ist und so den frischen Eindruck derselben zu seiner
Arbeit mitbringt. Wir hoffen, ein wenig dieses Verdienst beanspruchen zu können und daß daher unser Werk auch für eine
spätere Zeit nicht ohne Werth sein möge.